Menschenbilder in Organisationen

W0343272

Arbeits- und Organisationspsychologie 5

Erich Kirchler, Katja Meier-Pesti, Eva Hofmann

Menschenbilder in Organisationen

WUV

Bibliografische Information der Deutschen Bibliothek

Die Deutsche Bibliothek verzeichnet diese Publikation
in der Deutschen Nationalbibliografie;
detaillierte bibliografische Daten sind im Internet über
http://dnb.ddb.de abrufbar.

© 2004 Facultas Verlags- und Buchhandels AG
WUV-Universitätsverlag, Berggasse 5, A-1090 Wien
Alle Rechte, insbesondere das Recht der Vervielfältigung und der
Verbreitung sowie der Übersetzung, sind vorbehalten.
Umschlagbild: PIX_Bildagentur
Umschlaggestaltung: A+H Haller
Satz: grafzyx.at
Druck: Facultas AG
Printed in Austria
ISBN 3-85114-628-X

Vorwort

Nur wer die Vergangenheit kennt,
kann die Gegenwart verstehen und
die Zukunft gestalten.
(August Bebel)

Die wirkliche Entdeckungsreise
beginnt nicht mit dem Besuch neuer
Orte, sondern damit, vertraute Landschaften mit neuen Augen zu sehen.
(Marcel Proust)

„Wer rastet, rostet", „nur wer sich ändert, bleibt sich selbst treu", Müßiggang ist aller Laster Anfang", „nichts ist so beständig, wie die Veränderung", ... Bewegung und Veränderung sind die modernen Götzen. Aber warum sich ändern und in welche Richtung?

Auf dem Weg zur Wissensgesellschaft wird das aktuelle Arbeitsverhältnis starr und veraltet gesehen und gekündigt; Organisationskonzepte werden aufgelöst, selbstverständliche Standards, auch Werte und Normen, werden über Bord geworfen, um dem Wandel Platz zu machen. Veränderung ist die Devise, Dynamik gut, alt bedeutet Erstarrung, gefragt ist, was neu ist. Wäre aber nicht manches Vertraute doch bewahrenswert? Allein die Frage ist lästig und hält den engagierten Schwung in eine optimistisch gezeichnete Zukunft nur auf. Aber da heißt es auch, „operative Hektik ersetzt geistige Windstille".

Wir halten in diesem Band inne und blicken zurück in die Vergangenheit, bis an den Anfang der Arbeits- und Organisationspsychologie, um zu verstehen, wo wir heute stehen und vielleicht schon morgen sein werden. Wir fragen nach den Selbstverständlichkeiten in der angewandten Psychologie. Im Laufe der Zeit hat die „Wissenschaft des Erlebens und Verhaltens des Menschen" den Menschen ganz unterschiedlich gesehen. Und gerade in der Anwendung des Wissens sind Zweifel angebracht, ob denn die Sichtweise des

Menschen, und damit das Fundament des Wissens, auch anders sein könnte. Wir fragen nach den herrschenden Menschenbildern und den Organisationskonzepten sowie nach den für richtig befundenen Arbeitsformen, die folgerichtig aus den grundsätzlichen Annahmen ableitbar sind, und zeichnen die Chronologie der Korrekturen dieser Menschenbilder und die damit verbundenen Implikationen nach: Vom Bild des „homo oeconomicus", über den „social man", den „self-actualizing man", zum „complex man", bis zum „postmodern man" – wobei wir auch fast immer von „... woman" sprechen – reicht das Panorama der Geschichte, Gegenwart und nahen Zukunft der Arbeits- und Organisationspsychologie.

Dieser Band schafft die Basis der Arbeits- und Organisationspsychologie, auf welcher Arbeitsanalyse, -bewertung und -gestaltung, Motivation und Führung der Mitarbeiter und Problemlösung und Entscheidungen zu verstehen sind. Damit ist dieses Buch in einer Reihe von insgesamt fünf Bänden eigentlich das erste, das grundlegende; vielleicht ist deshalb dieser Band auch der umfangreichste geworden.

Was hat uns motiviert diese Reihe zu schreiben und warum sollten Sie motiviert sein, darin zu lesen? Lehrbücher zur Arbeits- und Organisationspsychologie widmen der Arbeitsgestaltung, der Motivation, Führung und Entscheidungen breiten Platz. Studierende und Praktiker haben die Qual der Wahl, denn viele Lehrbücher stehen zur Auswahl und es ist gar nicht leicht, sich für ein bestimmtes zu entscheiden: Einmal werden die theoretischen Grundlagen auf Kosten praktischer Überlegungen übermäßig strapaziert, ein anderes Mal wird ein theoretischer Themenbereich zu knapp abgehandelt, manchmal werden klassische Theorien, die längst widerlegt oder als unzureichend kritisiert wurden, ausführlich besprochen und neuere Befunde nicht ausreichend integriert. Deshalb wurden für die vorliegende Ausgabe der Reihe „Basiswissen zu Schwerpunktthemen der Wirtschaftspsychologie" die „Bestseller" unter den Lehrbüchern systematisch durchforstet und bedeutende Theorien und Befunde daraus zusammengestellt. Vielleicht kann die Zusammenfassung der Invarianten der Lehrbücher auch zu jener Entdeckungsreise anregen, die Marcel Proust im vorangestellten Zitat meint.

Studierenden soll ein schneller Einstieg in die relevanten Grundlagen der Arbeits- und Organisationspsychologie möglich sein und Praktikern, wie Betriebswirten und Wirtschaftspsychologen, eine schnelle Orientierung über den theoretischen Wissensstand als Basis ihrer Handlungen.

Der vorliegende Text orientiert sich unter anderem an den folgenden amerikanischen und deutschen Standardwerken: Greenberg und Baron (2000), Robbins (2001), Ulich (2001), Weinert (1998). Allerdings wurden nicht nur die immer wieder in Lehrbüchern beschriebenen Theorien zusammengefasst. Der substantielle Inhalt stammt aus der Originalliteratur, von den Klassikern des Faches direkt, oder indirekt über Shafritz und Ott (2001), die in den „Classics of Organization Theory“ ausgewählte Kapitel aus der Originalliteratur anbieten.

In diesem Band stehen viele Theorien und Organisationskonzepte, aufeinander aufbauende und widersprüchliche, einfache Ratschläge bis hin zu komplexen Modellen. Um abstrakte Theorien konkret vorstellbar zu machen, haben wir ein Unternehmen erfunden, eine Bäckerei, die immer wieder neu organisiert wird, eben nach den jeweils beschriebenen Theorien. Außerdem haben wir bei der Darstellung der einzelnen Theorien versucht, auf persönliche Wertungen nach Möglichkeit zu verzichten.

Es ist uns wichtig, größtmögliche Fairness im Bezug auf Geschlechtsunterschiede anzustreben. Ausschließlich aufgrund der leichteren Lesbarkeit, haben wir uns entschieden, im Text die männliche Form zu verwenden.

Unseren Kollegen Prof. Dr. Christian Korunka und Mag. Stephan Mühlbacher, sowie Dr. Erwin Kirchler gebührt Dank für die kritische Durchsicht des Manuskripts und zahlreiche Verbesserungsvorschläge. Elisabeth Höllerer und Mag. Auguste Brunnthaler haben wieder mit Interesse und Geduld den Text auf Rechtschreibfehler gelesen. Elisabeth Höllerer hat schließlich den Text in eine für den Verlag akzeptable Form gebracht, die Abbildungen gezeichnet und die Fotos im Internet gesucht, „heruntergeladen“ und druckfertig gemacht. Wir danken den Mitarbeitern des WUV für die effiziente und stets angenehme Zusammenarbeit, vom ersten bis zu dem jetzt fertig gestellten, fünften Band.

Erich Kirchler, Katja Meier-Pesti und Eva Hofmann
Wien, Dezember 2003

Inhalt

1 Menschenbilder, Arbeit und Organisationen

Leitfragen

- Was sind Menschenbilder?
- Was wird unter Arbeit verstanden?
- Wie sind Organisationen definiert und welche Ziele verfolgen sie?
- Nach welchen Dimensionen lässt sich die Organisationsstruktur beschreiben?
- Wie können Organisationstheorien klassifiziert werden?

Die wissenschaftliche Theoriebildung und praktische Handlungen bauen auf „Menschenbildern" auf, die aktuell als selbstverständlich gelten.

Auch die Wissenschaft hat es schwer, objektiv zu sein. Die Definition von Forschungsthemen, die Präzisierung von brisanten Fragen und die Wahl der Forschungstechniken zur Beantwortung dieser Fragen, der „Werkzeuge", sind herrschenden Trends unterworfen. Die Wissenschaft basiert auf Annahmen, die zeitlich begrenzt in einer Disziplin für richtig befunden, später oft mit viel Elan „entthront" und von neuen Grundannahmen ersetzt werden. In den Sozialwissenschaften gelten grundlegende Annahmen über menschliches Verhalten, von welchen ausgehend wissenschaftliche Arbeit betrieben wird. Diese Annahmen oder Bilder über „den Menschen", ob implizit akzeptiert oder explizit reflektiert, bestimmen im Wesentlichen Forschungsfragen, Forschungsmethoden und Theorieentwicklung. Die wissenschaftliche Theoriebildung und praktische Handlungen bauen auf den „Menschenbildern" auf, welche aktuell als selbstverständlich gelten.

Wilpert (1989) beschreibt Menschenbilder als Bezugssysteme, die Werte und Verhaltensweisen von Individuen und der gesamten Gesellschaft beeinflussen. In der Renaissance beispielsweise, wurde ein mechanistisches Menschenbild akzeptiert; Menschen, so die Annahme, funktionieren wie ein Uhrwerk und sind steuerbar und „reparierbar“ wie eine Maschine. Menschenbilder sind Bezugssysteme, die Werte und Verhaltensweisen beeinflussen.

Menschenbilder sind individuelle und soziale Konstruktionen, die im wissenschaftlichen Diskurs entwickelt, akzeptiert, kritisiert und im Laufe der Zeit verändert werden.

Auch die Arbeits- und Organisationspsychologie ist von Menschenbildern geprägt, die sich im Laufe der Zeit verändert haben (Stengel, 1997). In der Arbeits- und Organisationspsychologie werden unter Menschenbildern Axiome über das Verhalten und Erleben von Menschen verstanden. Menschenbilder sind individuelle und soziale Konstruktionen, die im wissenschaftlichen Diskurs entwickelt, akzeptiert, kritisiert und im Laufe der Zeit verändert werden.

Menschenbilder sind in der Arbeits- und Organisationspsychologie von besonderer Bedeutung, weil durch sie Bewertungsstandards und Gestaltungsrichtlinien der Arbeit und der Organisation generell – das, was als „zumutbar“ oder „menschengerecht“ gilt – verständlich werden. Bewertungsstandards bestimmen einerseits die Art der Arbeitsgestaltung und sind andererseits für die Interpretation und die Gestaltung von Organisationen verantwortlich. Abhängig vom Menschenbild werden Menschen zum Beispiel als Individuen verstanden, die bei der Arbeit in jedem kleinen Schritt angeleitet werden müssen. Menschen können aber auch als Mitglieder einer sozialen Gruppe wahrgenommen werden, für die zwischenmenschliche Beziehungen am Arbeitsplatz gewährleistet sein müssen. Dementsprechend werden Organisationen als Einrichtungen gestaltet, in denen entweder jedes einzelne Mitglied streng kontrolliert oder Verantwortung delegiert wird. Die Gestaltung kann so sein, dass die Mitarbeiter einzeln oder in Gruppen zusammenarbeiten.

Dieses Buch handelt von den geltenden Menschenbildern seit Beginn der Psychologie als Wissenschaft bis heute und gibt einen theoretischen und praktischen Einblick in den Zusammenhang von Menschenbildern, Arbeit und Organisationen.

1.1 Arbeit

Nicht nur im Alltag ist die „Arbeit“ ein bestimmendes Thema. Auch verschiedene Wissenschaftsdisziplinen befassen sich ausgiebig mit Arbeit, meist mit bezahlter Arbeit. Die Deutung dessen, was als Arbeit zu verstehen ist, variiert über Epochen und Disziplinen. Eine präzise, allgemein akzeptierte Begriffsbestimmung ist uns nicht bekannt. Stengel (1997) beschreibt als einzige Gemeinsamkeit zahlreicher Definitionen die Einzigartigkeit des Begriffes und den Stellenwert der Arbeit, die über Zeiten und Kulturen konstant bleiben.

Im Begriff „Arbeit" ist der Gegensatz zur Untätigkeit sowie die Konnotation der Mühe und Last enthalten.

Etymologisch stammt „Arbeit" vom germanischen Verb „arbejo" ab, welches eine körperliche Tätigkeit beschreibt, zu der ein Kind verdingt wird (Schmale, 1983). Dabei bedeutet das Substantiv von „arbejo", Arbeit, die eine schwere körperliche Anstrengung, Mühsal und Plage darstellt. „Arbeit" wird aber auch mit dem griechischen Substantiv „energeia" in Verbindung gebracht (Stengel, 1997), das positiver besetzt ist und den Gegensatz zur Untätigkeit beschreibt. „Ergon" und „ponos" – die zwei Komponenten von „energeia" – bezeichnen einerseits ein selbst geschaffenes Werk und andererseits die Plage, die eigene physische Existenz aufrecht zu erhalten. Im Begriff „Arbeit" ist sowohl der Gegensatz zur Untätigkeit als auch die Konnotation von Mühe und Last enthalten.

Neuberger (1985) trägt verschiedene Definitionen von „Arbeit" zusammen und filtert daraus die Charakteristika, die für bezahlte Arbeit gelten sollen. Arbeit wird charakterisiert als Aktivität oder Tätigkeit, die

- zielgerichtet, gesellschaftlich organisiert, strukturiert und geregelt ist,
- den Einsatz von körperlichen und/oder psychischen Kräften erfordert,
- Bedürfnisse befriedigt, aber
- als Last, Mühsal und Anstrengung erlebt und
- mit Gegenleistung honoriert wird,
- in Gütern oder Dienstleistungen resultiert,
- also die physische und soziale Umwelt und dabei auch
- den Menschen selbst verändert.

Außer dem Gegensatz zur Untätigkeit und der Mühe und Last, beinhaltet „Arbeit" nach Neuberger (1985) auch die Zielgerichtetheit der Tätigkeit. Zielgerichtetheit unterscheidet Arbeit vom Spiel, das sich selbst genügt und nicht, so wie die Arbeit, ein Endergebnis anpeilt (Marcuse, 1964). Ziel der Arbeit ist die Schaffung von Gütern, eben die Produktion von Produkten und Erstellung von Dienstleistungen (Ulich, 2001). Arbeitsziele werden unter Aufwendung körperlicher und psychischer Kraft erreicht. Weil Arbeit die physische wie soziale Welt verändert, ist Arbeit Teil der Kultur. In gleicher Weise wie Arbeit die Umwelt verändert, beeinflusst die Gesellschaft die Arbeit, indem Arbeit von der Gesellschaft organisiert, strukturiert und geregelt, aber auch bewertet wird. Die Beeinflussung des Menschen durch die Arbeit erfolgt durch die Befriedigung seiner Bedürfnisse, die Bereitstellung einer

Gegenleistung und letztlich auch die Veränderung der Person aufgrund von Sozialisationsprozessen am Arbeitsplatz.

Viele (zielgerichtete) Tätigkeiten stellen Arbeit dar: Hausarbeit, unbezahlte Arbeit in der Gemeinde und für karitative Zwecke, Schwarzarbeit und die „offizielle Erwerbsarbeit“. Im Alltag wie in der Wissenschaft ist häufig Erwerbsarbeit gemeint, wenn von Arbeit gesprochen wird. Dabei ist es gar nicht einfach, die Erwerbsarbeit von anderen Formen der Arbeit abzugrenzen. Zu manchen Zeiten galt beispielsweise die Arbeit der Dienstboten nicht als Arbeit im eigentlichen Sinne; der gesellschaftliche Status der Dienstboten war zu niedrig, um ihr Tun als Arbeit zu bewerten. Auch die Hausarbeit wurde lange Zeit nicht als Arbeit im eigentlichen Sinne akzeptiert. Obwohl heute kein Zweifel daran besteht, dass Hausarbeit, Erwerbsarbeit etc. Formen von Arbeit sind, handelt auch dieser Band nur von Erwerbsarbeit in Betrieben und in der Verwaltung.

1.2 Organisationen

Organisationen sind zielgerichtete soziale Systeme, die ihre Mitglieder durch Zwang, Belohnung und Bestrafung oder aufgrund von Normen und Werten dazu bringen, zur Erreichung der Organisationsziele beizutragen.

Organisationen werden als zielgerichtete soziale Systeme definiert (Weinert, 1998). Die Organisationsziele können sehr unterschiedlich sein: Beispielsweise wird in wirtschaftlichen Unternehmen wirtschaftlicher Erfolg in Form von Umsatz angepeilt; in der öffentlichen Verwaltung wird der effiziente Einsatz der Steuergelder als Ziel gesehen; ein Spital soll die bestmögliche medizinische Versorgung der Patienten anbieten, ein Sparverein hält die Mitglieder zum Sparen an und Amnesty International plädiert für die Wahrung der Menschenrechte. Etzioni (1964) unterscheidet drei Arten von Organisationen, die sich auf der Basis ihrer Sozialisationsstrategien unterscheiden: (a) Die Zwangsorganisation, wie zum Beispiel ein Gefängnis, in dem die Insassen mit Zwang und Bestrafung an die Regeln des Systems herangeführt werden. Ein weiteres Beispiel sind militärische Organisationen. (b) Die utilitaristische Organisation, in der materielle Belohnung beziehungsweise Belohnungsentzug als Sozialisationsstrategien eingesetzt werden, wie es in Industriebetrieben der Fall ist. Und (c) die normative Organisation, die auf die internalisierten Normen und Werte ihrer Organisationsmitglieder baut. Kirchen und freiwillige Vereine sind Beispiele für normative Organisationen. Organisationen sind zielgerichtete soziale Systeme, die ihre Mitglieder durch Zwang, Belohnung und Bestrafung oder aufgrund von Normen und Werten dazu bringen, zur Erreichung der Organisationsziele beizutragen.

Um die Ziele zu erreichen, werden einzelne Individuen oder Gruppen zu einer geordneten Gesamtheit, einer Organisation, zusammengefügt; die Arbeit wird organisiert. Die Organisation der Arbeitstätigkeiten und die Abstimmung der Tätigkeiten der Organisationsmitglieder schafft eine Organisationsstruktur, die auch Verhaltensrichtlinien in der Organisation vorgibt. Diese Struktur legt nicht nur Handlungsabläufe fest, sondern bestimmt auch die Art der Entscheidungsfindung und Beziehungen zwischen den Organisationsmitgliedern.

Die fünf Hauptdimensionen der Organisationsstruktur sind Hierarchie, Arbeitsteilung, Kontrollspanne, beratende und entscheidende Positionen und Zentralisierung.

Die Organisationsstruktur setzt also die Zuordnung von Aufgaben und Verantwortlichkeiten zu Individuen und Gruppen fest und gibt vor, wer in der Organisation über Autorität und Führung bestimmt (Greenberg und Baron, 2000). In Organigrammen oder „charts" wird die Organisationsstruktur dargestellt. Nach Greenberg und Baron (2000) lässt sich die Struktur anhand von fünf Hauptdimensionen beschreiben: (a) Das Ausmaß an Hierarchie, (b) die Spezialisierung der Arbeitsteilung, (c) die Weite der Kontrollspannen, (d) der Anteil von beratenden und entscheidenden Positionen und (e) das Ausmaß an Zentralisierung.

(a) *Hierarchie und Autorität*: Organisationen sind durch hierarchische Ebenen charakterisiert. Flache Organisationen bestehen aus wenigen Ebenen; in stark hierarchisch strukturierten Organisationen sind viele hierarchische Stufen „eingezogen". Die Anzahl der hierarchischen Ebenen gibt an, inwieweit Verantwortung zwischen den Organisationsmitgliedern aufgeteilt wird. In stark hierarchisch organisierten Unternehmen werden Entscheidungen beziehungsweise Entscheidungsresultate an höhere Ebenen weitergegeben; die Verantwortung liegt in den oberen hierarchischen Ebenen. Mit zunehmender Anzahl von hierarchischen Stufen nimmt die Qualität von Entscheidungen einzelner Individuen und die Produktivität der Organisation ab.

(b) *Spezialisierung der Arbeitsteilung*: Organisationen unterscheiden sich nach der Aufteilung der Arbeit auf Organisationsmitglieder. Je spezialisierter die Arbeitsteilung ist, umso weniger Aufgaben werden auf einem Arbeitsplatz von einem Mitglied verrichtet; die Arbeit ist aber von hoher Qualität. Das Ausmaß der Arbeitsteilung hängt von der Größe der Organisation ab. Je größer die Organisation ist, umso mehr Möglichkeiten zur Spezialisierung werden angeboten.

(c) *Kontrollspanne*: Die Kontrollspanne gibt an, wieviele Mitarbeiter einer Führungskraft zugeordnet werden. Eine enge Kontrollspanne zeichnet sich dadurch aus, dass eine Führungskraft das Verhalten weniger Mitarbeiter überprüft. Je enger die Kontrollspanne ist, desto weniger Entscheidungsspielraum wird dem einzelnen Mitarbeiter zugestanden. Kontrollspanne und Hierarchie hängen zusammen. In flachen Organisationen ist die Kontrollspanne weiter, in stark hierarchisch strukturierten Organisationen enger.

(d) *Entscheidungs- versus beratende Positionen*: Organisationsmitglieder können entweder Entscheidungsträger („line position", Linie) sein oder eine beratende Positionen („staff position", Stab) innehaben, auf der sie Informationen sammeln und bündeln, die Entscheidung selbst aber nicht treffen (Greenberg und Baron, 1997, S. 510). Mitglieder in beratenden Positionen sind meist jung und gut ausgebildet, sie sind aber ihrem Aufgabengebiet stärker verbunden als der Organisation (Dalton, 1950).

(e) *Ausmaß an Zentralisierung*: Die Organisationsstruktur kann zentral oder dezentral gestaltet sein. In zentralisierten Organisationen werden Entscheidungen von wenigen Entscheidungsträgern getroffen, wobei die Anzahl der beratenden Positionen wesentlich höher ist als die Anzahl der Entscheidungsträger. In dezentralisierten Organisationen werden Entscheidungen an hierarchisch niedrigere Ebenen weitergegeben, wobei die Anzahl der rein beratenden Positionen gering ist. Diese Dezentralisierung kann zu effizienteren Entscheidungen führen und zu höherer Mitarbeiterzufriedenheit, weil die einzelnen Organisationsmitglieder über größere Autonomie verfügen als in stark zentralisierten Organisationen. Zentralisierung und Hierarchie hängen zusammen; je zentraler die Organisationsstruktur aufgebaut ist, umso mehr hierarchische Stufen sind nötig.

Die Organisationsstruktur bestimmt die Organisation der Tätigkeiten, die Personalpolitik des Unternehmens und die Art der Verteilung von Ressourcen.

Die Organisationsstruktur mit ihren fünf Dimensionen bestimmt (a) die Organisation der Tätigkeiten, (b) die Personalpolitik des Unternehmens und (c) die Art der Verteilung von Ressourcen durch Ent- und Belohnungssysteme, Zeitpläne und andere Angebote des Unternehmens. Im Rahmen der Organisation der Tätigkeiten wird beispielsweise bestimmt, wie viele verschiedene Abteilungen für die Organisation nötig sind, ob diese Abteilungen weitgehend voneinander unabhängig sind oder sehr eng zusammenarbeiten, ob die Organisation aus „Allroundern" besteht, oder sich ein ausgeklügeltes Experten- und Spezialistensystem leistet.

Mit der Personalpolitik wird festgelegt, nach welchen Kriterien Mitglieder in die Organisation aufgenommen werden und wie sie in der Organisation ihre Fähigkeiten weiterentwickeln können. Die Aufnahme kann beispielsweise nach strikt formalen Kriterien erfolgen, wie der absolvierten Ausbildung. Ebenso können persönliche Beziehungen ausschlaggebend sein. Auch Arbeitsproben, die eine Prognose über zukünftige Arbeitserfolge zulassen, können bei der Personalauswahl dienen. Außerdem können „soft skills", Fähigkeiten wie Team- und Kommunikationsfähigkeit, gemessen werden, um Mitglieder auszuwählen. Möglichkeiten der Weiterbildung in Organisationen bestehen zum Beispiel in Trainee-Programmen, beispielsweise beim Eintritt in die Organisation.

Auch das Angebot an Ressourcen für Arbeitnehmer wird in der Organisationsstruktur festgelegt. Zum Beispiel können Arbeitnehmer als Teile des Unternehmens am Umsatz des Unternehmens prozentuell beteiligt werden. Außerdem kann die Leistung eines Mitgliedes oder aber einer ganzen Gruppe berechnet und honoriert werden. Auch der Umgang der Organisation mit der Zeit der Arbeitnehmer ist wesentlich. Die Organisationsstruktur bestimmt beispielsweise, ob die Einhaltung der Dienstzeit mit Hilfe einer Stechuhr überprüft wird, oder ob nur das Ergebnis der Arbeit interessant ist und die Anwesenheitszeit der Mitarbeiter irrelevant ist.

Organisationstheorien beschreiben Konzepte, wie Organisationen strukturiert werden können, um die Ziele der Organisation zu erreichen. Sie zeigen, wie der Ablauf der Tätigkeiten organisiert wird, welche Personalpolitik verfolgt wird und wie Mitarbeiter entlohnt werden.

1.3 Arbeits- und Organisationspsychologie

Die Arbeits- und Organisationspsychologie untersucht das Erleben und Verhalten von Menschen im Kontext von Organisationen. Beide Bereiche, die Arbeits- und Organisationspsychologie, sind eng miteinander verbunden. Da Arbeit im Rahmen von Organisationen stattfindet, die Organisation mit ihrer Struktur, den Zielen usw. die Mitarbeiter beeinflusst und die Mitarbeiter wiederum durch ihre Arbeit die Organisation determinieren und die Organisationsdynamik ausmachen, werden Arbeit und Organisationen gemeinsam betrachtet.

Manchmal wird in der Literatur von Arbeits- oder Ingenieurpsychologie, von Betriebs- und Verwaltungspsychologie gesprochen. Im hier vorliegenden Buch verwenden wir die Begriffe Arbeits- und Organisationspsychologie. Gemeint ist die Psychologie der Arbeit in Organisationen, meist in der Verwaltung und in Betrieben (Weinert, 1998).

Die Arbeitspsychologie untersucht psychologische Auswirkungen der Arbeit auf das Individuum, analysiert, wie zielgerichtete Tätigkeiten verrichtet werden und reflektiert Bewertungs- und Gestaltungsmöglichkeiten der Arbeit und der Arbeitsumgebung.

In der Arbeitspsychologie wird die Verrichtung der Arbeit in Abhängigkeit vom Arbeitsinhalt und der -umgebung untersucht. Die psychologischen Auswirkungen der Arbeit auf Individuen werden erforscht und Bewertungs- und Gestaltungsmöglichkeiten der Arbeit und der Arbeitsumgebung reflektiert. Ziel ist die Analyse, Bewertung und Neugestaltung der Arbeit, so dass letztlich Arbeit persönlichkeitsförderlich ist.

Die Organisationspsychologie beschäftigt sich mit dem Erleben und Verhalten in Organisationen und untersucht dieses auf Mikro-, Meso- und Makroebene.

Die Organisationspsychologie untersucht das Erleben und Verhalten in Organisationen, wobei sowohl die Mikro- als auch die Meso- und die Makroebene der Arbeit in Organisationen betrachtet wird. Auf der Mikroebene sind individuelle Einstellungen, Motive und Verhaltensweisen interessant, auf der Mesoebene werden Gruppen und ihre Kommunikationsabläufe erforscht, und auf der Makroebene werden Organisationsstrukturen untersucht.

Die Anfänge der Organisationspsychologie im deutschen Kulturraum gehen auf Hugo Münsterberg und seine Arbeit zu „Psychologie und Wirtschaftsleben" im Jahr 1913 zurück (Weinert, 1998). Heute stellt sie den psychologischen Teilbereich der wissenschaftlichen Disziplin des organisationalen Verhaltens („organizational behaviour") dar. Greenberg und Baron (2000) verstehen unter organisationalem Verhalten eine wissenschaftliche Disziplin, die menschliches Verhalten in Organisationen analysiert und Individuen, Gruppen und organisationale Prozesse als Untersuchungsgegenstände unterscheidet. Die Disziplin des organisationalen Verhaltens verfolgt einen interdisziplinären Ansatz, dem sich besonders die Psychologie, die Soziologie, die Wirtschaftswissenschaften, die Anthropologie und die Politikwissenschaften widmen (Robbins, 2001). In der Psychologie werden im Speziellen Individuum und Gruppe untersucht (Abbildung 1).

Die Wissenschaft von organisationalem Verhalten verfolgt zwei Ziele in der praktischen Anwendung des Wissens. Einerseits soll die Effizienz von Organisationen optimiert werden (Robbins, 2001), andererseits soll das individuelle Wohlbefinden innerhalb von Organisationen verbessert werden (Weinert, 1998). Da das Wohlbefinden der Individuen mit der Effizienz von

Abb. 1: Überblick über die Wissenschaft des „organisationalen Verhaltens“ (Robbins, 1996, S. 22)

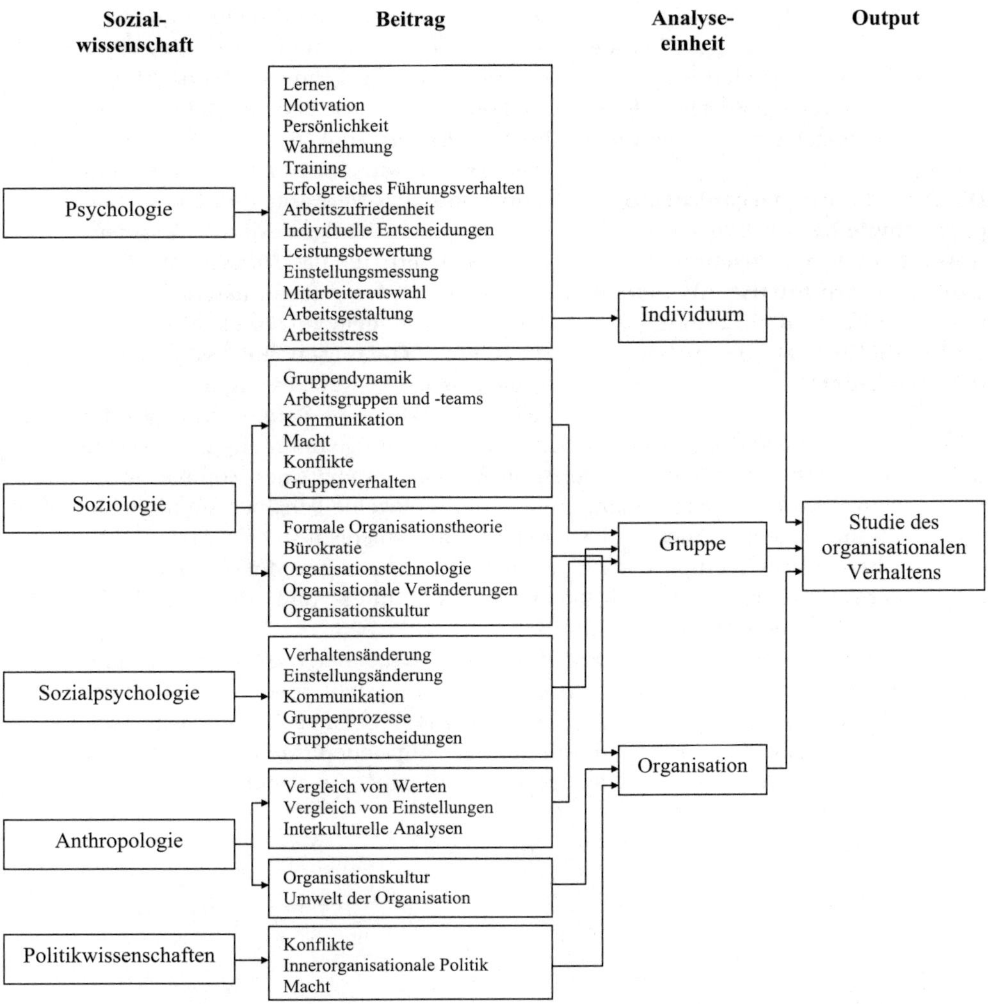

Organisationen untrennbar verbunden ist, müssen beide Ziele gemeinsam optimiert werden.

Wie andere Wissenschaftsdisziplinen auch werden die Arbeits- und Organisationspsychologie bei der Auswahl der Forschungsfragen, den Forschungsmethoden und Interpretationen von Ergebnissen vom aktuell „selbstverständlichen" Menschenbild bestimmt. Verschiedene Menschenbilder prägen den Lauf der Entwicklung der Arbeits- und Organisationspsychologie: (1) Das Menschenbild des „homo oeconomicus", das Vernunft und Nutzenmaximierung als wichtigste Motive des Menschen definiert; (2) das Menschenbild des „social man", das neben materiellen Bedürfnissen vor allem auf soziale Motive Bezug nimmt; (3) das Menschenbild des „selfactualizing man", welches das Streben nach Selbstverwirklichung betont und (4) das Menschenbild des „complex man", eine Vorstellung vom Menschen, welche die Vielfalt von Individuen unterstreicht. Da in der Phase des „complex man" betont wird, dass alle bekannten Motive für einzelne Personen simultan bestimmend sein können und Menschen unterschiedlich sind, wird das Menschenbild des „complex man" selten als eigenständiges Menschenbild sondern als Erweiterung des Blickwinkels auf inter- und intraindividuelle Unterschiede wahrgenommen.

Die Arbeits- und Organisationspsychologie hat im Laufe der Geschichte den Menschen als „homo oeconomicus", als „social man", „selfactualizing man" und schließlich als „complex man" definiert.

Im vorliegenden Buch werden die Menschenbilder vom „homo oeconomicus" zum „complex man" chronologisch vorgestellt, sowie wichtige Organisationstheorien, denen das jeweilige Menschenbild zu Grunde liegt. Weiter wird ein Blick in die Zukunft gewagt, und neuere Menschenbilder wie der „Wissensarbeiter" und der „postmodern man" vorgestellt.

2 Zur Zeit des „homo oeconomicus"

Leitfragen

- Welche Eigenschaften hat der Durchschnittsmensch, der „homo oeconomicus"?
- Was charakterisiert die „wissenschaftliche Betriebsführung", das „scientific management"?
- Was sind die Aufgaben des Managements?
- Welche Kritikpunkte werden gegenüber dem Taylorismus angeführt?
- Wie beschreibt Münsterberg die Rolle der Psychologen in der Wirtschaft?
- Was wird unter Psychotechnik und industrieller Psychotechnik verstanden?
- Was unterscheidet Objekt- und Subjektpsychotechnik?
- Wie lassen sich die „zwei Gesichter der Arbeit" nach Kurt Lewin beschreiben?
- Ist das Konzept der Gruppenfabrikation von Hellpach vergleichbar mit teilautonomen Arbeitsgruppen?
- Wem fühlt sich die Wirtschaftspsychologie mehr verpflichtet, den Arbeitnehmern oder den Arbeitgebern?
- Was ist unter einem „geschlossenen System" zu verstehen?
- Wie lässt sich die „wissenschaftliche Betriebsführung" anhand der Hauptdimensionen der Organisationsstruktur beschreiben?
- Was versteht Henri Fayol (1949) unter der „administrativen Theorie"?
- Was sind die Hauptmerkmale der „bürokratischen Schule"?
- Welche Vor- und Nachteile bietet die „bürokratische Organisation"?
- Was sind die Hauptmerkmale einer Organisation nach ISO 9000?

Die „Väter" des „homo oeconomicus" – laut Stengel (1997) die Ökonomen Adam Smith, Thomas Robert Malthus, John Stuart Mill und David Ricardo – legten die Basis für ein Menschenbild, das einen (fiktiven) Durchschnittsmenschen als rational entscheidendes Individuum beschreibt. Die Sichtweise des „homo oeconomicus" wurde vor dem Hintergrund entwickelt, dass Menschen über knappe Ressourcen verfügen. Deshalb müssen Entscheidungen über die Nutzung der Ressourcen getroffen werden, um verschiedene Ziele zu erreichen. Diese Entscheidungen laufen rational, das heißt, den Gesetzen der Logik entsprechend, ab. Geld, Zeit und Energie sollen so eingesetzt werden, dass ihr Einsatz den eigenen, oft egoistischen Nutzen maximiert. Nutzenmaximierung bedeutet, dass Individuen bei gegebenen Kosten versuchen, ihren Nutzen zu maximieren, oder bei gegebenem Nutzen danach trachten, ihre Kosten zu minimieren.

Mögliche Entscheidungsalternativen werden vor der Entscheidung für eine Alternative gesichtet und entsprechend den individuellen Vorteilen oder Präferenzen gereiht. Dabei ist anzunehmen, dass Individuen oder Institutionen Klarheit darüber haben, welche Eigenschaften die für sie optimalen Alternativen besitzen. Entscheidungsträger haben klare und stabile Präferenzen. Das heißt, sie wissen was sie wollen und ihre Präferenzen ändern sich nicht ständig während einer Entscheidung, denn sonst wäre die Reihung der verfügbaren Alternativen nach ihren Vorteilen ständig in „Bewegung". Idealerweise verfügt der „homo oeconomicus" über alle Informationen, welche am Markt angeboten werden. Vollständige Informationen und die Kenntnis der Eigenschaften und Konsequenzen der Alternativen sind weitere Merkmale im Weltbild des „homo oeconomicus".

Der „homo oeconomicus" ist ein wirtschaftlich rational entscheidender, fiktiver Durchschnittsmensch.

Folgende Merkmale charakterisieren den „homo oeconomicus" am Arbeitsplatz in seiner Idealform:

- der „homo oeconomicus" ist verantwortungsscheu, weil die Arbeit Mühe und Plage ist und Kosten, wie Zeit, Anstrengung etc., verursacht,
- er ist nur durch monetäre Anreize motivierbar,
- er handelt völlig zweckrational,
- nach der Maxime des größten Gewinns und
- strebt ständig nach der Maximierung seines Nutzens,
- er besitzt völlige Übersicht über Handlungsmöglichkeiten („Markttransparenz"),
- ist mit Voraussicht in wirtschaftlichen Dingen begabt und

- antwortet mit hoher Reaktionsgeschwindigkeit auf veränderte Angebotsdaten.
- Seine Bedürfnisse sind stabil und linear in die Zukunft gerichtet, sowie unabhängig von anderen Personen (Von Rosenstiel, 1992).

Wie können Arbeitnehmer im Kontext des „homo oeconomicus" zur Arbeit motiviert werden? Wenn Arbeit nur Kosten verursacht, kann die Entscheidung für oder gegen eine Arbeitstätigkeit ausschließlich von der Höhe der Bezahlung abhängen. Der Fokus der Motivation liegt auf den Konsequenzen der Arbeit. Ausschließlich extrinsische Motive können zur Arbeit „antreiben".

Das Menschenbild des „homo oeconomicus" bestimmt auch heute viele Bereiche der Wirtschaftswissenschaften, aktuelle Organisationstheorien und Praktiken. So werden komplexe Entlohnungssysteme entwickelt und der Rationalität als Prinzip des Handelns höchste Wichtigkeit zugeschrieben. Nach Stengel (1997) gilt demnach der „homo oeconomicus" immer noch als Idealbild des Menschen in der Arbeitswelt. Auch marktpsychologische Konzepte sind von den Vorstellungen des „homo oeconomicus" noch immer geprägt.

Trotz weit verbreiteter Akzeptanz werden zunehmend mehr Schwächen und Einschränkungen des Konzeptes des „homo oeconomicus" diskutiert. Beispielsweise wird kritisch angemerkt, dass der Anspruch der vollständigen Information eine Überforderung darstellt. Und dass weniger *vor* der Entscheidung die Phasen des normativen Entscheidungsmodells durchlaufen werden, als dass die Auswahl einer Alternative letztlich zu rechtfertigen versucht wird, indem Nutzen und Logik der Entscheidung im Nachhinein reflektiert und adjustiert werden.

Zusammenfassend ist festzuhalten, dass das Menschenbild des „homo oeconomicus" nicht den Anspruch erhebt, menschliches Verhalten wirklichkeitsgetreu zu beschreiben, sondern ein Bild zu beschreiben, das den Durchschnitt wirtschaftlich handelnder Akteure darstellt. Obwohl zunehmend überzeugender empirisch demonstriert wird, dass die Annahmen des Modells zu kurz greifen, erfreut sich das Modell trotzdem breiter Akzeptanz in vielen Bereichen der Wirtschaft.

2.1 Frederick Winslow Taylor und die wissenschaftliche Betriebsführung

Die wissenschaftliche Betriebsführung strebt die Optimierung von Arbeitsabläufen an.

Der Beginn der wissenschaftlichen Betriebsführung wird vielfach mit den Bemühungen des Ingenieurs Frederick Winslow Taylor um

Rationalisierung und Ökonomisierung der menschlichen Arbeit datiert (Foto 1). Im endenden 19. Jahrhundert untersuchte er Auswirkungen finanzieller Anreizsysteme und der Gestaltung von Werkzeugen auf die Arbeitsleistung. Das Ergebnis war die Führung des Betriebes nach wissenschaftlichen Kriterien, wobei alle Arbeitsprozesse und Arbeitsschritte analysiert und Werkzeuge, Umgebungsbedingungen, menschliche Ermüdungserscheinungen usw. auf die Betriebsziele hin streng untersucht werden („scientific management", Taylorismus), um letztlich die Optimierung von Arbeitsabläufen auf der Basis von wissenschaftlichen Methoden zu erreichen.

Foto 1: Frederick Winslow Taylor (1856–1915)

Nach Taylor streben sowohl Arbeitgeber als auch Arbeitnehmer wirtschaftliche Prosperität an, das heißt, sie streben einen materiellen Gewinn beziehungsweise Lohn an (Greif, 1993). Diese Interessen können erfüllt werden, wenn die Produktivität des Unternehmens hoch ist. Vorrangiges Ziel der wissenschaftlichen Betriebsführung sind folgerichtig Produktivität und Gewinn. Maximale Produktivität kann nur erreicht werden, wenn hohe Leistungen erbracht werden. Die Arbeit ist also so zu gestalten, dass Maximalleistungen gefördert werden, ohne allerdings körperliche Schäden der Arbeitenden zu riskieren. Taylor spricht von einer „fairen Maximalarbeit", welche einem Arbeitsquantum entspricht, das über einen längeren Zeitraum ohne Überanstrengung geleistet werden kann.

Die Leitungsorgane haben als Aufgabe, die einzelnen Arbeitsabläufe zu optimieren. Zu diesem Zweck wird die Arbeit in Einzelschritte zerlegt und anhand von Zeit- (Gilbreth, 1911) und Bewegungsstudien (Taylor, 1911) wird die rationellste und kräftesparendste Erledigung der einzelnen Arbeitselemente gesucht. Die Durchführung einzelner Arbeitsschritte wird beobachtet und die zeitsparendste und damit effektivste Umsetzung analysiert. Das Resultat ist ein als bester bezeichneter Arbeitsverrichtungsprozess, der dokumentiert und gut ausgewählten Personen gelehrt wird. Dieser „(one) best way" dient in Folge als Richtwert und Vorbild für die Arbeitnehmer (Zitat 1).

Zitat 1: Beispiele von konsequent durchgeführter wissenschaftlicher Betriebsführung (Frey, 1920, S. 24; nach Ulich, 2001, S. 11f)

1. „Wissenschaftliche Betriebsführung" beim Annähen von Knöpfen:
   Als wir durch eine grosse Fabrik gingen, blieben wir bei einem Mädchen stehen, welches Fäden, die vorher in bestimmten Längen geschnitten waren, einfädelte und wachste. Der Leiter unterrichtete uns darüber, dass vor der

Einführung der wissenschaftlichen Betriebsführung jedes Mädchen ihre Nadeln selbst einfädelte, nachdem sie ihn in beliebiger Länge abgeschnitten hatte. Die Methode der wissenschaftlichen Betriebsführung hat jedoch gezeigt, dass dies falsch sei; denn wenn ein Mädchen die Fäden zu kurz schneidet, hat sie ihre Nadel zu oft einzufädeln, wodurch Zeitverlust eintritt. Wenn sie die Fäden aber zu lang schneidet, verliert sie beim Ausziehen der Fäden viel Zeit, bis der Faden kürzer wird. Den Mädchen, welche Knöpfe annähen, wurden deshalb Fäden verschiedener Länge gegeben, und es wurde sorgfältig aufgeschrieben, wie viele Knöpfe jedes Mädchen täglich annähte. Nachdem auf diese Weise die Länge des Fadens bestimmt war, welcher die Mädchen in den Stand setzte, die grösste Anzahl von Knöpfen anzunähen, wurde dieses Länge als massgebend gewählt. Auf Grund der theoretischen Annahme, dass ein Mädchen, wenn sie im Nadeleinfädeln geübt ist, dies mit grösserem Erfolge tun kann, als ein anderes, wurden Mädchen ausschliesslich mit dem Einfädeln der Nadeln mit Fäden von festgesetzter Länge beschäftigt. Auf diese Weise wurde die Unterteilung der Arbeit für das Knöpfeannähen bestimmt.

2. „Wissenschaftliche Betriebsführung" im Rasiersalon:
   In einem Barbiergeschäft hat ein Arbeiter für heisses Wasser zu sorgen, ein anderer den Seifenschaum zu machen, ein dritter ihn auf das Gesicht aufzutragen, ein vierter das Messer abzuziehen, ein fünfter zu rasieren, während noch einige andere das Waschen, Trocknen und Einparfümieren des rasierten Gesichtes zu versorgen hatten: Es ist richtig, dass jeder dieser Arbeiter als hoch entwickelter Spezialist bezeichnet werden kann. Aber ein so geringer Grad von Fertigkeit und gewerblicher Erfahrung, wie er sie sich bei seiner Arbeit aneignet, dürfte für ihn, für sein Gewerbe und für die Allgemeinheit von geringem praktischen Wert sein.

Mit wissenschaftlichen Methoden wurde nicht nur der optimale Arbeitsablauf definiert, sondern auch optimale körperliche Voraussetzungen der Arbeiter festgestellt. So wurden beispielsweise in der Kleiderfabrik für das Annähen von Knöpfen nur Frauen beschäftigt, welche über optimale Arm- und Fingerlängen verfügten. Da diese körperlichen Voraussetzungen von Arbeitsschritt zu Arbeitsschritt unterschiedlich sind, wurden für jeden einzelnen Arbeitsschritt andere Personen mit jeweils optimalen körperlichen Merkmalen angestellt; die Arbeit wird in Einzelschritte zerlegt und von jeweils hochgradigen „Spezialisten" durchgeführt.

Die Aufgaben des Managements sind die Optimierung der Arbeitsabläufe und die Auswahl geeigneter Arbeitskräfte. Damit ist eine klare Trennung zwischen Management und den ausführenden Arbeitern gezogen: Dem Management obliegt die Planung und Überwachung, die Leitung der Arbeit, während die Arbeiter die Handarbeit, also die praktische Ausführung der Arbeit verantworten. Die Aufgabenteilung und das Verhältnis zwischen Leitungsorgan und Arbeiter sind anhand eines Beispiels beschrieben (Zitat 2).

Zitat 2: Ausschnitt aus Taylors Aufzeichnungen: „Wie Taylor Schmidt dazu brachte, täglich 47 Tonnen Roheisen statt 12,5 Tonnen zu verladen." (Taylor, 1913; nach Greif, 1993, S. 19)

Es war ein untersetzter Pennsylvaner deutscher Abstammung, ein sog. „Pennsylvania Dutchman". – Diesen Mann wollen wir Schmidt nennen. Unsere Aufgabe bestand nunmehr darin, Schmidt dazu zu bringen, 47 t Roheisen pro Tag zu verladen. Dies geschah in folgender Weise:

„Schmidt, sind Sie eine erste Kraft? Wenn Sie eine erste Kraft sind, dann laden Sie dieses Roheisen für 1,85 Dollar in den Waggon! Nun wachen Sie auf und antworten Sie auf meine Fragen! Sagen Sie mir, sind Sie eine erste Kraft, oder nicht?"

„Well, bekomme ich 1,85 Dollar, wenn ich diesen Haufen Roheisen morgen auf den Wagen da lade?"

„Ja, natürlich, und tagtäglich, jahraus, jahrein bekommen sie 1,85 Doll. für jeden solchen Haufen, den Sie verladen; das ist, was eine erste Kraft tut."

„Well, dot's all right. Ich kann also dieses Roheisen morgen für 1,85 Dollar auf den Wagen laden und bekomme das jeden Tag, ja?"

„Gewiß, gewiß"

„Well, dann bin ich eine erste Kraft."

„Wenn Sie nun eine erste Kraft sind, dann werden Sie morgen genau tun, was dieser Mann Ihnen sagt, und zwar von morgens bis abends. Wenn er sagt, Sie sollen einen Roheisenbarren aufheben und damit weitergehen, dann heben Sie ihn auf und gehen damit weiter! Wenn er sagt, Sie sollen sich niedersetzen und ausruhen, dann setzten Sie sich hin! Das tun Sie ordentlich den ganzen Tag über. Und was noch dazu kommt, keine Widerrede! Eine erste Kraft ist ein Arbeiter, der genau tut, was ihm gesagt wird, und nicht widerspricht. Verstehen Sie mich? Wenn dieser Mann zu Ihnen sagt: Gehen Sie, dann gehen Sie, und wenn er sagt: Setzen Sie sich nieder!, dann setzen Sie sich und widersprechen ihm nicht."

Schmidt begann zu arbeiten, und in regelmäßigen Abständen wurde ihm von dem Mann, der bei ihm als Lehrer stand, gesagt: „Jetzt heben Sie einen Barren auf und gehen Sie damit! Jetzt setzen Sie sich hin und ruhen sich aus" etc. Er arbeitete, wenn ihm befohlen wurde, zu arbeiten, und ruhte sich aus, wenn ihm befohlen wurde, sich auszuruhen, und um halb sechs Uhr nachmittags hatte er 47 ½ t auf den Waggon verladen.

Zusammenfassend gelten als die wichtigsten Prinzipien der wissenschaftlichen Betriebsführung (Greif, 1993; Mankin, 1978)

- die Zergliederung der Arbeit in einzelne Arbeitsschritte und Optimierung der Arbeitsabläufe mit Hilfe wissenschaftlicher Methoden (Zeit- und Bewegungsstudien),
- die Auswahl und Schulung der bestgeeignetsten Arbeitskräfte,
- die Trennung von Kopf- und Handarbeit und
- ein mechanistisches Menschenbild, wonach der Arbeitende als ineffiziente Maschine wahrgenommen wird. Unzulänglichkeiten sollen mit Werkzeugen und vorgegebenen Abläufen ausgeglichen werden. Weiter ist der Mensch nur durch Geld zu motivieren und ist als Individuum und nicht als Teil der Gruppe zu analysieren.

Taylors wissenschaftliche Betriebsführung bildet das gedankliche Konzept für die Entwicklung von typischen Technologien der Massenfertigung. Ford entwickelte bereits 1913 ein Montageband, das eine verfeinerte Art der Arbeitsteilung ermöglicht (Ford, 1922). Da aufgrund der Geschwindigkeit des Montagebandes der zeitliche Ablauf der Fertigung vorgegeben wird, konnte Ford in der Automobilproduktion auf das komplizierte Überwachungssystem der wissenschaftlichen Betriebsführung verzichten. Der Einsatz von Fließbändern zur Herstellung von Produkten ist noch heute in Poduktionsbetrieben zu beobachten.

Kritik an der wissenschaftlichen Betriebsführung setzte früh ein und bezog sich vorwiegend auf die für den Arbeitenden negativen Konsequenzen der (a) Trennung zwischen Kopf- und Handarbeit, (b) der Vorgabe eines einzigen besten Weges zur Erledigung der Arbeit und (c) der strikten Arbeitsteilung.

- *Trennung zwischen Kopf- und Handarbeit*: Prinzipiell bedeutet die Trennung in Denken und Handeln eine Verschwendung von Humanpotential. Für Volpert (1983) hat die systematische Einschränkung von Handlungs- und Gestaltungsspielräumen negative psychische und körperliche Folgen: Das Wohlbefinden ist beeinträchtigt, psychische und körperliche Beschwerden treten auf, die intellektuelle Leistungsfähigkeit nimmt ab, das Freizeitverhalten wird passiv und die Arbeiter engagieren sich kaum in der Gesellschaft und der Politik. Außerdem basiert die Trennung von Tun und Denken auf einer gefährlichen Philosophie der Zweiteilung der Gesellschaft in eine führende Elite und ein ausführendes Volk (Drucker, 1954).
- *Vorgabe eines einzigen besten Weges zur Erledigung der Arbeit*: Taylor und seine Kollegen waren ihrer Ausbildung nach Ingenieure und Mathematiker, die sich mit der Optimierung von Arbeitstätigkeiten und nicht mit der Psychologie der Menschen befassten (Frey, 1920). Wie ihre Erfahrungen zum Beispiel in der Kleiderfabrik zeigen, lassen sich Menschen nicht in starre, mechanische Systeme zwingen (Zitat 1). Die Einschränkung auf einen einzigen möglichen Weg zur Erreichung des Arbeitszieles bedeutete nicht für alle Arbeiterinnen eine Einsparung an Zeit und Aufwand. Indem individuelle Variationen ausgeschlossen wurden, fühlten sich die Arbeiterinnen schlechter und konnten auch weniger leisten.
- *Strikte Arbeitsteilung*: Vor dem Ersten Weltkrieg wurde die nach ihrem Vorsitzenden benannte Hoxie-Kommission eingesetzt, um die Verhältnisse in der Industrie zu prüfen. Die Kommission bestätigte den formalen Abbau von Qualifizierungsmaßnahmen. Strikte Arbeitsteilung und auch die Trennung zwischen Kopf- und Handarbeit führte zu einem Abbau der auf

die Arbeit bezogenen Fertigkeiten. Arbeitskräfte wurden damit billiger, weil nur mehr die zur Verrichtung der Einzeltätigkeit benötigten Fertigkeiten gekauft werden mussten („Babbage-Prinzip" nach Babbage, 1835). Drucker (1954; nach Ulich, 2001, S. 3) kritisiert die strikte Arbeitsteilung als Konsequenz, die sich nicht aus der wissenschaftlichen Methode im Sinne Taylors ableitet. Die Analyse der Arbeit in Einzelschritten bedeute nicht unbedingt, dass nachher alle Einzelschritte von unterschiedlichen Experten durchgeführt werden müssen: „Auseinandernehmen und Zusammensetzen sind zweierlei."

Auch Hugo Münsterberg (1912, S. 115) betont die negativen psychischen Konsequenzen der Arbeitsteilung. So ruft die Arbeitsteilung „mancherlei charakteristische Schäden hervor, vor allem manche Einschnürung und Verkümmerung der seelischen Ganzheit". Anzustreben wäre eine Anpassung der Berufstätigkeit an die „seelische Eigenart der Individuen mit dem Ziel, das übervolle Maß seelischer Unbefriedigtheit an der Arbeit, seelischer Verkümmerung und Bedrücktheit und Entmutigung aus der Welt zu schaffen".

2.2 Hugo Münsterberg und die Psychotechnik

Foto 2: Hugo Münsterberg (1863–1916)

Hugo Münsterberg (Foto 2) war einer der ersten wissenschaftlich tätigen Psychologen, der die Anwendung des theoretischen Wissens in der Praxis, vor allem auch in der Wirtschaft reflektierte. Als Besucher des deutschen Kongresses für Psychologie im Jahr 1912 war er erstaunt, dass psychologische Aspekte der Arbeit und des Wirtschaftslebens völlig in der wissenschaftlichen Diskussion fehlten. Münsterberg gilt mit seiner Beschreibung der Wirtschaftspsychologie in seinem 1912 erschienenen Buch „Psychologie und Wirtschaftsleben" als „Vater" der Wirtschaftspsychologie. Münsterberg suchte eine Verbindung zwischen den auf Nutzen und Produktivität ausgerichteten wissenschaftlichen Methoden und experimentalpsychologischen Erkenntnissen von Wilhelm Wundt. Die Arbeiter und die psychischen und körperlichen Auswirkungen der Arbeit rückten in den Fokus der Betrachtung. Seine Beiträge sind noch heute für die Arbeits- und Organisationspsychologie von Interesse.

Hugo Münsterberg gilt als „Vater" der Wirtschaftspsychologie.

In seinem Buch „Psychologie und Wirtschaftsleben" von 1912 behandelte Münsterberg Themen wie Eignung und Auslese von Personal, Übung und Anlernen, Leistung und Arbeitsgestaltung, Monotonie und Ermüdung am Arbeitsplatz. Besonders die Beobachtungen zur Monotonie sind von nachhaltigem Interesse. Münsterberg besuchte verschiedene Fabriken und suchte jene Arbeitstätigkeit, die ihm selbst am langweiligsten erschien. Er beurteilte das Verpacken von Glühlampen oder das Stanzen von einzelnen Löchern in Karten als stark monotone Arbeiten. Zu seiner Überraschung aber teilten die ausführenden Arbeiter seine Einschätzung nicht. Selbst nach Jahren der Ausführung beschrieben sie ihre Arbeit als anregend und interessant. Andere Tätigkeiten, die von außen als spannend und abwechslungsreich einzuschätzen waren, wurden hingegen von manchen Arbeitern als monoton beurteilt. Münsterberg (1912, S. 116) kam deshalb zum Schluss, dass „das Gefühl der Monotonie sehr viel weniger von der Art der Arbeit als von gewissen Dispositionen des Individuums abhängt".

Münsterberg sah die Rolle von Psychologen als unparteiische Wissenschaftler. Psychologen sollten möglichst wertfrei Ursache-Wirkungs-Beziehungen aufzeigen (Zitat 3). Sie sollten mögliche Auswirkungen von Arbeit auf die ausführenden Menschen beschreiben; die Entscheidung für die Arbeitsgestaltung obliegt aber den Wirtschaftstreibenden. Aus diesem Grund bezog Münsterberg auch keine eindeutige Position gegenüber dem Taylorismus. Er würdigte Taylors Bemühungen um eine wissenschaftliche Analyse, zeigte sich aber besorgt über die kritiklose Übersteigerung von Taylors Annahmen, wie sie in absurd wirkenden Arbeitsteilungskonzepten sichtbar wurden.

Zitat 3: Mittel und Ziele (Münsterberg, 1913, S. 19)
[...] im Gebiet des Wirtschaftslebens lehrt der Psychotechniker den Industriellen lediglich, wie er mit psychologischen Hilfsmitteln vorgehen soll, um etwa tüchtige Arbeiter auszuwählen. Aber ob es richtig ist, tüchtige Arbeiter heranzuziehen oder statt dessen nur der Gesichtspunkt der Lohnhöhe maßgebend sein soll, das ist eine Frage, die der Psychologe nicht zu entscheiden hat. Das Ziel muss bereits immer gegeben sein, wenn der Techniker irgendetwas Nützliches leisten soll. Das gilt in der Psychologie genau wie in der Physik und in den anderen Wissenschaften.
Wenn das aber der Fall ist, so ist es klar, dass der Psychotechniker es schließlich auch gar nicht eigentlich mit einem parteilichen Bevorzugen oder Zurücksetzen oder mit irgendeiner subjektiven Bewertung zu tun hat, sondern ebenfalls wie der Nationalökonom mit einer tatsächlichen Feststellung. Nur sind die Tatsachen, die er ermittelt, alle durch die Formel beherrscht, dass, falls dieses oder jenes Ziel erreicht werden soll, diese oder jene psychologischen Mittel benutzt werden müssen. Welches Ziel das bessere ist, ob beispielsweise die Heranziehung tüchtiger und arbeitsfreudiger Arbeitskräfte oder die Gewinnung billiger Arbeiter, geht den wirtschaftstechnischen Psychologen nichts an. Mit vollkommener objektiver Unpartei-

lichkeit beschreibt er lediglich einen bestimmten Kausalzusammenhang, nämlich den zwischen bestimmten zur Verfügung stehenden psychologischen Mitteln und gewissen möglichen Zielen. Die Auswahl zwischen den Zielen aber überlässt er denen, die im praktischen Leben stehen.

Münsterbergs Psychotechnik bedeutet die Anwendung der Psychologie auf alle Lebensbereiche.

1914 erschien Münsterbergs Buch über die „Grundsätze der Psychotechnik". Den Begriff „Psychotechnik" übernahm Münsterberg von Wilhelm Stern (1903), welcher unter Psychotechnik die Anwendung der Psychologie auf alle Lebensbereiche verstand. Da sich die Arbeiten zur Psychotechnik allerdings vorrangig auf Industriebetriebe bezogen, wurde die Psychotechnik mehr und mehr mit der „industriellen Psychotechnik" gleichgesetzt (Moede, 1930). In der Beantwortung aktueller Fragen zur Arbeitszeit, Pausengestaltung und zum Lohnniveau konnte sich die Psychotechnik gegenüber der starken Konkurrenz der Ingenieurswissenschaften und der Betriebswirtschaftslehre nicht behaupten. Der Rückzug auf primär psychologische Kompetenzen, wie die Entwicklung von Testverfahren zur Eignungsdiagnostik und die Aus- und Weiterbildung am Arbeitsplatz, war eine Reaktion auf den Konkurrenzdruck.

Giese (1927) kritisierte, dass sich die Psychotechnik auf die Eignungsdiagnostik beschränkte. Er schlug die Teilung der Psychotechnik in Objekt- und Subjektpsychotechnik vor:

- Die Objektpsychotechnik beschreibt die Anpassung der Arbeitsbedingungen an den arbeitenden Menschen. Arbeitsstudien werden durchgeführt und psychotechnische Erkenntnisse genutzt, um Maschinen zu eichen, die Betriebsorganisation und die Arbeitsbedingungen wie die Lichtverhältnisse zu optimieren und die Gefahr von Unfällen zu reduzieren.
- Die Subjektpsychotechnik strebt die Anpassung des Menschen an die Arbeitsbedingungen an. Berufskunde und -beratung, Arbeiterauslese, Aus- und Weiterbildung am Arbeitsplatz und die Führung und Menschenbehandlung sind Aufgaben der Subjektpsychotechnik.

Giese (1927) vertrat die Ansicht, dass in der psychotechnischen Praxis die Objektpsychotechnik eine größere Rolle spielen müsse als die Subjektpsychotechnik. Die Arbeitsbedingungen sollten vorrangig dem Menschen angepasst werden, und nicht der Mensch den Arbeitsbedingungen.

Während des Ersten Weltkrieges erlebte die Psychotechnik einen Aufschwung. Das Angebot am Arbeitsmarkt brach ein und die arbeitenden Menschen gewannen an Bedeutung. Um Anlernzeiten zu verkürzen, wurde die Eignungsdiagnostik optimiert. In Europa und in den USA wurden psychotechnische Institute und Laboratorien gegründet, so auch 1920 in

Graz, Wien und Innsbruck. In Deutschland war die Eignungsdiagnostik vorrangig von experimentalpsychologischen Methoden dominiert. Wie Greif (1993) anführt, entwickelte Schackwitz (1920) eine komplizierte Apparatur, welche den Alltag von Straßenbahnführern simulierte. Die Bewerber wurden vor eine Anzeigetafel gesetzt und mussten auf die unterschiedlichen Reize dieser Tafel möglichst schnell mit der korrekten Verhaltensweise reagieren (z. B. Ziehen eines bestimmten Hebels). In den USA wurde weniger in Simulationen der Arbeitsalltag nachempfunden, vielmehr wurden Intelligenz- und Leistungstests bevorzugt. Ursprünglich im militärischen Kontext entwickelt, wurden diese Verfahren nach dem Ersten Weltkrieg auch in Wirtschaftsbereichen aufgenommen.

Die Beziehung zwischen Arbeitszeit und Produktivität gewann an Bedeutung.

In der Objektpsychotechnik nahmen Fragen nach der Beziehung zwischen Arbeitszeit und Produktivität an Bedeutung zu. Aufgrund der langen Arbeitszeiten kam es zum Raubbau an menschlicher Arbeitskraft, was zu einer verminderten Produktivität führte. Die Unternehmer erkannten das Problem und stimulierten Untersuchungen zur Ermüdung und den Effekten der Pausengestaltung auf die Erholung. Zahlreiche Studien zur Ermüdung und Erholung erschienen in den Zeitschriften „Industrielle Psychotechnik“ und „Arbeitsphysiologie“.

Efimoff und Zibakowa (1926) belegten beispielsweise für verschiedene Arbeitstätigkeiten, dass die Einführung von fünfminütigen Pausen nach 50 Minuten Arbeit zu einer deutlichen Leistungssteigerung führt. Graf (1922) fand in Experimenten heraus, dass strukturierte Pausen Belohnungscharakter haben. Wenn die Arbeit als mühsam erlebt wurde, war es für die Arbeitenden ein Trost, dass nach absehbarer Zeit eine Pause zu erwarten war. Krause (1933) beobachtete, dass Arbeiter einer Lochkartenabteilung zur Auflockerung Ausgleichsarbeiten einschoben. Erst vierzig Jahre später wurde sein Vorschlag der Durchmischung der Arbeitsaufgaben wieder aufgegriffen und unter dem Begriff „Mischarbeit“ bekannt. Vor allem in der computerunterstützten Büroarbeit wurde eine Arbeitsgestaltung gesucht, die zwischen den Hauptaufgaben Ausgleichsarbeiten anbietet.

Die Frage, ob Pausen strukturiert zu planen und vorzugeben sind oder nach eigenem Gutdünken gemacht werden sollten, hat nichts an Aktualität eingebüßt. Im Jahr 2002 erregte der Fall der Tiroler Glasfabrik Swarovski Aufregung in den österreichischen Medien (Mauch, 2002). Der nichtrauchende Teil der Belegschaft forderte, dass ihre rauchenden Kollegen die durch Rauchpausen verlorengegangene Arbeitszeit einarbeiten müssten. Aus psychologischer Sicht wäre allerdings die Anpassung der Pausengestaltung der Raucher für die Nichtraucher sinnvoller. Wie sich in vielen Studien zeigte, schieben Arbeiter von sich aus meist zu späte und zu lange Pausen in die Arbeitszeit ein. Diese bieten weniger Erholung als häufigere und kürzere Pausen. Die fünfminütigen regelmäßigen Rauchpausen wären deshalb auch für Nichtraucher wichtig; Mineralwasser, Fruchtsäfte oder Obst könnten eine gesunde Alternative zum Rauchen darstellen.

Nach vermehrt aufkommender Kritik gegen die überhand nehmende Eignungsdiagnostik, auch seitens der Arbeitnehmerverbände, verlor die Psychotechnik immer mehr an Bedeutung und endete schließlich mit Beginn der Human-Relations-Bewegung. Nichtsdestotrotz beschreibt Friedmann (1952) als großen Verdienst der Psychotechnik, dass psychologische Auswirkungen der Arbeitstätigkeit und die Entmenschlichung der Arbeit als Untersuchungsthema anerkannt wurden.

2.3 Vordenker ihrer Zeit

2.3.1 Kurt Lewin und die „zwei Gesichter der Arbeit"

Kurt Lewin (Foto 3) wurde 1890 in Moglino, einem preußischen Dorf im heutigen Polen, geboren. Während seiner Studien in Berlin beschäftigte er sich mit Medizin und Biologie, später mit Philosophie und Psychologie. 1914 promovierte er in Psychologie. Als er Anfang der 1930er Jahre in die USA emigrierte, fand er Arbeit an den Universitäten Stanford, Cornell und Iowa. Ein Jahr vor seinem Tod eröffnete Kurt Lewin das Research Center for Group Dynamics am Massachusetts Institute of Technology (MIT). Er gilt als Mitbegründer der Sozialpsychologie und wird zu den bedeutendsten Psychologen dieses Jahrhunderts gezählt.

Foto 3: Kurt Lewin (1890–1947)

Lewin prangerte die Arbeitsteilung im Sinne des Taylorismus als Entwürdigung des Menschen an. Menschen würden wie Maschinen behandelt, Abnützungs- und Amortisationsberechnungen würden ohne Rücksicht auf die Seele des Arbeitenden aufgestellt, so seine Kritik (Lewin, 1920). Lewins Überlegungen zur Bedeutung der Arbeit für den Arbeitenden sind noch heute von Relevanz.

Lewin beschäftigte sich mit der Bedeutung der Arbeit und betonte, dass die Arbeit nicht nur Mühe und Anstrengung ist, sondern auch zur Entwicklung des Menschen beitragen kann. Die verschiedenen Aspekte der Arbeit beschrieb er 1920 als die „zwei Gesichter der Arbeit". Das eine Gesicht spiegelt die Mühe und Anstrengung wider und drückt damit die negative Seite aus, die der Arbeit im Gegensatz zur Freizeit zugesprochen wird. Im zweiten Gesicht beschreibt Lewin die Arbeit als Sinnstifter im Leben, die zur Weiterentwicklung des Menschen beiträgt und damit für sich wertvoll ist (Zitat 4).

Die „zwei Gesichter der Arbeit" bedeuten einerseits Arbeit als Mühe und Anstrengung, andererseits Arbeit als sinnstiftend und zur Entwicklung des Menschen beitragend.

Zitat 4: Kurt Lewin und die „zwei Gesichter der Arbeit" (1920, S. 11)

Beruf sowohl wie Arbeit treten dem Einzelnen mit zwei verschiedenen Gesichtern entgegen. Arbeit ist einmal Mühe, Last, Kraftaufwand. Wer nicht durch Renten oder Herrschaft oder Liebe versorgt ist, muss notgedrungen arbeiten, um seinen Lebensunterhalt zu verdienen. Arbeit ist unentbehrliche Voraussetzung zum Leben, aber sie ist selbst noch nicht wirkliches Leben. Sie ist nichts als ein Mittel, ein Ding ohne eigenen Lebenswert, das Gewicht hat nur, weil es die Möglichkeit zum Leben schafft, und zu bejahen ist nur, sofern es solche schafft. [...] Darum Arbeit so kurz und so bequem wie möglich! Also ökonomische Gestaltung des Arbeitsprozesses. [...] Sie ist eine Last ohne eigenen Wert, nichts als Mittel.

Demgegenüber das andere Gesicht der Arbeit:

Die Arbeit ist dem Menschen unentbehrlich in ganz anderem Sinne. Nicht weil die Notdurft des Lebens sie erzwingt, sondern weil das Leben ohne Arbeit hohl und halb ist. Auch vom Zwange der Notdurft befreit, sucht jeder Mensch, der nicht krank oder alt ist, eine Arbeit, irgendein Wirkungsfeld. Dieses Bedürfnis nach Arbeit, die Flucht vor dauerndem Müßiggang, die bei zu kurzer Arbeitszeit zur Arbeit außerhalb des Berufes treibt, beruht nicht auf bloßer Gewohnheit zu arbeiten, sondern gründet sich auf dem „Lebenswert" der Arbeit. [...] Diese Fähigkeit der Arbeit, dem individuellen Leben Sinn und Gewicht zu geben, wohnt irgendwie jeder Arbeit inne, ob sie schwer oder leicht, abwechslungsreich oder monoton ist, sofern sie nur keine Scheinleistungen hervorbringt wie das sinnlose Hin- und Herstapeln von Holz in Gefängnishöfen.

Lewin hatte den Anspruch, dass Arbeitstätige Arbeitsaufgaben erfüllen sollen, die ihnen einen „Lebenswert" bieten. Lebenswert bedeutet, dass Personen an der Arbeit wachsen und sich weiterentwickeln können. Allerdings schränkt Lewin (1920, S. 15) ein, dass nicht alle Arbeitsaufgaben einen „Lebenswert" enthalten. Deshalb sollten unangenehme Aufgaben entweder gleichermaßen auf alle Arbeitstätigen aufgeteilt werden, oder lästige Aufgaben mit mehr Freizeit kompensiert werden. Auch heute lassen sich nicht alle sinnentleerten, monotonen Hilfstätigkeiten von Maschinen und Robotern erledigen. Wenn Menschen monotone und wenig anspruchsvolle Tätigkeiten ausführen müssen, sollten sie nach Lewin dafür wenigstens entsprechend hoch entlohnt werden.

2.3.2 Hellpachs Aufgabenbegriff und das Konzept der Gruppenfabrikation

In der Gruppenfabrikation werden einzelne Teile der Fabrikation von einer Arbeitsgruppe hergestellt.

Die Beiträge von Willy Hellpach (Foto 4) und Richard Lang sind aus zwei Gesichtspunkten interessant: (a) Hellpach (1922) definierte den Begriff der vollständigen Aufgabe und griff damit Überlegungen von Tomaszewski (1981) und Hacker (1986) vor, und (b) Lang und Hellpach (1922) entwickelten das Konzept der Gruppenfabrikation. Der Fokus wanderte somit vom einzelnen Arbeitnehmer zur Arbeitsgruppe. In der Gruppenfabrikation werden einzelne Teile der Fabrikation von einer Arbeitsgruppe hergestellt.

Foto 4: Willy Hellpach (1877–1955)

Hellpach (1922) zählt zu einer Aufgabe die Planung der Aufgabe, den Entwurf und die freie Wahl von Ausführungsmöglichkeiten (Zitat 5). Arbeiter wären nicht nur dafür da, zuvor definierte Tätigkeiten strikt auszuführen. Freiheitsgrade in der Arbeit und autonome Entscheidungen über die Durchführung würden eher den Fähigkeiten der Arbeitenden entsprechen. In seinem Konzept geht Hellpach auf Kurt Lewins Kritik am Taylorismus ein. Arbeitstätige dürfen und sollen die „geistige Fühlungnahme" mit der Arbeit nicht verlieren. Dazu ist es notwendig, dass sie das von ihnen gefertigte Stück und dessen Bedeutung im gesamten Produktionsprozess erkennen. Damit die Arbeitenden den Überblick über die Herstellung eines gesamten Produktes nicht verlieren, sollte die Produktion von einzelnen Fabrikationsteilen einer Gruppe von Arbeitenden übertragen werden.

Zitat 5: Hellpach (1922) zur Art der Aufgabe, Gruppenfabrikation und ihrer möglichen Realisierung (nach Ulich, 2001, S. 25–26)

Diese Vielartigkeit der Teile bringt es mit sich, dass die Arbeitsgänge, welche ein beliebiges Stück zu durchlaufen hat, sich nicht auf ein und derselben Werkzeugmaschine, sondern auf einer Reihe verschiedener abspielen, dass also die Teile während ihres Werdeganges längere oder kürzere Wanderungen durchmachen. Bisher

war es nun im allgemeinen üblich, die Maschinen auf denen gleichartige Arbeitsgänge ausgeführt werden (z. B. Drehbänke, Fräsmaschinen u. dgl.) zusammenzustellen und zu geschlossenen Abteilungen zu vereinigen, und die Arbeitsstücke zwischen den einzelnen Abteilungen hin und her zu befördern. Diese Art der Einrichtung ermöglicht eine gute Ausnutzung der Maschinen, spart damit an deren Zahl, an Raum und an fachmännischem Aufsichtspersonal, und ist, solange es sich um Herstellung kleinerer Mengen handelt, gutzuheissen, wenngleich auch da schon der häufige Transport der Arbeitsstücke als Nachteil zu bezeichnen ist. Werden aber infolge Herstellung grösserer Massen die einzelnen Abteilungen zu gross, dass sie in verschiedenen, vielleicht gar weit auseinanderliegenden Gebäuden untergebracht werden müssen, so fällt der Nachteil des Transports so schwer in die Waagschale, dass die übrigen Vorzüge dieser Anordnung mehr als aufgewogen werden. Dazu kommt, dass mit der zunehmenden Zahl der verschiedenen Teile eine Überwachung ihres jeweiligen Bearbeitungszustandes nur mit grossen Schwierigkeiten durchzuführen, wenn nicht überhaupt unmöglich ist.
Diese Überlegungen führen dazu, die Fabrikation auf einem anderen Grundsatz aufzubauen, der den erwähnten Nachteil grosser Transportwege vermeidet und auch die Übersicht wesentlich erleichtert. Diese Anordnung der Fabrikation, die wir mit Gruppenfabrikation bezeichnen wollen, geht davon aus, eine gewisse Anzahl verschiedener zusammengehöriger Teile (z. B. alle Teile des Vergasers, der Wasserpumpe, der Lenkung, des Getriebes) zu einer Gruppe zusammenzufassen und ihre ganze Bearbeitung in einer Fabrikationsgruppe durchzuführen. Eine solche Fabrikationsgruppe setzt sich aus allen Arten von Werkzeugmaschinen zusammen und umfasst ausser Maschinenarbeitern auch Schlosser und andere Handarbeiter. Sie ist in sich geschlossen und von anderen Bearbeitungs-Abteilungen unabhängig, lässt also auch hinsichtlich des Raumes für ihre Unterbringung grossen Spielraum. Der Transport der Einzelteile spielt sich auf dem denkbar kürzesten Weg innerhalb der Gruppe selbst ab; nur die Rohteile fliessen ihr vom Magazin aus zu, um sie erst völlig fertig bearbeitet und zusammengebaut wieder zu verlassen.

In der Gruppenfabrikation (Lang und Hellpach, 1922) werden die Maschinen in einer Fabrik so angeordnet, dass an einem Ort ein gesamter Fabrikationsteil hergestellt werden kann. Ursprünglich waren die Maschinen an einem Produktionsort nach ihrer Art gruppiert, das heißt beispielsweise, dass alle Drehbänke in einem Raum zu finden waren, alle Fräsmaschinen in einem anderen Raum. Aufgrund dieser Gruppierung der Maschinen musste das Produkt in der Herstellung einen langen Weg zurücklegen. Nach dem Konzept von Lang und Hellpach (1922) werden die Maschinen so gruppiert, dass ein Teil der Produktion wie die Herstellung des Vergasers oder der Wasserpumpe an einem Ort hergestellt werden kann; alle Arten von Werkzeugmaschinen werden zu einer Fabrikationsgruppe zusammengestellt. Eine Fabrikationsgruppe ist in sich geschlossen und von anderen Abteilungen und Arbeitsgruppen unabhängig.

Einer Fabrikationsgruppe wird eine Gruppe von Arbeitenden zugewiesen, die aus Arbeitern, Meistern und Betriebsingenieuren besteht. Diese Arbeitsgruppe setzt den von außen bestimmten Produktionsprozess um. Eine Erweiterung der Arbeitsinhalte oder eine Selbstregulation der Arbeitsgruppe ist nicht gewünscht. Assoziationen mit „job enrichment", „job enlargement" und teilautonomen Arbeitsgruppen sind deshalb nicht gerechtfertigt. Ulich (2001) beschreibt Lang und Hellpachs Konzept der Gruppenfabrikation als frühe Form der Gruppentechnologie: Die technologische Optimierung der Arbeitsabläufe war das Ziel, die Formierung der Arbeitenden zu einer Gruppe eine daraus resultierende Folge.

Hellpach (1922) selbst hielt die Übertragung von vollständigen Aufgaben und die Realisierung der Aufgabenerweiterung in der Praxis für ausgeschlossen. Als Hauptgrund für seine Skepsis nannte er das Ziel der Produktion, gleiche Produkte von hoher Qualität herzustellen. Damit wären die einzelnen Aufgaben in sich zu einförmig und kurzfristig. Das Ziel, gleiche Produkte herzustellen, würde die Kreativität und den Spielraum Einzelner notwendigerweise begrenzen. Außerdem würde eine hohe Qualität der Produkte nur durch verstärkte Arbeitsteilung und Spezialisierung der Arbeitstätigkeit erreicht werden.

2.3.3 Diskussion über Aufgaben der „Wirtschaftspsychologen" von 1920–1930

Mehrere Wissenschaftler beschäftigten sich in der Zeit zwischen 1920 und 1930 mit der Bedeutung der Arbeit für den Menschen, den damit zusammenhängenden Bewertungsstandards und der Gestaltung der Arbeit und der Rolle und Funktion der Psychologie im Wirtschaftsleben.

Wladimir Eliasberg (1887–1969) befasste sich ebenso wie Lewin und Hellpach mit der Bedeutung der Arbeit für den Ausführenden. Seinen Arbeiten liegt die Frage zu Grunde, was überhaupt als Arbeit definiert werden soll. Nach Eliasberg setzt sich die Arbeit aus innerer und äußerer Anstrengung zusammen. Die Arbeit umfasst die Motivation dazu, das sichtbare Werk und den Wert, welcher der Arbeit zugeschrieben wird. Demnach könne die Arbeit nicht nur anhand des sichtbaren Werkes gemessen werden. Auch die Motivation, die Planung und die subjektive Bedeutung der Arbeit sollen in der Analyse der Arbeit berücksichtigt werden. Eliasberg kritisiert den Taylorismus, der ausschließlich das sichtbare Werk analysiert, als Theorie, die nur einen „psychologischen Aufputz" erhalten hat (Eliasberg, 1926, S. 100).

Arbeit setzt sich aus äußerer und innerer Anstrengung zusammen.

Otto Lipmann (1880–1933) postulierte 1932, dass Arbeitnehmer nur dann Freude an ihrer Arbeit erleben, wenn sie autonome Entscheidungen treffen können. Freiheitsgrade sollten entweder bei der Zielfindung und/oder bei der Durchführung der Arbeit gegeben werden (Zitat 6).

Zitat 6: Lipmanns Überlegungen zur Autonomie (Lipmann, 1932, S. 387)
Die Grenze zwischen Autonomie und Heteronomie aber ist keine scharfe; bei sehr vielen Erwerbstätigkeiten ist das Ziel der Tätigkeit nicht scharf, sondern nur ungefähr bestimmt, und der Arbeiter hat es in der Hand, das Ziel autonom zu präzisieren. Bei anderen Arbeiten ist zwar das Ziel von vornherein präzisiert, aber die Wahl des zum Ziel führenden Weges steht dem Arbeiter mehr oder weniger frei. Daneben aber gibt es in der modernen Industrie zweifellos sehr zahlreiche Arbeiten, bei denen von einer Autonomie für den Arbeiter überhaupt keine Rede mehr sein kann [...], und es liegt ja sogar in der Tendenz großer organisatorischer Ideen, wie insbesondere des Taylorismus, die Heteronomie auf die Spitze zu treiben. Hier noch von „Arbeitsfreude" zu sprechen, scheint mir unsinnig zu sein.

Nach Lipmann (1932) ist die Rationalisierung der Arbeit aus betriebswirtschaftlicher Sicht zielführend. Allerdings sollten Rationalisierungen nicht nur die Wirtschaftlichkeit des Unternehmens erhöhen, sondern auch die Interessen der Arbeiter berücksichtigen. Für Lipmann (1932) sollen die Arbeitswissenschaften daher folgende Fragen klären: (a) wie beschreiben die Arbeiter die Bestgestaltung der Arbeit, (b) welche betrieblichen Rationalisierungsmaßnahmen entsprechen auch den Interessen der Arbeiter, und (c) welche Rationalisierungsmaßnahmen laufen den Interessen der Arbeiter zuwider, und mit welchen Zusatzmaßnahmen können diese Schädigungen verhindert werden. Die Interessen der Arbeiter in der Gestaltung des Arbeitsprozesses sollten stärker als bisher berücksichtigt werden. Außerdem sollten die Arbeitswissenschaften nicht nur Fragestellungen von den Unternehmern übernehmen, sondern sich auch aktiv – ausgehend von den Erkenntnissen der eigenen Disziplin – einbringen.

Auch Hans Rupp (1880–1954) schreibt, dass Rationalisierung aus Sicht des Unternehmens nicht immer den Interessen des Arbeiters entspricht (1928, 1929). Nach Rupp (1929) wäre beispielsweise das höchste Ziel der psychotechnischen Arbeitsrationalisierung nicht Energie einsparen, sondern das Wohl der Menschen, welche die Wirtschaft schaffen und tragen. Eine größere, also mehr Energie verbrauchende Arbeit kann manchmal viel befriedigender sein als eine Energie sparende. Der Mensch will zu tun haben, will leben, wachsen. Arbeit dient dem persönlichen Wachstum, der Erfüllung von Lebensbedürfnissen.

In den zitierten Arbeiten wird eine Abkehr vom Menschenbild des „homo oeconomicus" deutlich. Das Menschenbild wird humanistischer, weil der Mensch mit seinen Bedürfnissen stärker beachtet wird und menschenwürdige Arbeitsverhältnisse angestrebt werden: Rationalisierung als oberstes Gestaltungsziel der Arbeit wird in Frage gestellt, und die strikte Anpassung des Menschen an die Arbeit wird kritisiert. In der Folge werden die Diskussionen über die Aufgaben der Psychotechnik intensiver und oft kontroversiell geführt. Die Gruppe um Moede und Schlesinger sieht ähnlich wie Münsterberg (1913) ihre Funktion in der Analyse von Zusammenhängen. Sie lehnt die Gestaltung und Vorgabe von normativen Arbeitskonzepten ab. Die Gruppe um Stern und Lipmann fordert die Emanzipation der Psychotechnik vom Streben der Unternehmer nach mehr Wirtschaftlichkeit. Die Psychotechnik sollte die Interessen der Arbeiter aufgreifen und vertreten. Die Arbeit soll der Psyche der Menschen entsprechend gestaltet werden. In diesem Zusammenhang spricht sich Stern (1921) auch für eine klare Definition der Psychotechnik und ihrer Methoden aus. Er ist strikt gegen eine Psychologie, die ohne entsprechender Vorbildung durchgeführt wird.

So wie das geltende Menschenbild die Ansprüche an den arbeitenden Menschen und die Forderungen an die Arbeitsgestaltung geprägt hat, diente es auch als Basis für die Organisationstheorien (Weinert, 1998).

2.4 Klassische Organisationstheorien

Zwischen 1900 und 1930 wurden Organisationen als geschlossene Systeme verstanden. Externe Faktoren wie die Umwelt und interne Faktoren, wie die Arbeitnehmer mit ihren spezifischen Persönlichkeitsmerkmalen, Motiven und Zielen, werden in geschlossenen Organisationen außer Acht gelassen. Ziele der Organisation werden definiert und die Organisation so strukturiert, dass diese Ziele möglichst effizient erreicht werden können. Es wird angenommen, dass es einen „besten Weg" gibt, um die organisationalen Ziele zu erreichen. Auf Veränderungen der Umwelt wird nicht reagiert. Die Umwelt wird der Organisation angepasst und nicht umgekehrt, die Organisation an die Umwelt. Auch interne Faktoren werden als unveränderlich angesehen. Individuelle Verschiedenheit der Organisationsmitglieder wird nivelliert, auf individuelle Merkmale, Emotionen und interindividuelle Unterschiede wird nicht eingegangen. Arbeitnehmer werden als „Durchschnittsmenschen" angenommen, Ablaufprozesse werden standardisiert.

Zu den geschlossenen Organisationssystemen gehören die wissenschaftliche Betriebsführung nach Taylor (1911), die administrative Schule (Gulick und Urwick, 1937; Fayol, 1949) und die bürokratische Schule nach Weber (1922). Alle drei Organisationstheorien werden auch als klassische Organisationstheorien bezeichnet.

2.4.1 Die wissenschaftliche Betriebsführung nach Frederick Winslow Taylor

In der wissenschaftlichen Betriebsführung sind die technischen Abläufe der Produktion für die Organisationsstruktur bestimmend.

Die wissenschaftliche Betriebsführung nach Taylor (1911) zählt zu den Technologie-Theorien (Pugh, 1966), weil die technischen Abläufe der Produktion für die Organisationsstruktur bestimmend sind. Auch der Mensch wird als Maschine betrachtet, dessen Unzulänglichkeiten repariert werden können und müssen (siehe auch Kapitel 1). Als oberstes Ziel der wissenschaftlichen Betriebsführung gilt die Steigerung der individuellen Effizienz. Auf den Hauptdimensionen können Organisationen, welche der wissenschaftlichen Betriebsführung folgen, folgendermaßen beschrieben werden:

- Es besteht eine stark *hierarchische Struktur*. Planung und Ausführung werden strikt geteilt.
- *Arbeitsaufgaben werden stark spezialisiert*: Tätigkeiten werden in Einzelelemente zerlegt. Der Ablauf einzelner Tätigkeiten wird optimiert und dann von meist verschiedenen Arbeitern ausgeführt.
- Die *Kontrollspanne* ist eng: Da die Arbeiter nicht zur selbständigen Arbeit zu motivieren sind, ist eine starke Kontrolle notwendig.
- *Beratende Positionen* sind mit den *Entscheidungspositionen* identisch. Allerdings ist die Unterscheidung in Entscheidungs- und ausführende Positionen strikt.
- Die *Zentralisierung* ist extrem, so dass dem Unternehmer die gesamte Entscheidungsgewalt obliegt.

Die Personalauswahl erfolgt danach, wie gut Arbeiter zu der standardisierten Tätigkeit passen. Hohe Ausbildung ist meist nicht nötig, körperliche Voraussetzungen werden aber kontrolliert. Arbeiter werden nach ihrer individuellen Produktionsleistung bezahlt. Die Zeiteinteilung erfolgt nach den üblichen und gesetzmäßig verankerten Richtlinien. Pausen werden vorgegeben und sind einzuhalten. Am Beispiel einer fiktiven Bäckerei wird gezeigt, wie die wissenschaftliche Betriebsführung in der Praxis umgesetzt werden könnte (Beispiel 1).

Beispiel 1: Organisation einer Bäckerei nach der wissenschaftlichen Betriebsführung

Aufgabenstellung: Stellen Sie sich vor, Sie haben die Bäckermeisterprüfung gemacht und planen die Eröffnung einer Bäckerei in der Innenstadt Wiens. Vom Angebot her soll das Geschäft eher ein breites Sortiment anbieten (von Brot und Gebäck über Konditorwaren bis hin zu Milchprodukten). Über ein mittelgroßes Lokal verfügen Sie bereits, es besteht aus 80 Quadratmetern Verkaufsfläche mit zusätzlicher Fläche für die Backstube. Entwickeln Sie für das Geschäft eine organisatorische Struktur nach der wissenschaftlichen Betriebsführung.

Ihre Firma besteht aus drei Bereichen, der Versorgung, welche die benötigten Rohprodukte (z. B. Mehl) und Fertigprodukte (z. B. Milchprodukte) einkauft, dem Produktionsbetrieb, welcher Gebäck, Brot und Konditorware herstellt, und dem Verkaufsbereich. Da Ihnen als Bäckermeister der Produktionsbetrieb am bekanntesten ist, beginnen Sie damit, große und kleine Bäckereien zu besuchen und sich auf den neuesten Stand der Technik zu bringen. Nach ausgedehnten Zeit- und Bewegungsstudien, die am Personal durchgeführt wurden, erkennen Sie, dass ein Bäcker für eine handgefertigte Semmel etwa dreimal so lange braucht, wie die Produktionsmaschine. Sie entscheiden sich deshalb für die „Semmelmaschine". Da eine starke Vielfalt in der manuellen Produktion zeitaufwendig ist, reduzieren Sie Ihr Brotangebot auf drei Produkte (Weiß-, Schwarz- und Mischbrot), das Gebäck auf zwei Produkte zusätzlich zur Semmel (Kornweckerl und Laugengebäck) und die Konditorwaren auf drei Produkte (Sacher-, Topfentorte und Fruchtschnitte). Für jedes einzelne Produkt, beobachten Sie Spezialisten und messen deren Fingerfertigkeit, Größe von Fingern, Händen und Armen und deren Fähigkeit, Hitze zu ertragen. Sie stellen fest, dass Spezialisten wenig schwitzen. Bei der Herstellung von Schwarzbrot sind große Hände von Vorteil, während die Spezialisten für Sachertorten eher kleine, geschickte Hände brauchen. Für jedes einzelne Produkt entwickeln Sie einen optimalen, kürzesten Weg der Herstellung und dokumentieren diesen. Auch die idealen körperlichen Merkmale der ausführenden Kräfte werden analysiert und dementsprechend Personen angestellt. Für jedes Produkt stellen Sie eine Arbeitskraft ein, die nicht viel von der Bäckerei verstehen muss; Lesen und Verstehen der schriftlichen Anweisungen sind die Grundvoraussetzungen. Insgesamt brauchen Sie zwölf Personen für den Produktionsbetrieb, für jedes Produkt einen ausführenden Arbeiter und für jede Produktgruppe einen Kontrolleur, der beobachtet, anweist und nach einer bestimmten Zeit eine Pause von fünf Minuten verordnet. Der Kontrolleur für das Gebäck

soll auch die Person, welche die Semmelmaschine bedient, anweisen und kontrollieren.
Die Verkaufs- und Versorgungsabteilungen werden nach denselben Kriterien organisiert. Im Kundengespräch soll beispielsweise der Anfangssatz sein: „Guten Tag, mein Name ist ..., was wünschen Sie?" Die Anpassung an „guten Morgen" oder „guten Abend" ist nicht vorgesehen, da aufgrund der gedanklichen Anpassung Zeit vergeudet wird. Kurz überlegen Sie, ob Sie nicht Personen anstellen sollen, die schlecht deutsch sprechen, da sie nicht in belanglose Kundengespräche verwickelt werden können.
Insgesamt stellen Sie 19 Personen an (12 für die Produktion, zwei Arbeiter für den Einkauf und einen Kontrolleur, drei Personen für den Verkauf und einen Kontrolleur). Die Arbeiter bekommen ein fixes Gehalt nach Kollektivvertrag, welches auf einer konkreten Tagesleistung basiert.
Sie selbst nehmen einen Platz in der Bäckerei ein, von dem aus Sie die Produktion und den Verkauf gut überblicken. Nach einem Monat bestätigen sich die Vorteile ihrer Organisation, beispielsweise dass alle Produkte gleich schmecken, dass Ihr Personal leicht austauschbar ist (ein Arbeiter kündigte gleich in der ersten Woche und konnte sofort durch einen anderen ersetzt werden, der kaum Anlernzeit benötigte), und dass die Produktion der Torten mit zunehmender Routine schneller geht. Allerdings zeigen sich auch Umsatz minimierende und damit unerwünschte Konsequenzen ihrer Organisationsstruktur, wovon hier nur einige angeführt sind: (a) Die Produktion ist sowohl was Art als auch Produktionsvolumen betrifft, jeden einzelnen Tag vollkommen gleich. Manchmal verkaufen Sie zu wenige Topfentorten, während für Sachertorten noch Bedarf wäre. Auch Spezialwünsche Ihrer Kunden können Sie nicht erfüllen (am Montag kam beispielsweise eine Kundin, die eine Nusstorte bestellen wollte). (b) In der Backstube wurde ein Ei fallen gelassen, und keiner, weder Arbeiter noch Kontrolleur, konnte auf die geänderte Situation reagieren. (c) Der Kundenkontakt erscheint manchmal unhöflich, da sich Kunden ungern in das von Ihnen ausgearbeitete Konzept pressen lassen, einfache Fragen nicht verstehen oder Informationen über die Zusammensetzung der Produkte wissen wollen, die keiner der Verkäufer kennt. (d) Der Hersteller der Topfentorte langweilt sich und wollte mit dem Hersteller des Weißbrots tauschen. Das haben Sie natürlich unterbunden, da seine Hände zu klein sind und die Anlernzeiten zu lang wären. Seitdem sind beide verärgert und führen nur mehr widerwillig die Anweisungen des Kontrolleurs aus.

2.4.2 Die administrative Theorie nach Henri Fayol

Henri Fayol (Foto 5) war ein französischer Industrieunternehmer zur Zeit Taylors, der erst 1949 mit der Übersetzung seiner Managementtheorie ins Englische weltweit Anerkennung fand. Als Praktiker hatte er ähnlich wie Taylor das Ziel, die Effizienz und Wirtschaftlichkeit der Unternehmen zu steigern. Allerdings strebte Fayol weniger nach der Optimierung von individuellen Arbeitstätigkeiten. Stattdessen war sein Ziel eine Verbesserung der Organisation als Gesamtheit.

Foto 5: Henri Fayol (1841–1925)

Nach Fayol (1949) erfüllt erfolgreiches Management fünf Funktionen, nämlich zu planen, organisieren, befehlen, koordinieren und kontrollieren. Diese fünf Funktionen gelten auch heute als Basis, auf der die Tätigkeiten von Managern beschrieben werden (Robbins, 2001). Darüber hinaus werden sie zur Unterscheidung zwischen Tätigkeiten von Managern und Führungskräften genutzt. Während Manager die fünf beschriebenen Funktionen ausfüllen, sollten Führungskräfte zusätzlich Visionen entwickeln und Ziele vorgeben (Zaleznik, 1977).

Das Management erfüllt fünf Funktionen: Planen, organisieren, befehlen, koordinieren und kontrollieren.

Fayols Organisationstheorie basiert auf 14 Prinzipien, welche sich zu fünf Hauptdimensionen von Organisationsstrukturen zusammenfassen und beschreiben lassen (Zitat 7):

- *Hierarchie und Autorität*: Fayol (1949) spricht sich für eine starke Hierarchie aus, wobei sich die Autoritätsstruktur durch die ganze Organisation durchziehen soll. Die Kommunikation soll entsprechend der Autoritätsstruktur erfolgen, indem zuerst der Vorstand, dann das obere bis zum unteren Management und schließlich die unterste ungelernte Kraft informiert werden. Die Manager verfügen über Autorität, Befehle zu geben und fordern Disziplin der Untergebenen. Das Besondere an der administrativen Theorie ist die Forderung, dass ein Untergebener Befehle nur von einem Übergeordneten empfangen soll. Eigene Interessen sollen den Zielen der Organisation untergeordnet werden.
- *Spezialisierung der Arbeitsteilung*: Eine starke Arbeitsteilung wird gefordert, da Spezialisten die Arbeitstätigkeit aufgrund häufiger Wiederholungen schneller und effizienter durchführen können. Arbeitnehmer werden zu

inhaltlich definierten Gruppen zusammengefasst. Weiter wird versucht, das Personal im Unternehmen zu halten, damit durch Fluktuation nicht Wissen verloren geht.

- *Kontrollspanne*: In der administrativen Theorie wird eine enge Kontrollspanne gefordert. Ungefähr sechs bis acht Personen werden einem Manager zugeteilt (Von Rosenstiel, 1993). Die enge Kontrollspanne führt zu einer stark hierarchischen Gliederung der Organisation.
- Unterscheidung in *beratende und entscheidende Positionen*: In der administrativen Theorie sind keine beratenden Positionen in Organisationen vorgesehen. Die Differenzierung der Mitarbeiter erfolgt in Manager und ausführende Organe.
- *Zentralisierung*: Prinzipiell werden Organisationen stark zentralistisch strukturiert, das heißt, dass Entscheidungen von den Managern zu treffen sind. Im Gegensatz zu Taylor ermutigt Fayol aber Untergebene zur Eigeninitiative. Er erkennt, dass mit der Möglichkeit, eigene Pläne zu entwerfen, die Arbeitsanstrengung der Arbeiter steigt. Insofern können Entscheidungen auch von den Untergebenen getroffen werden, wenn die Entscheidungen mit den Organisationszielen konform gehen. Wichtig ist es, ein für die Situation optimales Maß an Zentralisierung zu finden.

Zitat 7: Fayols 14 Prinzipien des Managements (1949, S. 19–42; nach Shafritz und Ott, 2001, S. 48–60)

1. Division of work. Specialization belongs to the natural order; it is observable in the animal world, where the more highly developed the creature the more highly differentiated its organs; it is observable in the human societies where the more important the body corporate the closer is the relationship between structure and function. [...]
2. Authority is the right to give orders and the power to exact obedience. [...]
3. Discipline is in essence obedience, application, energy, behaviour, and outward marks of respect observed in accordance with the standing agreements between the firm and its employees, whether these agreements have been freely debated or accepted without prior discussion, whether they derive from the wish of the parties to them or from rules and customs, it is these agreements which determine the formalities of discipline. [...]
4. Unity of command. For any action whatsoever, an employee should receive orders from one superior only. Such is the rule of unity of command, arising from general and ever-present necessity and wielding an influence on the conduct of affairs, which to my way of thinking, is at least equal to any other principle whatsoever. [...]
5. Unity of direction. This principle is expressed as: one head and one plan for a group of activity having the same objective. [...]
6. Subordination of individual interests to the general interest. This principle calls to mind the fact that in a business the interest of one employee or group of employees should not prevail over that of the concern, that the interest of

the home should come before that of its members and that the interest of the state should have pride of place over that of citizens. [...]

7. Remuneration of personnel is the price of services rendered. It should be fair and, as far as is possible, afford satisfaction both to personnel and firm (employee and employer). [...]
8. Centralization. Like division of work, centralization belongs to the natural order [...]
9. The scalar line is the chain of superiors ranging from the ultimate authority to the lowest ranks. The line of authority is the route followed – via every link in the chain – by all communications which start from or go to the ultimate authority. [...]
10. Order. The formula is known in the case of material things "A place for everything and everything in its place." The formula is the same for human order. "A place for everyone and everyone in his place." [...]
11. Equity. [...] For the personnel to be encouraged to carry out its duties with all the devotion and loyalty of which it is capable it must be treated with kindness, and equity results from the combination of kindliness and justice. Equity excludes neither forcefulness or sterness and the application of it requires much good sense, experience, and good nature. [...]
12. Stability of tenure of personnel. Time is required for an employee to get used to new work and succeed in doing it well, always assuming that he possesses the requisite abilities. If when he has got used to it, or before then, he is removed, he will not have had time to render worthwhile service. [...]
13. Initiative. Thinking out a plan and ensuring its success is one of the keenest satisfactions for an intelligent man to experience. [...]
14. Esprit de corps. "Union is strength." Business heads would do well to ponder on this proverb.

Fayols administrative Theorie wurde in späterer Folge von Luther Gulick und Lyndall Urwick (1937) und Mary Parker Follet (1924) weiterentwickelt. Gulick und Urwicks Veröffentlichung gilt als state-of-the-art Zusammenfassung der Managementtätigkeiten ihrer Zeit. Gulick (1937; nach Shafritz und Ott, 2001, S. 86) prägte den Code POSDCORB, welcher sieben notwendige Managementfunktionen zusammenfasst: Planen (**p**lanning), organisieren (**o**rganizing), Personalauswahl und -entwicklung (**s**taffing), befehlen (**d**irecting), koordinieren (**co**-ordinating), informieren (**r**eporting) und budgetieren (**b**udgeting). Follet leistete Pionierarbeit, als sie bereits 1924 individuelle Unterschiede von Arbeitern berücksichtigte und der sozialen Gruppe in der Arbeitsorganisation Beachtung schenkte. Für sie stellt die Arbeitsgruppe die Basis der Organisation dar. Eine humanistische Arbeitsorganisation und die Sichtweise der Arbeitnehmer als Partner waren für ihre Zeit revolutionär.

In der administrativen Theorie wird behauptet – wie auch in den anderen klassischen Organisationstheorien – eine optimale Struktur für alle möglichen Organisationen gefunden zu haben, und dass ihre Techniken universell einsetzbar wären. Weinerts (1998) Hauptkritik bezieht sich auf diesen Anspruch. Da die administrative Theorie als geschlossenes System konzipiert ist, kann sie nur, wenn überhaupt, mit großer Zeitverzögerung auf äußere und betriebsinterne Veränderungen reagieren. Diese Unflexibilität macht sie unpassend für Organisationen, die schnell reagieren müssen (z. B. Forschungseinrichtungen, Kundenzentren). Auch an dem zu einfachen Konzept der Arbeitsmotivation lässt sich Kritik formulieren. Geld allein kann als Motivator nicht ausreichen. Insgesamt bescheinigt Weinert (1998) der administrativen Theorie ein zu vages Konzept, das schwer in der Praxis umzusetzen und noch schwieriger empirisch zu prüfen ist.

2.4.3 Bürokratiemodell nach Max Weber

Der deutsche Soziologe Max Weber (Foto 6) beschreibt die Bürokratie als Prototyp einer Organisationsform. Weber entwickelte sein Modell auf der Basis des Menschenbildes des „homo oeconomicus": Ordnung, System, Rationalität, Uniformität und Einheitlichkeit, sowie Konsistenz sind die wichtigsten Ziele der bürokratischen Organisation. Zwischenmenschliche Beziehungen sollten unpersönlich und nicht gefühlsbetont ablaufen und sind nur dann erlaubt, wenn sie den Ablauf der Organisation nicht stören. Weber (1922) spricht in diesem Zusammenhang von der „formalistischen Unpersönlichkeit".

Foto 6: Max Weber (1864–1920)

In sechs Prinzipien fasst Weber (1946) die Merkmale der bürokratischen Organisation zusammen (Zitat 8):

- Es gibt fixe und offizielle Bereiche, deren Arbeitsabläufe in Form von Regeln definiert sind. Wer wem Befehle geben darf, ist fix geregelt, ebenso wie die Zuteilung benötigter Ressourcen (Humanressourcen, Materialien).
- Die Hierarchie ist Ausdruck der Autoritätsbeziehungen. Der Übergeordnete kontrolliert und übernimmt auch die Verantwortung für die Arbeitsergebnisse des Untergeordneten.
- Die Organisation basiert auf geschriebenen Dokumenten (Gesetze, Regeln, Formulare).
- Manager sollen Experten ihres Faches sein und auch belegen können, dass sie über die benötigten (formalen) Qualifikationen verfügen.
- Die offizielle Arbeit erlaubt keine Ausübung von inoffiziellen Aufgaben außerhalb der eigentlichen Arbeit.

- Es gibt generell Regeln, welche mehr oder weniger überdauernd und mehr oder weniger ausführlich sind und gelernt werden können.

Zitat 8: Die sechs Prinzipien einer bürokratischen Organisation (Weber, 1946; nach Shafritz und Ott, 2001, S. 73–74)

I. There is the principle of fixed and official jurisdictional areas, which are generally ordered by rules, that is, by laws or administrative regulations.
   1. The regular activities required for the purposes of the bureaucratically governed structure are distributed in a fixed way as official duties.
   2. The authority to give the commands required for the discharge of these duties is distributed in a stable way and is strictly delimited by rules concerning the coercive means, physical, sacerdotal, or otherwise, which may be placed at the disposal of officials.
   3. Methodological provision is made for the regular and continuous fulfillment of these duties and for the execution of the corresponding rights; only persons who have the generally regulated qualifications to serve are employed. [...]

II. The principles of office hierarchy and of levels of graded authority means a firmly ordered system of super- and sub-ordination in which there is a supervision of the lower offices by the higher ones. [...]

III. The management of the modern office is based upon written documents („the files"), which are preserved in their original or draught form. [...]

IV. Office management, at least all specialized office management – and such management is distinctly modern – usually presupposes thorough and expert training. [...]

V. When the office is fully developed, official activity demands the full working capacity of the official, irrespective of the fact that his obligatory time in the bureau may be firmly delimited. [...]

VI. The management of the office follows general rules, which are more or less stable, more or less exhaustive, and which can be learned.

Die Gestaltung und der organisationale Ablauf der Arbeitsprozesse lässt sich anhand der fünf Hauptdimensionen der Organisationsstruktur beschreiben:

- *Hierarchie und Autorität*: Eine bürokratische Organisation verfügt über eine starke hierarchische Gliederung. Untergeordnete Einheiten werden von den darüber liegenden kontrolliert und überwacht. Autorität wird durchgesetzt mit einer Fülle von schriftlichen Regeln und Beschränkungen. Mit der Autorität wird auch die Verantwortung an die darüber liegende Organisationseinheit weitergegeben. Damit bedeutet ein Aufstieg in der Hierarchie einen Zuwachs an Entscheidungs- und Verfügungsgewalt und gilt deshalb als Motivationsfaktor.
- *Spezialisierung der Arbeitsteilung*: Arbeitstätigkeiten werden aufgeteilt in einfache und gut beschreibbare Arbeitsaufgaben, welche einem festgelegten Weg folgend routinemäßig zu erledigen sind. Die schriftliche Festle-

gung der Arbeitserledigung garantiert eine gleichartige Durchführung der Tätigkeiten. Individuelle Unterschiede in der Arbeitsumsetzung können damit begrenzt werden.

- *Enge Kontrollspannen* sind Kennzeichen der Bürokratie. Durch die stark hierarchische Gliederung ist die Kontrollspanne der Führungskräfte eng. Führungskräfte haben die Aufsicht über nur wenige Untergebene und können damit deren Verhalten stark kontrollieren. Viele Kontrollen und die schriftliche Kommunikationsstrukturen führen dazu, dass beispielsweise ein Antrag durch viele Hände gehen muss. Jede an dem Prozess beteiligte Person hat die Aufgabe, diesen Antrag auf Richtigkeit zu prüfen und mit einer Unterschrift zu bestätigen, dass der Antrag gelesen und für korrekt befunden wurde.
- Auch in der bürokratischen Organisation sind *beratende Positionen* als interne Experten und Berater nicht vorgesehen. Positionen mit Entscheidungskraft werden von rein ausführenden Tätigkeiten getrennt.
- *Starke Zentralisierung*: Bürokratien sind stark zentralistisch organisiert, Entscheidungs- und Kommunikationsprozesse laufen von oben nach unten. Geringe Flexibilität ist eine Konsequenz.

Die Personalauswahl erfolgt nach der formalen Qualifikation der Arbeitnehmer. Akademiker werden beispielsweise wie in der österreichischen Verwaltung im Schema der Gruppe „A“ zugeteilt, Personen mit Matura der Gruppe „B“. Ist ein Arbeitsplatz für einen Akademiker konzipiert, kann ohne Studium diese Position nicht übernommen werden, auch wenn die Person ihren Kompetenzen nach bestens dafür geeignet wäre. Da das bürokratische System auf schriftlich festgesetzten Regeln und Regulationen basiert, erfolgt nach der Personalauswahl eine aufwendige und meist zeitintensive Einschulungsphase. In Österreich zum Beispiel verfügen viele Ministerien und Bereiche des öffentlichen Dienstes über eigene Bildungszentren. Die Bindung der Arbeitnehmer an das Unternehmen besteht darin, dass Arbeitnehmer vor willkürlicher Entlassung geschützt sind und sich damit Karriereziele innerhalb der Organisation setzen und auch erreichen können.

Die Bezahlung erfolgt nach der formalen Qualifikation und der systematischen Bewertung des Arbeitsplatzes (z. B. „A“ für Akademiker, „B“ für Matura). Eine stufengleiche Einordnung in das System bedeutet dasselbe Gehalt. Weber (1922) spricht in diesem Zusammenhang von der geplanten gleichen Behandlung der Arbeitnehmer. Gleiche Voraussetzungen für den Arbeitsplatz, eine starke Reglementierung der Arbeitstätigkeit und gleiches Gehalt bedeuten aber auch, dass die Arbeitnehmer selbst austauschbar sind.

Am Beispiel der öffentlichen Verwaltung können typische Dysfunktionen des bürokratischen Systems aufgezeigt werden. Die öffentliche Verwaltung wird oft als System der „organisierten Unverantwortlichkeit" bezeichnet, in dem keine hinreichenden Anreize für wirtschaftliches Handeln vorhanden sind. Außerdem erfolgt die Anpassung an politische Veränderungen nur schleppend und ungenügend, da das bürokratische System mit der Fülle an schriftlichen Regeln rigide und starr ist. Als typische Dysfunktionen des Systems werden zumeist folgende erwähnt:

- In der Bürokratie sind Ablaufprozesse detailliert geregelt. Der ausführende, operative Bereich ist übersteuert. Für die Entwicklung von Zielen wird hingegen wenig Zeit verwendet. Es wird von stabilen, überdauernden Zielen ausgegangen, die von außen vorgegeben werden. Allerdings wirken sich aktuelle Wählerwünsche und bevorstehende Wahltermine auf die strategischen Ziele aus. Wenn sich dadurch neue Aufgaben für die öffentliche Verwaltung ergeben, werden diese nicht durch Abbau überholter Aufgaben bewältigt, sondern durch zusätzliche Verfahren in die Ablaufprozesse integriert. Die Anzahl von schriftlichen Regeln und Regulationen nimmt zu und engt den Handlungsspielraum der einzelnen Ämter und Personen ein. Außerdem wird ein guter Überblick über die vorhandenen Regeln benötigt, was selbst Experten überfordern kann. Als Resultat entsteht ein Dickicht von schriftlichen Regeln, welche sich teilweise widersprechen.
- Entscheidungswege und -strukturen sind festgefahren und die starke Zentralisierung schränkt die Flexibilität des Systems wesentlich ein.
- Ein betriebswirtschaftliches Führungsverständnis fehlt, weil die Fachbereiche weder einen präzisen Leistungsauftrag noch einen strikt vorgegebenen Ressourcenrahmen haben. Ressourcen werden nach einer Bedarfsanmeldung der Fachbereiche zugeteilt.
- In der öffentlichen Verwaltung herrscht eher eine Misstrauenskultur und Misserfolgsvermeidung vor anstatt Vertrauenskultur und Erfolgsuche. In der öffentlichen Verwaltung wird ein Abweichen von den standardisierten Abläufen nicht gefördert, Eigeninitiative eher argwöhnisch beäugt. Eigene Initiativen und das Abweichen von den schriftlichen Regeln sind riskante Verhaltensweisen, da der Erfolg der Initiative von vornherein nicht abzuschätzen ist und das Risiko von Fehlern groß ist. Wenn Fehler bemerkt werden, werden diese streng geahndet.
- Der einzelne Mitarbeiter hat kaum Gestaltungsmöglichkeit für die eigenen Aufgaben, er muss sich auf Anwendung der schriftlichen Regeln beschränken. Seine Kreativität und sein Engagement werden unzureichend genutzt.
- Weiter stellt sich die Frage der Legitimität. Die öffentliche Verwaltung dient zur Abwicklung der öffentlichen Leistungen und dem Service an

den Bürgern. Sie wird von den Steuern bezahlt. Die Bürger und damit zahlende Auftraggeber werden allerdings als Verwaltungsobjekte und nicht als Partner gesehen.

Wie könnte die fiktive Bäckerei nach der bürokratischen Schule organisiert werden? Im Beispiel 2 wurde versucht, einige wichtige Kennzeichen der Bürokratie umzusetzen.

Beispiel 2: Organisation einer Bäckerei nach der bürokratischen Schule
Aufgabenstellung: Stellen Sie sich vor, Sie haben die Bäckermeisterprüfung gemacht und planen die Eröffnung einer Bäckerei in der Innenstadt Wiens. Vom Angebot her soll das Geschäft eher ein breites Sortiment anbieten (von Brot und Gebäck über Konditorwaren bis hin zu Milchprodukten). Über ein mittelgroßes Lokal verfügen Sie bereits, es besteht aus 80 Quadratmetern Verkaufsfläche mit zusätzlicher Fläche für die Backstube. Entwickeln Sie für das Geschäft eine organisatorische Struktur, welche der bürokratischen Schule folgt.
Zuerst beginnen Sie, die erforderlichen Tätigkeiten logisch zu gruppieren: Verkauf mit Präsentation der Waren, Reinigung des Verkaufsraumes und der Backstube, Instandhaltung der Maschinen (von der Beleuchtung bis zu den Produktionsmaschinen), Herstellung der Produkte, Einkauf der Roh- und Fertigprodukte, Buchhaltung über Ein- und Ausgaben des Geschäftes. Für jeden dieser Bereiche überlegen Sie eine standardisierbare Abwicklung. Auch wenn Sie sich eingestehen, dass Sie als Bäckermeister vom Verkauf weniger verstehen als Marketingexperten, vertrauen Sie auf ihre persönliche Einschätzung. Zur Bestimmung Ihres Sortiments bedienen Sie sich aktueller Marktdaten über den Umsatz von Gebäck, Brot und Torten und wählen jeweils die drei gängigsten Sorten aus (insgesamt drei Gebäckssorten, drei Brotsorten und drei Torten).
Um Ihren Angestellten Karriereperspektiven anbieten zu können, planen Sie eine Hierarchie aus vier Ebenen (1. Sie als Geschäftsführer, 2. Management mit maximal fünf Untergebenen, 3. gelernte Bäcker/Verkäufer und 4. Lehrlinge). Sie rufen einen Juristen zu Hilfe und entwickeln gemeinsam ein Werk aus schriftlichen Regeln. Diese Regeln beschreiben nicht jeden Arbeitsschritt, fixieren aber den Rahmen der Durchführung und legen Autorität und Verantwortung der einzelnen Arbeitsplätze fest. Um nicht immer die Produkte beim vollen Namen nennen zu müssen, entwickeln Sie eigene Bezeichnungen, z. B. G1 ist eine Semmel, G2 ist ein Kornweckerl, B1 das Schwarzbrot und T1 die Sachertorte. Die Kunden werden als Nahrungsbrauchende bezeichnet. Auch das Dienstrecht und ein Gehaltsschema entwickeln Sie gemeinsam mit dem Juristen. Im Dienstrecht sind Regeln aufgelistet (z. B. muss man sich vor Betreten der

Backstube die Hände waschen, Alkoholkonsum ist während der Arbeitszeit verboten). Das Gehaltsschema basiert auf formalen Kriterien. Manager müssen beispielsweise über eine abgeschlossene Lehre (Bäcker, Einzelhandel, etc.) verfügen. Konkrete Leistungen sind keine Voraussetzung für das Gehalt, nur die Einhaltung der Dienstzeit von täglich acht Stunden ist verpflichtend. Zur Kontrolle wird eine Stechuhr eingerichtet.
Um Personal zu finden, machen Sie eine öffentliche Ausschreibung in einer Tageszeitung, in der die formalen Kriterien für jeden Arbeitsplatz beschrieben sind. Den Bewerbungen sind Zeugnisse beizulegen, aufgrund derer Sie über die Aufnahme entscheiden. Ein persönliches Gespräch findet nicht statt, da Sie ohnehin glauben, dass persönliche Sympathien im Geschäftsablauf keine Rolle spielen. Insgesamt stellen Sie zwölf Personen ein: zwei Verkäufer, eine Reinigungskraft, einen Techniker zur Instandhaltung der Maschinen, fünf Bäcker zur Herstellung der Produkte und eine Person für die Buchhaltung. Zusätzlich engagieren Sie einen Manager für die Produktion, Reinigung und Technik und einen Manager für den Verkauf und den Einkauf.
Der Verkaufsraum ist in zwei Bereiche untergliedert: einem Vorraum, wo die Nummernvergabe erfolgt, und dem eigentlichen Verkaufsraum mit der Ware und den beiden Verkäufern. Auch die Backstube ist aufgeteilt in die Backstube und einen Büroraum, wo die beiden Manager und die Buchhaltungskraft sitzen. Kommt ein Kunde ins Geschäft, zieht er eine Nummer, und wird dann nach Freiwerden eines Verkäufers gerufen. Die beiden Verkäufer stehen vor der Ware, die so eingeschichtet ist, dass die Verkäufer schnellen Zugang haben. Die Verkäufer sollen die Kunden fragen, welches Produkt gewünscht wird. Jedes verkaufte Produkt wird in eine Liste eingetragen und diese wird am Abend dem zuständigen Manager übergeben. Die Produktion läuft standardisiert ab, dem Manager obliegt die Einteilung der Kräfte zur Herstellung der Torten, des Gebäcks und des Brotes. Zur Kontrolle kostet der Manager persönlich von jeder hergestellten Palette ein Gebäckstück und bestätigt dessen Qualität auf einem Blatt mit seiner Unterschrift.
Nach einem Monat ziehen Sie ein erstes Resümee. Sie können von folgenden Vorteilen berichten: Sie haben einen sehr guten Überblick über die Vorgänge im Geschäft, da alle Transaktionen schriftlich festgehalten werden und die standardisierte Produktion läuft effizient. Allerdings wollen Sie auch die beobachteten Schwachstellen Ihrer Organisation nicht verschweigen: (a) Der Anreiz, viel zu leisten, fehlt. Ist die Arbeitszeit vorüber, verlassen die Angestellten die Backstube; bereits angefangene Teige werden liegen gelassen. Auch bei den Verkäufern bemerken Sie eine et-

was nachlässige Arbeitseinstellung. Manchmal rufen sie keine Kunden in den Geschäftsraum, weil sie Kaffee trinken oder plaudern wollen. (b) In Ihrem Betrieb entwickelt sich eine eigene Sprache, die im Kundenbetrieb störend ist. Welchem Kunden ist bewusst, dass T1 eine Sachertorte ist? Überhaupt haben Sie den Eindruck, dass die Nahrungsbrauchenden eher als störend erlebt werden. (c) Kürzlich hat ein bei Ihnen angestellter Bäcker begonnen, über den Fabrikanteneingang die frischen Produkte privat zu verkaufen. In dem Dienstrecht war dieses Verhalten nicht eindeutig als verboten beschrieben. Sie mussten daher mit Ihrem Juristen das Dienstrecht ändern, um dieses Verhalten zu unterbinden und den Bäcker zu entlassen. In der Zwischenzeit hatte der Bäcker bereits einen Tagesumsatz von € 100. (d) Die beiden Manager kümmern sich um ihre eigenen Abteilungen, miteinander sprechen sie aber kaum und wissen auch nicht, woran der jeweils andere arbeitet. Darunter leidet die Abstimmung beider Bereiche, die zeitlich verzögert abläuft. Frühestens nach einer Woche reagiert die Produktion auf geänderte Nachfrage. Beispielsweise besuchte einmal eine Schulklasse die Bäckerei und wollte 30 Semmeln. Nachdem der Verkäufer diesen Wunsch nicht unmittelbar erfüllen konnte, hielt er ihn für seinen Manager schriftlich fest. Dieser übermittelte ihn dem anderen Manager, welcher ihn wiederum an seine Produktionsgruppe weitergab. Nach einer Woche schließlich erfolgte die vermehrte Produktion der Semmeln. Die Schulklasse wollte nicht so lange warten, sodass die größere Anzahl der Semmeln liegen blieb.

Wichtige Merkmale der Bürokratie: Arbeitsteilung, Formalisierung, Amtshierarchie und Trennung von Verwaltung und Eigentum.

Zusammenfassend gelten als wichtige Merkmale der Bürokratie die Arbeitsteilung und Spezialisierung, die Formalisierung durch schriftliche Regelungen, die Amtshierarchie, die Disziplin und das Berufsethos (unter anderem Pflichterfüllung, Amtsverschwiegenheit etc.) und die Trennung von Verwaltung und Eigentum an Sachmitteln. In Europa wurden bis in die späten 1990er Jahre die öffentlichen Verwaltungen bürokratisch organisiert.

Dem Bürokratie-Modell nach Weber entspricht eine Systemrationalität, welche zu streng formalisierten, schematischen Abläufen passt. In einer sich ändernden Umwelt bietet sie aber wenig Flexibilität zur Anpassung. Diese Kritik bezieht sich auf alle geschlossenen Organisationssysteme.

2.5 Qualitätssicherungssystem ISO 900x

ISO 9000, 9001, 9002, 9003 und 9004 sind Qualitätssicherungssysteme der Internationalen Organisation für Standardisierung (Jackson und Ashton, 1995).

Erste statistische Kennzahlsysteme zur Messung von Qualität wurden bereits 1930 entwickelt. Die ISO-Organisation wurde nach dem Zweiten Weltkrieg gegründet, um internationale Standards – sogenannte Normen – für die Qualitätssicherung in der industriellen Produktion zu entwerfen. Die erste ISO Norm, ISO 9000, wurde 1987 veröffentlicht und ist in den darauf folgenden Normen ISO 9001 bis 9004 auf nicht industrielle Branchen ausgeweitet worden. Qualitätssicherungssysteme führten in späterer Folge zur Entwicklung des Total Quality Managements, einer Organisationstheorie, die nicht nur in der Verwaltungsreform (New Public Management, Kapitel 5.2) eine Rolle spielt, sondern heute auch in vielen privaten Unternehmen zu finden ist. Die ISO 900x Norm ist wesentlich neuer als die zuvor referierten klassischen Organisationstheorien. Sie wird dennoch unter dem Kapitel des „homo oeconomicus" beschrieben, da einzelne Merkmale und ihr Konzept auf einem Menschenbild basieren, welches jenem der klassischen Organisationstheorien ähnlich ist.

Die ISO Norm 900x enthält eine Liste von Richtlinien, um die Qualitätssicherung im Unternehmen zu gewährleisten. Sie beschreibt nicht nur, wie diese Richtlinien in Organisationen eingeführt werden können, sondern gibt auch Anweisungen für die praktische Durchführung. Gemäß ISO 900x ist mit dem Begriff „Qualität" jene Qualität gemeint, die Kunden bei ihrer Bestellung verlangen und erwarten können; Qualität ist also nicht immer mit hoher Qualität gleich zu setzen. Qualität wird nicht nur bei der Produktion des Gutes oder der Erstellung der Dienstleistung, dem Betriebsprozess, gefordert. Auch die Lenkung des Qualitätssicherungssystems (Management) und unterstützende Aktivitäten, wie Beschaffung, Schulungen und Qualitätsaufzeichnungen, müssen strikten Kriterien gerecht werden.

Bei der konkreten Einführung eines Qualitätssicherungssystems gemäß ISO 900x wird ein Handbuch erstellt, in dem alle Aufgaben der Organisation schriftlich genau und detailliert festgehalten werden. Auch hier werden nicht nur Tätigkeiten des Betriebsprozesses beschrieben, sondern ebenso Handlungen des Managements und der unterstützenden Aktivitäten. Neben der genauen Beschreibung von Tätigkeitsabläufen sind eine Vielzahl von Formularen zu entwerfen, die zu jeder Handlung begleitend

Das Handbuch nach ISO 9000 beschreibt den genauen Ablauf jeder Aufgabe in der Organisation.

ausgefüllt werden. Aufgrund dieser lückenlosen Dokumentation können mögliche Fehler rasch entdeckt und zukünftig vermieden werden. Das Handbuch ist allen Organisationsmitgliedern bekannt und wird im Idealfall auch von ihnen mitgestaltet. Um die Einhaltung der im Handbuch niedergeschriebenen Abläufe gewährleisten zu können, werden interne und externe Auditings (Betriebsprüfungen) durchgeführt. Auch Schwachstellen in der Organisation sollen gefunden, aufgezeigt und im weiteren Verlauf korrigiert werden.

Die Einführung der ISO 900x Norm bringt sowohl Vorteile im Kundenkontakt als auch interne Vorteile für die Organisation mit sich. Kunden können eine definierte Qualität von Produkten und Dienstleistungen erwarten, die über die Zeit konstant bleibt. Die Erweiterung des Kundenstammes und höhere Kundenloyalität sind erhoffte Konsequenzen. Außerdem führt ein internationales Qualitätssicherungssystem zu größerer Wettbewerbsfähigkeit, da viele große, internationale Konzerne bereits die Normen eingeführt haben und dies auch von ihren Zulieferbetrieben verlangen. Die internen Vorteile für die Organisation werden vor allem in der Überwachung aller Tätigkeiten gesehen. Es kann nicht nur der Produktionsprozess genau kontrolliert werden. Auch alle Handlungen, die von der Organisationsleitung und der Verwaltung gesetzt werden, unterliegen einer starken Kontrolle. Die genaue Überwachung ermöglicht außerdem, Probleme rasch zu erkennen und schnell Korrekturen durchzuführen.

Die Einführung und Einhaltung von ISO 900x kann für die Organisation aber auch Nachteile mit sich bringen. Alle Organisationsmitglieder müssen sich dem Qualitätssicherungssystem verpflichtet fühlen, damit es effizient und reibungslos funktionieren kann. Wenn sich nur einige Mitarbeiter an die Vorschriften im Handbuch nicht halten, die für sie relevanten Formulare nicht ausfüllen oder keine Verbesserungsvorschläge zur Steigerung der Qualität einbringen, dann existieren zwar Maßnahmen zur Qualitätsverbesserung, diese werden aber in der Organisation nicht gelebt und tragen daher auch nicht zur Effizienz des Unternehmens bei. Um dies zu verhindern, müssen die Mitarbeiter in den Veränderungsprozess der Organisation eingebunden werden. Transparenz der Umgestaltung selbst und die Aufklärung über den Grund der Einführung von ISO 900x unterstützen die Bindung der Mitarbeiter an das Organisationsziel. Trotzdem wird der Norm ISO 900x vorgeworfen, dass es sich dabei hauptsächlich um das Ausfüllen von vielen, *zu vielen* Formularen handelt, was für alle Mitarbeiter einen großen administrativen Aufwand bedeutet, aber nur geringen Nutzen verspricht. Ein weiteres Problem besteht darin, dass vielen Kunden die Vorteile dieses Qualitätsmerkmals nicht bekannt sind. Damit bedeutet die ISO Norm auch keinen Wettbewerbsvorteil gegenüber anderen Anbietern.

Die fünf Hauptdimensionen der Organisationsstruktur lassen sich wie folgt von den oben beschriebenen Merkmalen der Norm ISO 900x ableiten:

- *Hierarchie und Autorität*: Die Organisation nach ISO 900x ist hierarchisch gegliedert, wobei die übergeordneten Personen untergeordnete Mitarbeiter ständig überwachen und kontrollieren. Aufgrund der Aufzeichnung aller Handlungen auf Formularen können leicht Mitarbeiter identifiziert werden, welche Fehler machen. Die Autorität der Vorgesetzen wird mittels der im Handbuch festgesetzten Regeln durchgesetzt. Außerdem sollen Führungskräfte eine Vorbildfunktion für ihre Untergebenen haben.
- *Spezialisierung der Arbeitsteilung*: Jede Aufgabe in der Organisation ist im Handbuch beschrieben und muss exakt gemäß der Beschreibung von den Mitarbeitern ausgeführt werden, um die Qualität auf einem bestimmten Niveau zu halten. Dementsprechend ist die Spezialisierung der Arbeitnehmer in der Organisation groß.
- *Enge Kontrollspanne*: Da Kontrolle in der Organisation gemäß der ISO 900x Norm von großer Bedeutung ist, ist die Kontrollspanne sehr gering. Die Hauptaufgabe der Organisationsleitung ist regelmäßig die Aufgaben und die damit verbundenen Formulare in internen Prüfungen zu kontrollieren und mögliche Fehler im Ablauf zu korrigieren.
- *Beratende und entscheidende Positionen*: Eine beratende Position haben der externe Auditor und auch die einzelnen Mitarbeiter inne, die Vorschläge zur Qualitätsverbesserung machen sollen. Die Organisationsleitung besitzt alleinige Entscheidungsgewalt.
- *Starke Zentralisierung*: Organisationen mit einem Qualitätssicherungssystem zeichnen sich durch eine starke zentrale Leitung aus, die allein Entscheidungen fällt und von externen Auditoren und Mitarbeitern nur beraten wird.

Trotz der wesentlich späteren Entwicklung ist die ISO 900x Norm den klassischen Organisationstheorien in ihrer Starrheit und geringen Flexibilität ähnlich. Es wird kritisiert, dass in dem Konzept die Entwicklungen in den Organisationstheorien der letzten Jahrzehnte außer Acht gelassen wurden. Arbeitnehmer sollen sich bedingungslos an einen „besten Weg" der Arbeitsausführung halten, weil sonst Fehler im Arbeitsprozess nicht erkannt werden können. Änderungen dieses einen besten Weges sind zwar möglich, erfordern aber die Anpassung des Handbuches. Für die praktische Umsetzung der ISO Norm mag der Vorwurf eines starren Konzepts zutreffen, da aufgrund der Norm Organisationsmitglieder ausschließlich zu ausführenden

Organen gemacht werden. In der theoretischen Konzeption wird allerdings empfohlen, auch den Führungsstil gemäß neuer Führungstheorien, wie dem Management by Objectives, zu verändern, und so den Organisationsmitgliedern die Möglichkeit zu bieten, aktiv die Organisation mit zu gestalten und nicht passiv Ausführende zu bleiben.

3 Zur Zeit des „social man"

Leitfragen

- Welches sind die wichtigsten Eigenschaften des „social man"?
- Wodurch unterscheidet sich der „social man" vom „homo oeconomicus"?
- Was wurde in den Hawthorne-Studien erforscht und was haben die Ergebnisse bewirkt?
- Was sind die zentralen Ideen der Human-Relations-Bewegung?
- Wie sehen Organisationsstrukturen gemäß des Systems 4 nach Likert aus?
- Was ist ein „offenes System" und wo liegen die Unterschiede zum „geschlossenen System"?
- Was sind überlappende Arbeitsgruppen („linking pins") ?
- Was verstehen Katz und Kahn unter der organisationalen Rolle?
- Welche Rollenkonflikte können in Organisationen auftreten?
- Wie hängen das soziale und das technische System einer Organisation miteinander zusammen?

Menschen haben soziale Bedürfnisse, welche auch am Arbeitsplatz befriedigt werden sollen.

Das Menschenbild des „social man" entstand als Reaktion auf die rationale, individuelle Ausrichtung des „homo oeconomicus". Es beschreibt Menschen als Mitglieder von sozialen Gefügen und nicht mehr als nutzenmaximierende, an finanziellem Gewinn orientierte Individuen. Menschen haben soziale Bedürfnisse, welche auch am Arbeitsplatz befriedigt werden sollen, und die wichtiger sind als rein monetäre Anreize. Im Menschenbild des „social man" sind sozialpsychologische Annahmen verwirklicht, die Menschen realistischer darstellen als dies durch das Menschenbild des „homo oeconomicus", dessen

Entscheidungen ausschließlich auf rationalen Überlegungen basieren, möglich ist (Weinert, 1998).

Nach Weinert (1998, S. 543) lässt sich das Menschenbild des „social man“ folgendermaßen beschreiben:

- Der arbeitende Mensch wird im Wesentlichen von sozialen Motiven geleitet, nicht von materieller Be- und Entlohnung,
- er erhält sein Zugehörigkeitsgefühl zur Organisation, seine Identität und den Willen der Integration in die Organisation durch seine sozialen Beziehungen,
- er handelt eher nach informellen Regeln und Normen, die typisch für seine Gruppe sind, als nach dem offiziellen Kontrollsystem der Organisation,
- in Abhängigkeit, wie sehr seine persönlichen Bedürfnisse am Arbeitsplatz erfüllt werden, reagiert der Arbeitnehmer auf die Erwartungen der Leitung,
- im Zuge der industriellen Revolution mit der starken Zerstückelung der Arbeit hat die Arbeit an Sinn verloren. Der Arbeitnehmer soll deshalb versuchen, seine Bedürfnisse in den sozialen Beziehungen am Arbeitsplatz wieder zu gewinnen.

Wie kann der durchschnittliche Arbeitnehmer aus Sicht des Menschenbildes des „social man“ motiviert werden? Kommunikation zwischen den Arbeitern, zwischenmenschliche Beziehungen und Teilnahme an Entscheidungen gelten als wichtigste nichtmaterielle Quellen der Motivation. Be- und Entlohnungssysteme werden als Motivationsfaktor generell für weniger wichtig erachtet als im Menschenbild des „homo oeconomicus“. Sie werden der Gruppenleistung angepasst, weil individuelle Prämien Konkurrenz zwischen den Arbeitern fördern könnten, was als eine unerwünschte Konsequenz gesehen würde.

Die Aufgaben und Funktionen von Führungskräften ändern sich mit dem Wechsel zum Menschenbild des „social man“. Führungskräfte sollen personenzentriert agieren, das heißt, auf die Bedürfnisse der Angestellten und Arbeiter eingehen. Dabei soll besonderes Augenmerk auf ihr psychologisches Wohlbefinden gelegt werden, auf ihre Integration in der Gruppe und dem daraus entstehenden Zugehörigkeitsgefühl. Führungskräfte sollen nicht primär Managementtätigkeiten ausüben, wie die Planung, Organisation und Kontrolle von Arbeitstätigkeiten, sondern als Sprachrohr zwischen der Unternehmensleitung und den ausführenden Arbeitern agieren (Schein, 1980).

Der Übergang vom Menschenbild des „homo oeconomicus“ zu dem des „social man“ geht auf die Ergebnisse der Hawthorne-Studien zurück, die aufzeigten, dass sozialer Austausch am Arbeitsplatz die Leistung fördert. Zusätzlich legte der gesellschaftliche Hintergrund ein Umdenken nahe. Verstärkter Konkurrenzdruck zwischen den Industrieorganisationen, die Organisation der Arbeitnehmer in Form von Gewerkschaften und eine stärkere Verdichtung der wirtschaftlichen Beziehungen führten zu einer Meinungsänderung bezüglich der generellen Ausrichtung und „Natur" des Menschen.

3.1 Die Hawthorne-Studien

Mayo (1933), Roethlisberger und Dickson (1939) führten von 1927 bis 1932 Studien in den Hawthorne-Werken der Western Electric Company, nahe Chicago, USA, durch. In diesen Studien ging es um den Einfluss von Umweltbedingungen auf die Arbeitsleistung, das Verhalten und die Gesundheit. Das Problem bestand darin, dass die Produktionsziffern nicht zufriedenstellend und die Kündigungsraten zu hoch waren. Eine Gruppe von Frauen, die eigens zum Zwecke der Studie gebildet worden war, hatte die Aufgabe, Telefonrelais zu montieren. Beleuchtung, Arbeitszeit und Arbeitspausen wurden systematisch variiert, um in Abhängigkeit davon Arbeitsleistung, Verhalten und Gesundheit zu registrieren. Die Studienleiter sprachen mit den Teilnehmerinnen und interviewten außerdem über 20.000 Mitarbeiter der Hawthorne-Werke.

Gute soziale Beziehungen führen zu verbesserter Arbeitsleistung.

Die Ergebnisse waren irritierend: Die wöchentliche Arbeitsleistung hatte sich bei fast jeder Veränderung der Umweltbedingungen verbessert: Bei einer Verstärkung der Beleuchtung, bei Einführung zusätzlicher Pausen, bei Abgabe einer kleinen Zwischenmahlzeit, bei Verkürzungen der täglichen Arbeitszeit und schließlich auch bei Rücknahme all dieser Änderungen. Diese Resultate wurden als Effekte der sozialen Situation erklärt, die sich aufgrund der Gespräche zwischen den Arbeiterinnen und den Versuchsleitern und der informellen Kontakte zwischen den Arbeiterinnen massiv geändert hatte. Mit dieser Feststellung wurde die Bedeutung informaler sozialer Beziehungen innerhalb formaler Organisationsstrukturen erkannt und festgestellt, dass gute soziale Beziehungen zu verbesserter Arbeitsleistung führen.

Die Ergebnisse der Studien um Mayo zeigten, dass die freundliche Arbeitsatmosphäre, die von den Versuchsleitern erzeugt wurde, die Ursache für die beobachteten Leistungsverbesserungen war. Dies führte zu der Annahme, dass die Verbesserung der zwischenmenschlichen Beziehungen, der Human Relations, eine Erhöhung der Arbeitszufriedenheit und -motivation und in Folge der Leistung bedeutet. Diese als Hawthorne-Effekt in die Fachliteratur eingegangenen Ergebnisse haben die spätere Human-Relations-Bewegung ausgelöst und geprägt.

Durch sorgfältige Recherchen hat H. McIlvaine Parsons in den 1970er Jahren allerdings herausgefunden, dass Mayo und Mitarbeiter in ihren Berichten wichtige Informationen unterschlagen haben: So arbeiteten die Testpersonen unter privilegierten Bedingungen, erhielten bessere Löhne und wurden von den gar nicht so freundlichen Versuchsleitern mehrfach wegen Schwatzhaftigkeit gerügt. Weiter wurde ihnen sogar angedroht, wieder an ihre alten Arbeitsplätze zurückgeschickt zu werden, wenn sie ihre Arbeitsleistungen nicht steigern würden. Außerdem wurden zwei Frauen, welche den Anweisungen der Forscher nicht folgten, durch „kooperationswillige" ersetzt. Den Teilnehmern wurde auch regelmäßig die Qualität ihrer Leistung rückgemeldet und die Aufforderung, so schnell wie möglich zu arbeiten, ausgesprochen. Der sogenannte Hawthorne-Effekt ist aus diesen Gründen nicht mehr als ein von Mayo und Mitarbeitern verbreiteter Mythos. Trotzdem sind die Experimente von Bedeutung. Sie beeinflussten die Sichtweise organisatorischer Arbeitsbedingungen und zeigten die Bedeutung von sozialpsychologischen Aspekten in der Arbeit.

Der Hawthorne-Effekt ist ein Mythos mit imposanten Auswirkungen.

3.2 Die Human-Relations-Bewegung

In der Human-Relations-Bewegung kommt es zu einer Verschiebung des arbeitswissenschaftlichen Fokus von den rein ökonomischen Funktionen des Unternehmens hin zu den menschlichen Beziehungen, welche am Arbeitsplatz bestehen. Die Human-Relations-Bewegung ist aus zwei Gründen für die Arbeits- und Organisationspsychologie von Bedeutung:

- Die Gruppe wird als soziales System erkannt und
- Gefühle, wie insbesondere die Zufriedenheit in der Arbeit, werden als wichtiger Forschungsbereich der Arbeits- und Organisationspsychologie entdeckt.

Zu der Human-Relations-Bewegung zählt die Forschergruppe der Hawthorne-Studien – Mayo, Roethlisberger und Dickson – und eine Gruppe von Wissenschaftlern, welche Studien zum Gruppen- und Führungsverhalten durchführten. Zu der zweiten Gruppe gehören Kurt Lewin, die Michigan-Leadership-Gruppe um Katz, Maccoby und Likert, die Ohio-Leadership-

Gruppe mit Fleishman und Stogdill und die Gruppendynamiker Cartwright und Zander (Weinert, 1998). Allen diesen Forschern war gemeinsam, dass sie Leistung und Zufriedenheit von Arbeitern auf funktionierende Arbeitsteams und Gruppen zurückführten.

Eine Vielzahl von interessanten Ergebnissen resultierte aus empirischen Studien mit dem Fokus auf der Funktionsweise von Arbeitsteams und Gruppen und kann als Konsequenz der Human-Relations-Bewegung gelten. Es zeigte sich, dass sich neben den formalen Strukturen innerhalb von Arbeitsteams eine differenzierte soziale Ordnung bildete. In diesen sozialen Ordnungen kann beispielsweise bestimmten Positionen ein höherer Status zugewiesen werden als in der formalen Struktur. Die soziale Ordnung wird durch ein System von sozialen Normen gestützt, welches das Miteinander innerhalb der Gruppe und Beziehungen zu anderen Gruppen regeln. Weiter wurde beobachtet, dass in Arbeitsgruppen eine gemeinsame Vorstellung über den Leistungsstandard entsteht. Normen und Vorstellungen über eine faire Tagesleistung werden gebildet, welcher als Leistungsstandard in der Gruppe gilt. Wird dieser Leistungsstandard nicht erreicht, gilt der Arbeiter als Drückeberger. Auch ein Übertreffen der „vereinbarten" Leistung wird von der Gruppe sanktioniert, der Arbeiter wird als Akkordbrecher behandelt. Insofern wirkt die Gruppe auf die Leistung der einzelnen Mitglieder ausgleichend und nivellierend. Individuelle Leistungssteigerung aber auch Leistungsminderung können aus den Gruppennormen resultieren.

Individuelle Leistungssteigerung aber auch Leistungsminderung können aus den Gruppennormen resultieren.

Als zweite Konsequenz der Human-Relations-Bewegung gilt, dass Gefühle und Stimmungen als Untersuchungsgegenstand entdeckt wurden. Brief und Weiss (2002) beschreiben die 1930er Jahre als reich an Studien und neuen, innovativen Ansätzen in der Untersuchung von Gefühlen und Affekten am Arbeitsplatz. Nach einem ersten Aufschwung kam es allerdings zu einer konzeptionellen Einschränkung auf das Konzept der Arbeitszufriedenheit. Auch empirisch zeigte sich eher ein Abbau an kreativen Methoden; Fragebögen verdrängten qualitative Methoden und die Beobachtung.

Arbeitspsychologen konzentrierten sich auf die sozialen Faktoren eines Unternehmens, organisatorische Strukturen wurden ignoriert.

Der Aufgabenschwerpunkt der Arbeitspsychologen bezog sich rein auf die sozialen Faktoren der Arbeit, organisatorische Strukturen wurden ignoriert. Mit gruppendynamischen Konzepten, einem auf die Person ausgerichteten Führungsstil und einem angenehmen Betriebsklima sollten die zwischenmenschlichen Beziehungen verbessert werden und damit die Arbeiter zufriedener werden. Konzepte zur Veränderung der Arbeitstätigkeit selbst wurden nicht eingebracht. Zum Beispiel wurde das Fließband als Technologie nicht kritisiert, sondern angeregt, das Fließband in eine Form zu bringen, in der ein direkter Austausch zwischen den Arbeitern möglich ist: Achterförmige oder zum Halbkreis geformte Fließbänder wurden als Konsequenz daraus entwickelt. Friedmann (1946) kritisierte die für ihn künstliche Trennung in das technische und soziale System. Beide Systeme wären voneinander abhängig und könnten nicht unabhängig voneinander optimiert und verändert werden. Diese Idee wurde später von der Tavistock-Gruppe (siehe Kapitel 3.3.2.3) in ihren Konzepten des soziotechnischen Systems aufgegriffen und verwirklicht.

3.3 Organisationstheorien

Die Zuordnung von Organisationstheorien zur Zeit des Menschenbildes des „social man" ist in den bekannten Lehrbüchern nicht eindeutig. So wird in den englischsprachigen Lehrbüchern von Robbins (2001), Greenberg und Baron (2000) und Gordon (1996) nicht zwischen dem Menschenbild des „social man" und des „self-actualizing man" unterschieden. Beide Menschenbilder wurden von der Human-Relations-Bewegung beeinflusst, was eine eindeutige Zuordnung von Organisationstheorien schwer macht.

Robbins (2001) zählt die Organisationstheorien von Chester Barnard und Mary Parker Follet zur Ära des Menschenbildes des „social man". Greenberg und Baron (2000) fassen die Organisationstheorien dieser Zeit als neoklassische Organisationstheorien zusammen, zu denen die Modelle von Rensis Likert, Chris Argyris und Douglas McGregor gehören. In diesem Kapitel werden die Organisationstheorien von Likert (1961), Barnard (1938) und Trist und Bamforth (1951) ausgewählt, in welchen die Organisation von Gruppen am deutlichsten wird. Die Organisationstheorien von Argyris und McGregor werden beim Menschenbild des „self-actualizing man" referiert, weil individuelle Selbstverwirklichung als wichtigstes Ziel erkannt wird. Follets Theorie (1924) wird nicht referiert, weil sie eine Weiterentwicklung der administrativen Theorie von Fayol ist, welche im Kapitel 2.4.2 bereits ausführlich besprochen wurde.

3.3.1 Rensis Likerts partizipative Theorie

Rensis Likert (Foto 7) war Direktor des Institute of Social Research an der Universität in Michigan und arbeitete unter anderem mit dem Organisationspsychologen Kahn zusammen (Holling und Müller, 1993). Er untersuchte die Auswirkungen von Gruppenstrukturen auf die Kommunikationsflüsse und auf den Verlauf von Entscheidungsprozessen innerhalb einer Organisation. In seiner Theorie wird eine Verbesserung von innerhalb der Organisation ablaufenden Gruppenprozessen angestrebt. Umweltfaktoren, welche die Organisation von außen beeinflussen, werden nicht berücksichtigt (Weinert, 1998).

Foto 7: Rensis Likert (1903–1981)

Likert war ein Wissenschaftler, der danach strebte, auftretende Probleme systematisch und empirisch abgesichert zu lösen. Um eine neue, adäquate Organisationstheorie zu entwickeln, begann er mit einer Analyse der Schwachstellen der vorherrschenden Organisationsformen. In den klassischen Organisationsformen verfügen die Mitarbeiter über wenig Entscheidungsgewalt. Entscheidungen werden in den obersten hierarchischen Ebenen getroffen und die Mitarbeiter sind angehalten, diese Entscheidungen auszuführen. Fehlende Transparenz über den Hintergrund der Entscheidungen führt dazu, dass Mitarbeiter wenig Einblick in die Ziele und den Aufbau der Organisation haben. Mitarbeiter erfahren ihre Arbeitsaufträge von ihren Vorgesetzten, welche starke Kontrolle ausüben. Die Abhängigkeit vom Vorgesetzten fördert Motivation auf Basis von Angst vor Bestrafung. Mitarbeiter werden nicht unterstützt und sogar daran gehindert, eigene Ideen und Vorschläge in den organisationalen Ablauf einzubringen. Insgesamt zeigt sich als Konsequenz von klassischen Organisationsformen, dass mit der Organisationsstruktur – wenn überhaupt – nur eine kurzfristige Produktionssteigerung zu erzielen ist, und dass die Fehlzeiten- und Fluktuationsraten hoch sind (siehe Zitat 9).

Zitat 9: Likerts Ausführungen über die Notwendigkeit zu den klassischen Theorien alternativer Organisationstheorien (1972, S. 10)
Schließlich steigt, vor allem in größeren Unternehmungen, die Anzahl der Mitarbeiter mit einer speziellen Fachausbildung laufend. [...] So ist es nichts Außergewöhnliches, wenn untergeordnete Mitarbeiter oder Stabstellen über bestimmte wichtige Dinge viel mehr wissen als der verantwortliche Chef. Dieser ist meist nicht mehr in der Lage, die Entscheide allein aufgrund seiner Kenntnisse zu treffen, und

> die Probleme sind oft so vielschichtig, dass ein Untergebener allein nicht in der Lage ist, ihm alle Unterlagen für einen Entscheid zu liefern. Gewöhnlich ist es für ihn daher unumgänglich, Fachleute aus verschiedenen Spezialgebieten heranzuziehen. Zusammenarbeit und Mitwirkung in der Unternehmensführung werden notwendiger als früher. Um den Anforderungen gerecht zu werden, welche die Technik und die großen und vielgestaltigen Unternehmungen stellen, müssen für den Einsatz der menschlichen Arbeitskraft neue, differenzierte Organisationsformen geschaffen werden.

Aufgrund seiner Beobachtungen entwickelt Likert seine Theorie von den vier Systemen (Holling und Müller, 1993), wobei jeweils zwei als autoritäre und zwei als partizipative Systeme beschrieben werden.

- Das System 1 bezeichnet Likert als das „ausbeutend, autoritäre System",
- System 2 als „wohlwollend autoritäres System".
- Das System 3 („beratendes System") ist ein partizipatives System, wobei allerdings die Partizipation eher auf Beratung als auf gelebter Mitentscheidung beruht.
- Das System 4 beschreibt Likert als „Gruppensystem".

Vom System 1 bis System 4 wird ein kontinuierlicher Übergang vom klassischen Ansatz als ausbeutend, autoritäres System 1 bis zum System 4 als ideale Umsetzung eines partizipativen Systems entwickelt. Im System 4 sollen die Schwachstellen der klassischen Ansätze überwunden werden.

Das System 4, das Gruppensystem, basiert auf unterstützenden Beziehungen zwischen den Mitgliedern der Organisation. Die Mitglieder der Organisation sollen möglichst stark an den Entscheidungsprozessen beteiligt werden und für sich erkennen, dass die sozialen Beziehungen innerhalb der Organisation ihre Persönlichkeit fördern. In regelmäßigen Besprechungen werden Probleme der Organisation aus Sicht des Unternehmers besprochen und Lösungsvorschläge eingebracht. Diese regelmäßigen Konferenzen ähneln in ihrer Konzeption den später eingeführten Qualitätszirkeln (Holling und Müller, 1993).

Überlappende Arbeitsgruppen verbinden Gruppen hierarchischer Ebenen miteinander und ermöglichen partizipative Entscheidungen.

Partizipation an Entscheidungen ist nur dann sinnvoll, wenn die Kommunikation innerhalb der Organisation nicht nur hierarchisch von oben nach unten, sondern auch von unten nach oben läuft. Deshalb entwickelte Likert die überlappenden Arbeitsgruppen, oder wie er sie nannte, die „linking pins" (Likert, 1961), weil sie Gruppen verschiedener hierarchischer Ebenen miteinander verbinden und partizipative Entscheidungen ermöglichen. So ist zum Beispiel der Gruppenleiter nicht nur Mitglied und Vorgesetzter seiner

Arbeitsgruppe, sondern auch gleichzeitig Mitglied einer über- oder nebengeordneten Einheit der Organisation (Abbildung 2). Neben den überlappenden Arbeitsgruppen führt Likert auch vertikal verlaufende Gruppen ein, die als ständige Einrichtung oder als zeitlich begrenzte Projektgruppen konzipiert sind.

Abb. 2: Modell der überlappenden Arbeitsgruppen (Weinert, 1998, S. 545)

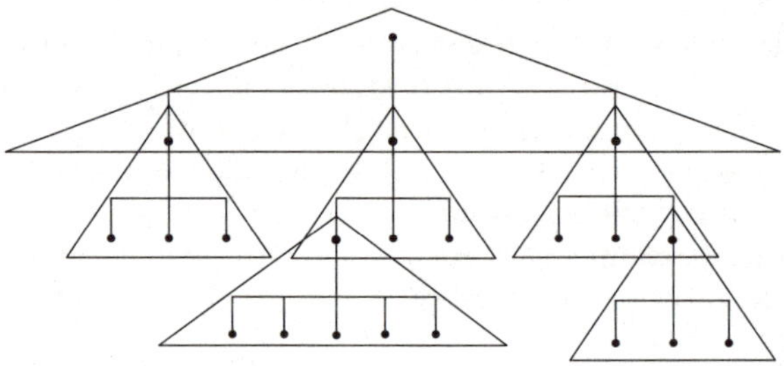

Das System 4 nach Likert lässt sich anhand der fünf Hauptdimensionen der Organisationsstruktur folgendermaßen beschreiben:

- *Hierarchie und Autorität*: Likert führt eine flache Hierarchie ein, welche die Kontrolle durch den Vorgesetzten minimiert. Der ideale Führungsstil wird als personenzentriert und unterstützend beschrieben; es gibt aber trotzdem Autoritätsbeziehungen. Die Autorität geht vom Gruppenleiter aus, der nicht von Person zu Person Autorität ausübt, sondern gruppenzentriert agiert. In der Gruppe wird über Ziele und Zielerreichung entschieden. Letztendlich übernimmt der Gruppenleiter aber die Verantwortung für die von der Gruppe getroffenen Entscheidungen, die Ausführung der Entscheidungen und die Arbeitsresultate (Weinert, 1998). Bei funktionierenden Gruppen ist die Übernahme der Verantwortung durch den Gruppenführer nur formal nötig, da aufgrund des Regulativs der Gruppe unvernünftige und gegen die Unternehmensziele gerichtete Entscheidungen nicht gefällt werden.
- *Spezialisierung der Arbeitsteilung*: Einem Arbeitsteam wird die Durchführung einer Tätigkeit übertragen; sie kann über Ziele und den Weg der Zielerreichung entscheiden. Ob das Team innerhalb ihrer Gruppe Experten für unterschiedliche Bereiche ausbildet oder die Mitglieder eher als Generalisten definiert, bleibt der Arbeitsgruppe überlassen. Likert (1961) strebt ein Mittelmaß an Spezialisierung an. Er befürwortet limitierte Jobrotation, damit die Mitarbeiter Einsicht über den Ablauf der Organisation

gewinnen. Andererseits ist ihm bewusst, dass eine ständige Änderung der Personalzuteilung Gruppen daran hindert, höchstleistungsfähig zu werden.

- *Kontrollspanne*: Eine weite Kontrollspanne bedeutet eine geringe Überwachung der Mitarbeiter, die ermutigt werden, eigene Entscheidungen zu treffen.
- Unterscheidung in *beratende und entscheidende Positionen*: In Likerts System 4 wird die in den klassischen Organisationstheorien geforderte strikte Trennung in entscheidende (Kopf) und ausführende (Hand) Tätigkeiten aufgehoben. Ebenso verliert die Unterscheidung in Stab (beratende Position) und Linie (entscheidende Position) ihre Bedeutung, da aufgrund seines Spezialistenwissens oft der Stab einen größeren Einfluss auf die Entscheidung haben muss, als die Linie. In der Linie erfolgt hingegen eine Koordination der verschiedensten Gruppenergebnisse. Stab und Linie sollen daher eng zusammenarbeiten und sich in ihren Entscheidungen gegenseitig beeinflussen.
- *Dezentralisierung*: Das System 4 nach Likert beruht auf einer starken Dezentralisierung. Entscheidungen werden auch in tief liegenden hierarchischen Ebenen selbständig getroffen. Kommunikationsprozesse laufen aufgrund der vernetzten Gruppenbildung nicht nur hierarchisch von oben nach unten, sondern auch von unten nach oben (Zitat 10).

Zitat 10: Likerts Beschreibung des erfolgreichen Unternehmens (1972, S. 98–99)
Die Unternehmung besteht aus einem festgefügten, leistungsfähigen sozialen System, das sich aus ineinandergreifenden Arbeitsgruppen mit einem hohen Grad an Loyalität unter den Mitgliedern und einem guten Verhältnis zwischen Vorgesetzten und Untergebenen zusammensetzt. Feinfühligkeit zwischen den Mitgliedern und Sinn für das richtige Funktionieren der Gruppe sind ebenfalls vorhanden. All dies erleichtert eine aktive Teilnahme der Mitarbeiter an Entscheiden über gemeinsame Probleme. Eine solche Mitentscheidung besteht beispielsweise bei der Festlegung der Ziele, was eine Berücksichtigung der Wünsche und Ansprüche der Mitglieder der Organisation ermöglicht. Es ergibt sich ein hoher Grad an gegenseitiger Beeinflussung, und ein großes Maß an koordinierter Einflussnahme innerhalb der Unternehmung wird erreicht. Die Kommunikation spielt wirksam und erfolgreich. Es entsteht ein Fluß aller für jeden Entscheid und jede Tätigkeit wichtigen Informationen von einem Teil der Organisation zum anderen. Die Unternehmungsführung schafft damit ein sehr leistungsfähiges System der gegenseitigen Beeinflussung.

Die Motivation der Mitarbeiter entsteht aus der Möglichkeit der Mitentscheidung und der Identifikation mit den Zielen der eigenen Arbeitsgruppe und der Organisation. Demnach sind Ent- und Belohnungsschema weniger von Bedeutung als in den klassischen Organisationstheorien, welche den monetären Anreiz als einzige Motivationsquelle beschreiben. Belohnungen werden aufgrund von Gruppenleistungen ausgezahlt, um mögliche Konkurrenz zwischen den Gruppenmitgliedern zu vermeiden.

Likert (1961) beschreibt die Teamfähigkeit der Mitarbeiter eines Unternehmens als Grundvoraussetzung seiner Organisationstheorie. Sehr detailliert geht er auf die psychologischen Merkmale und Fertigkeiten ein, die ein Mitarbeiter haben soll, beispielsweise bereitwillige gegenseitige Unterstützung, erfolgreiche Kommunikationsfähigkeiten, gegenseitiges Vertrauen und die Loyalität gegenüber den Gruppenzielen. Weniger konkret geht Likert (1961) auf die formalen Kriterien ein, nach welchen Personen in die Organisation aufgenommen werden. Nach Likert (1961) sollen alle Mitglieder der Organisation entsprechend ihrer Ausbildung dazu fähig sein, ihre Aufgaben ausführen zu können. Besonders die Führungskraft soll über die technischen Abläufe großes Wissen besitzen. Ob sie dieses Wissen allerdings über Experten innerhalb oder außerhalb ihres Teams dazukauft, oder selbst einbringt, bleibt ihr überlassen. Weiterbildung und eine Weiterentwicklung der eigenen Fähigkeiten sollen durch gegenseitige Unterstützung und Lernen innerhalb der Gruppe erfolgen. Im Beispiel 3 wurde versucht, die bereits bekannte, fiktive Bäckerei nach Likerts Ausführungen seines Systems 4 zu organisieren.

Die Teamfähigkeit der Mitarbeiter eines Unternehmens stellt eine Grundvoraussetzung für Likerts Organisationskonzept dar.

Beispiel 3: Organisation einer Bäckerei nach dem System 4 nach Likert (1961)

Aufgabenstellung: Stellen Sie sich vor, Sie haben die Bäckermeisterprüfung gemacht und planen die Eröffnung einer Bäckerei in der Innenstadt Wiens. Vom Angebot her soll das Geschäft eher ein breites Sortiment anbieten (von Brot und Gebäck über Konditorwaren bis hin zu Milchprodukten). Über ein mittelgroßes Lokal verfügen Sie bereits, es besteht aus 80 Quadratmetern Verkaufsfläche mit zusätzlicher Fläche für die Backstube. Entwickeln Sie für das Geschäft eine organisatorische Struktur, welche dem System 4 nach Likert (1961) folgt.

Bevor Sie sich mit den organisationalen Details auseinandersetzen, bestimmen Sie die Eckdaten Ihres Geschäftes. Um Ihren Mitarbeitern möglichst viel Entscheidungsspielraum zu übertragen, planen Sie eine flache Hierarchie, bestehend aus drei Abstufungen (Sie als Unternehmer, Leiter der Abteilung Produktion/Verkauf, denen je eine Gruppe von ausgelerntem und anzulernendem Personal untersteht). Auch das Angebot und

den Leistungsumfang Ihres Sortiments bestimmen Sie, Sie wollen in Ihrem Geschäft insgesamt drei Gebäcksorten, drei Brotsorten und drei Torten anbieten. Das Produktionsvolumen für Semmeln beispielsweise beträgt 200 Semmeln/Tag. Weiters planen Sie Ihr Geschäft von 6 Uhr bis 18 Uhr zu öffnen, mit einer Mittagspause von zwei Stunden. Die Backöfen lassen Sie kreisförmig aufstellen, so dass während der Arbeit Blickkontakt und Gespräche zwischen Ihren Mitarbeitern erleichtert werden.
Das Produktionsteam besteht aus dem Leiter – einem Bäckermeister mit Zusatzausbildung im Konditorbereich –, drei ausgelernten Gesellen (zwei Bäcker, ein Konditor) und zwei Lehrlingen. Bevor Sie das Geschäft eröffnen, stellen Sie Ihren Mitarbeitern die Aufgabe, sich den Produktionsablauf mit Einkauf, Produktion und Reinigung zu überlegen und Entscheidungen partizipativ zu treffen. Auch die Organisation des Verkaufs (Einkauf der Milchprodukte, Präsentation der Ware, Verkauf, Verwaltung der Kassa und Reinigung des Verkaufraumes) übertragen Sie an das Arbeitsteam Verkauf, das aus dem Leiter (ausgelernter Einzelhandelskaufmann), einem Verkäufer und einem Lehrling besteht. Die Buchhaltung übernehmen Sie. Außerdem bieten Sie Ihren Abteilungsleitern an, Sie zu kontaktieren, wenn in einem Bereich Probleme auftauchen oder personale Engpässe entstehen. Neben den beiden formalen Arbeitsbereichen, die ein tägliches Jour fixe einzuhalten haben, planen Sie zwei Projektgruppen, die sich einmal pro Woche treffen sollen. Eine besteht aus dem Verkäufer, einem Bäckergesellen und dem Konditorlehrling und hat als Ziel, Optimierungsvorschläge für das Geschäft zu überlegen. Die zweite Projektgruppe soll sich einmal in der Woche treffen und Zukunftsvisionen des Geschäftes entwickeln. Zu dieser Gruppe gehören die beiden Abteilungsleiter und Sie als Geschäftsführer. Das Mittagessen wird gemeinsam eingenommen. Weiter ist einmal pro Monat ein Betriebsausflug geplant, bei dem das gesamte Personal gruppendynamische Übungen durchführt. Nachdem Sie mit Ihren Abteilungsleitern die Organisation abgesprochen haben, eröffnen Sie das Geschäft.
Nach drei Monaten ziehen Sie ein erstes Resümee über die Organisation Ihres Geschäftes: (a) In den beiden Arbeitsbereichen haben sich informelle Gruppenstrukturen entwickelt, die Vor- aber auch Nachteile mit sich bringen. Als großen Vorteil sehen Sie das gemeinsame Ziel der Arbeitsgruppen, das die Mitarbeiter dazu bringt, sich gegenseitig zu unterstützen. Ihr gutes Beispiel, in Krisensituationen auf die Position des Chefs zu verzichten und einzuspringen, wo Hilfe benötigt wird, wird von Ihren Abteilungsleitern übernommen. Sie haben sogar schon beobachtet, wie die Leiterin des Verkaufs den Wischmopp zur Hand genommen hat, als der

Lehrling sich an der Hand verletzt hatte und der Verkäufer im Stress war. Außerdem gibt es eine Vorstellung über eine faire Tagesleistung, die als Regulativ wirkt. Als beispielsweise die Verkaufsgruppe bemerkte, dass der Lehrling den Einkauf der Milchprodukte oft mit einem Rendezvous mit seiner Freundin verband, stellten sie ihn zur Rede, und seitdem passieren die Einkäufe viel schneller. Damit müssen Sie als Geschäftsführer weniger kontrollieren und Ihnen bleibt mehr Zeit für die strategische Planung des Geschäftes. Die informellen Gruppenstrukturen zeigen aber auch unerwünschte Folgen: So fordert der Konditor in der Produktionsgruppe einen höheren Status, da seine Arbeit anspruchsvoller und aufwendiger ist. Dieser Anspruch wird allerdings von den Bäckern nicht akzeptiert und dadurch entstehen zwischenmenschliche Konflikte: Beispielsweise streiten die beiden Lehrlinge, weil der Konditorlehrling nicht putzen will. Das verordnete Beisammensein am Mittagstisch verstärkt eher die Konflikte, als sie zu lösen. In der Zwischenzeit sitzen die Konditoren auf der einen Seite des Tisches, in der Mitte die Verkaufsgruppe und möglichst weit entfernt die Bäcker. Auch die gruppendynamischen Übungen haben wenig gelöst. Bei einem Outdoor-Training hat der Bäckergeselle aus Unachtsamkeit den Konditorgesellen fallen gelassen. Seitdem ist das zwischenmenschliche Klima noch schlechter, auch nachdem sich der Bäckergeselle entschuldigte und beteuerte, dass es ein Unfall war. (b) Die kreisrunde Anordnung der Tische und Backöfen macht ein gegenseitiges Lernen möglich. So haben die anderen Mitglieder der Arbeitsgruppe von einem Gesellen die Herstellung von glutenfreiem Teig gelernt. (c) Die Gruppenbesprechungen bringen viel an Information. So ist es hilfreich, dass der Verkäufer innerhalb der Projektgruppe mit dem Ablauf der Produktion vertraut ist und damit die Außensicht in die Arbeitsgruppe einbringen kann. Als Nachteil gilt der enorme Zeitaufwand. Die Gruppenbesprechungen sind nicht immer effizient, es fehlt eine Moderation. Außerdem beschweren sich langsam die Familien Ihrer Mitarbeiter, dass diese einmal im Monat auch noch den Sonntag mit den Arbeitskollegen verbringen und zu Hause fehlen. (d) Sie bemerken, dass die Zufriedenheit der Kunden keine große Bedeutung für Ihr Unternehmen und Ihre Mitarbeiter hat. Initiativen für eine Verbesserung der Kundenbeziehung fehlen völlig.

Likerts partizipative Theorie emanzipiert die Mitarbeiter von rein ausführenden Maschinen zu mitentscheidenden Individuen. Seine Theorie wird noch heute unterrichtet, da sie gut aufzeigt, wie Gruppenstrukturen und überlappende Arbeitsgruppen die Kommunikation im Unternehmen verbessern können. Sein Anspruch, mit seiner Theorie ein Organisationskonzept entworfen zu haben, welches universell auf alle Arten von Organisation anzuwenden ist, wird aber als nicht gerechtfertigt (Weinert, 1998) und sogar naiv bezeichnet (Greenberg und Baron, 2000). Indem Likert Umweltfaktoren in seiner Theorie nicht berücksichtigt, entwickelte er ein Organisationsmodell, welches starr und unflexibel in einer sich ändernden Umwelt ist. Erst die Konzeption eines gegenüber der Umwelt offenen Organisationsystems ermöglicht die Anpassung der Organisation an Bedingungen, welche außerhalb der Organisation liegen.

3.3.2 Organisationen als „offene Systeme"

Die Organisation ist ein natürliches, in Interaktion mit der Umwelt stehendes System.

In den Theorien über offene Organisationssysteme wird die Organisation als natürliches System verstanden, welches mit der Umwelt und anderen Systemen wechselseitig interagiert. Das System besteht aus miteinander verbundenen Elementen, welche sich in einem Gleichgewicht befinden. Verändern sich Umweltbedingungen, oder gibt es Veränderungen innerhalb des Systems, reagieren die einzelnen Elemente und richten sich gemeinsam wieder aus. Damit ist das offene System gegenüber dem geschlossenen System wesentlich dynamischer und kann sich an veränderte Bedingungen anpassen.

Die Grenzen eines Systems, d.h. wo ein System aufhört und ein anderes beginnt, ist abhängig von der Perspektive der Betrachtung. Wird die Organisation als System definiert, stellen ihre Arbeitsgruppen Subsysteme dar, und die umgebende Umwelt das Suprasystem. Wenn die Arbeitsgruppe das definierte System ist, entspricht die umgebende Organisation dem Suprasystem und die einzelnen Mitglieder der Arbeitsgruppe werden als Subsysteme verstanden. Unabhängig von der Ebene – Supra- oder Subsystem – ist das System nur dann definiert, wenn bestimmt wurde, wer dem System angehört und wer nicht. Dementsprechend werden Systeme als offen beschrieben, weil sie in offenem Austausch mit der Umwelt stehen, und nicht weil sie permeable Grenzen besitzen.

Veen und Korver (1998) beschreiben vier wichtige Annahmen, die sich aus der Beschreibung der Organisation als System ergeben:

- Die Subsysteme einer Organisation sind voneinander abhängig und tragen gemeinsam zur Zielerreichung der Organisation bei. Im Austausch erhalten sie dafür von der Organisation Ressourcen und Beiträge („exchange model"; Veen und Korver, 1998, S. 14)

- Organisationen haben Bedürfnisse, welche ihren Zielen entsprechen müssen. Wenn Bedürfnisse und Ziele zu weit voneinander abweichen, ist die Überlebensfähigkeit der Organisation bedroht.
- Das Gesamte ist mehr als die Summe der individuellen Handlungen. Organisationen bestehen aus Personen, deren aggregiertes Verhalten die Organisation als Einheit ausmacht. Trotzdem kann die individuelle Analyse das System als Ganzheit nicht abdecken.
- Die Organisation als System ist selbst Teil eines übergeordneten Suprasystems. Der Austausch zwischen System und Suprasystem muss als Ziel haben, die Bedürfnisse beider Systeme zu befriedigen.

Aus der vierten Annahme ergibt sich, dass ein Gleichgewicht zwischen den Anforderungen der Umwelt und jener der Organisation gefunden werden soll. Dieses Gleichgewicht ist ein Kompromiss zwischen einer Anpassung der Organisation an die Umwelt (Adaptation) und der Anpassung der Umwelt an das System (Akkommodation). Wenn sich ausschließlich die Organisation an die Umwelt anpasst, fehlt die für das Überleben der Organisation notwendige Stabilität. Auf der anderen Seite ist eine strikte Anpassung der Umwelt an die Organisation auf Dauer nicht möglich. Zum Beispiel zeigt sich in der öffentlichen Verwaltung eine Abkehr von der Bürokratie als geschlossenes System, da dieses System nach Jahrzehnten der verpassten Anpassungen an die veränderten Umweltbedingungen den Anforderungen der Umwelt nicht mehr genügen kann.

Chester Barnard war einer der Ersten, der den Einfluss der Umweltbedingungen auf die Organisation in seiner Organisationstheorie integrierte.

3.3.2.1 Chester Barnards kooperative Systeme

Chester Barnard (Foto 8) war ein Praktiker, der in seinem Buch „The Functions of the Executive" (1938) Organisationen als gegenüber der Umwelt offene Systeme beschrieb. Nach Barnard (1938) sind Organisationen soziale Systeme, welche sich aus den Handlungen von zwei oder mehreren Personen zusammensetzen. Er bezeichnete Organisationen als kooperative Systeme, da für ihn Organisationen primär aus der Zusammenarbeit von Individuen ent- und bestehen (Zitat 11). Jeder Mitarbeiter bildet ein Element, welches mit anderen Elementen interagiert. Durch die wechselseitige Abhängigkeit kann nicht nur ein einzelnes Element verändert werden. Die Veränderung eines Elementes bewirkt eine Anpassung aller anderen Elemente. Vorstellbar als Holzstücke,

Organisationen sind soziale Systeme, die sich aus den Handlungen von zwei oder mehreren Personen zusammensetzen.

welche mit einer beweglichen Schraube an einem Holzbrett befestigt und untereinander mit Schnüren verbunden sind. Wenn ein einzelnes Holzstück bewegt wird, folgen auch die anderen Elemente.

Foto 8: Chester Barnard (1886–1961)

Zitat 11: Barnard zu dem sozialen Aspekt von Organisationen und seiner Sichtweise von kooperativen Systemen (1938, S. 94–95)

With all the thought that has been turned upon the unrest of the present day in the literature of social reform one finds practically no reference to formal organization as the concrete social process by which social action is largely accomplished. This concrete process is ignored almost completely, even as a factor in any social condition or situation. [...] To me, this failure of attention is like leaving a vital organ out of anatomy or its function out of physiology (S. 3).

A cooperative system is a complex of physical, biological, personal, and social components which are in a specific systematic relationship by reason of the cooperation of two or more persons for at least one definite end. Such a system is evidently a subordinate unit of larger systems from one point of view; and itself embraces subsidiary systems – physical, biological, etc. – from another point of view (S. 65).

Organization, simple or complex, is always an *impersonal system of coordinated human efforts*; always there is purpose of the coordinating and unifying principle; always there is the indispensable ability to communicate, always the necessity for personal willingness, and for effectiveness and efficiency in maintaining the integrity of purpose and the continuity of contributions.

Organisationen stehen in Verbindung mit anderen, externen Systemen.

Organisationen bilden nicht nur ein eigenes in sich geschlossenes System, sondern stehen auch in Verbindung mit anderen, externen Systemen. Die Zulieferung von Rohmaterial, die Beziehung zu den Investoren und der Verkauf an Kunden sind Beispiele von Beziehungen zwischen der Organisation als autonomes System und ihrer Umwelt. Die Organisation steht mit den externen Systemen in einer wechselseitigen Abhängigkeit: Wenn die Versorgung bzw. der Absatz der fertigen Produkte nicht gewährleistet ist, wird die Organisation nicht überleben können, unabhängig davon, ob sie effizient oder ineffizient produziert.

Barnard (1938) beschreibt Organisationen als natürliche Systeme, die im Gegensatz zu den rationalen Systemen das Erreichen der Organisationsziele nicht als einziges Ziel definieren. Das Überleben in einer sich ändernden Umwelt ist ein Grundbedürfnis, das erreicht wird, wenn entweder die Umwelt an die Organisation angepasst wird, oder die Organisation auf ändernde Umweltbedingungen reagiert. Die organisationalen Reaktionen auf veränderte Umweltfaktoren passieren nach Barnard (1938) eher spontan und sind schwer zu planen. Rationalität als einziges Gestaltungs- und Entscheidungskriterium kann seiner Meinung nach die Realität nicht abbilden.

Barnard (1938) wurde von den Arbeiten Max Webers und dessen Konzeption der bürokratischen Organisation beeinflusst. Im Gegensatz zu Weber weicht Barnards Sichtweise von Organisationen aber von einer mechanistischen Struktur ab. Der Mensch gewinnt an Bedeutung, weil das System aus menschlichen Elementen besteht. Auch die Funktionen des Managements sind nach Barnard dem Individuum und seinen Bedürfnissen anzupassen. Verstärkte und funktionierende Kooperation innerhalb der Organisation gilt als wichtigstes Ziel. Die Führungskraft soll daher kommunizieren und motivieren, ein gemeinsames Ziel zu entwickeln. Weiter sollen Führungskräfte die Umwelt beobachten und Anpassungen der Organisation an die wechselnde Umwelt einleiten.

Barnard übernimmt die Organisationsstruktur der klassischen Organisationstheorien, wobei er aber das Funktionieren der Organisation mehr von der informellen Organisation als von der formalen Struktur abhängig macht. Die Organisation muss dem Reifegrad ihrer Mitglieder angepasst sein. Gemäß seiner Erfahrung sind die untergebenen Mitarbeiter nicht bereit, Verantwortung zu übernehmen. Deshalb spricht sich Barnard (1938) für enge Kontrollspannen und hohe Hierarchie aus. Barnards Organisationstheorie lässt sich anhand der fünf Hauptdimensionen der Organisationsstruktur folgendermaßen beschreiben:

- *Hohe Hierarchie und starke Autorität*: Nach Barnard (1938) geht Autorität nicht von der Person aus, welche Autorität ausübt, sondern von der Person, welche die Autorität des anderen akzeptiert und die Aufträge ausführt. Organisationen können nur funktionieren, wenn die Autorität von Aufträgen eingehalten wird. Autorität wird akzeptiert, wenn die Aufträge den persönlichen Zielen nicht widersprechen und damit die Ausführung bzw. die Ablehnung des Auftrages für das Mitglied von geringer Bedeutung ist („zone of indifference“, Barnard, 1938, S. 169). Weiter wird Autorität in der Organisation aufrechterhalten, wenn für die einzelnen Mitglieder die Verbindung zur Organisation persönliche Vorteile bietet. Dieses persönliche Interesse hängt vorrangig von der informellen Organisation ab, oder wie Barnard (1938, S. 169) schreibt, von der, „organization opinion“, „feeling in the ranks“ and „group attitude“. Die informelle Organisation wird gestützt, wenn die Fiktion der Autorität der Führungskraft aufrechterhalten wird. Eine hohe Hierarchie und klare Linien der Autorität von oben nach unten entsprechen nach Barnard (1938) dem

Bedürfnis der Mitglieder, Verantwortung an die höher liegende, hierarchische Stufe abzugeben.

- *Hohe Spezialisierung der Arbeitsteilung*: Barnard tritt für eine hohe Spezialisierung der Arbeitstätigkeiten ein, wobei sich die Spezialisierung auf die organisationale Einheit und nicht auf das Individuum bezieht. Eine Einsicht in organisationale Ziele, die über die Funktion der Arbeitseinheit hinausgingen, wären wünschenswert, aber nicht notwendig.
- *Enge Kontrollspanne*: Barnard (1938) spricht von einer Kontrollspanne von maximal 15 Personen, da ab dieser Anzahl die zeitliche und kommunikative Kapazität der Führungskraft überschritten wird. In der Praxis der organisationalen Kooperation schränkt Barnard (1938) ein, wären noch kleinere Gruppen von fünf bis sechs Personen sinnvoll.
- *Klare Unterscheidung in beratende und entscheidende Positionen*: Je mehr Verantwortung und Autorität einer Position zugesprochen wird, umso genereller müssen die Fähigkeiten dieser Führungskraft sein. Um dennoch über das erforderliche Wissen zu verfügen, sollen der Führungskraft in der entscheidenden Linienposition beratende Positionen zugeordnet werden, welche das Sammeln und Bündeln von Informationen und die Aufrechterhaltung der Kommunikationswege zur Aufgabe haben.
- *Hohe Zentralisierung*: Barnards Organisationskonzept geht von zentralen Entscheidungsstrukturen aus, die hierarchisch von oben nach unten laufen.

Weinert (1998) beschreibt zwei Kritikpunkte, die gegen Barnards Konzept und generell gegen die offenen Organisationstheorien zu nennen sind: (a) die fehlende Planbarkeit von organisationalen Reaktionen, die aus der fehlenden Systemrationalität resultiert. Wenn Prozesse nicht nach den Kriterien der Vernunft ablaufen, sind sie nicht steuerbar und damit nicht vorhersehbar. (b) Barnards Theorie ist sehr komplex und wirkt, auch wenn sie intuitiv verständlich ist, abstrakt und schwer umsetzbar. Deshalb ist sie auch schwer test- und prüfbar.

3.3.2.2 Katz und Kahns Organisationsmodell als offenes, soziales System

Robert Kahn (Foto 9) wurde 1918 in Detroit, Daniel Katz 1903 in Trenton geboren. Beide studierten Psychologie und trafen an der Universität von Michigan aufeinander. Katz gilt als Gründer der offenen Systemtheorie. Sein Bestreben, Individualpsychologie und das Studium von sozialen Systemen zu integrieren, führte zur Entwicklung seines Verständnisses von Organisationen. Für Katz und Kahn waren Likerts und McGregors Theorien der Organisation zu sehr auf das Individuum ausgerichtet, während die Organisationssoziologie dafür den Arbeiter als Individuum völlig außer Acht ließ und ausschließlich die Organisationsstruktur analysierte (Holling und Müller, 1993). Katz und Kahn hatten deshalb zum Ziel, sowohl mikro- als auch makroanalytische Ansätze der Organisation in ihrem Konzept zu integrieren. Individuelle Arbeitnehmer sind mit der Organisation verbunden, indem sie Rollen innerhalb des Systems übernehmen. Als Kernthemen gelten die Fragen nach Effektivität der Organisation und nach den Merkmalen des Rollensystems (Holling und Müller, 1993).

Foto 9: Robert L. Kahn (*1918)

In Organisationen werden Rohstoffe und Arbeitskraft („input") in ein Produkt („output") umgewandelt.

Gemäß Katz und Kahn (1966) entstehen Organisationen im Spannungsfeld zwischen den Voraussetzungen ihres technischen Produktionsprozesses und den Anforderungen der Umwelt. Sie dienen der Transformation von Energie, indem Rohmaterialien und Arbeitskraft („input") zu einem Produkt („output") umgewandelt werden (Holling und Müller, 1993). Demnach werden Organisationen davon bestimmt, was von außen an sie herangetragen wird, von dem was innerhalb der Organisation geschieht („throughput") und von den Beziehungen zwischen Organisation und Umwelt (Weinert, 1998).

Organisationen entwickeln sich aus einfachen Strukturen zu komplexen sozialen Systemen und durchlaufen dabei vier Stadien (Hatch, 1997): In der ersten Stufe, auch als einfache Organisation („primitive organization", Hatch, 1997, S. 177) bezeichnet, steht die Herstellung des Produktes im Mittelpunkt des Interesses. Individuen finden zusammen, um ein neues Produkt bzw. eine neue Dienstleistung am Markt anzubieten. Die technischen Produktionsaufgaben stellen die Basis der Zusammenarbeit und werden im *technischen beziehungsweise produktiven System* ausgeführt. In der zweiten Stufe der Organisationsentwicklung spezialisieren sich Organisationsmitglieder in der Entwicklung der *unterstützenden Systeme*: Die Zulieferung von Rohmaterialien und der Absatz des Produktes wird verstärkt gefördert. Die Organisation erfüllt bereits drei Funktionen: den Einkauf der Rohmaterialien, die Produktion des Endproduktes und den Verkauf des Produktes am Markt. Im dritten Stadium wird die interne Organisation dieser drei Bereiche optimiert und abgestimmt (*Management-System*). Weiter wird in *aufrechterhaltende Systeme* der Organisation investiert: Personalabteilungen, Buchhaltung und Abteilungen, welche öffentliche Beziehungen fördern, werden eingerichtet. Da die Umwelt, in der die Organisation eingebettet ist, dynamisch ist, werden im vierten Stadium der Organisationsentwicklung *adaptive Systeme* entwickelt, welche zur Aufgabe haben, die Umwelt zu beobachten und die Anpassung der Organisation an sich ändernde Umweltbedingungen einzuleiten (z. B. Marktforschungsabteilung). Die beschriebenen vier Systeme können in einer Organisation integriert sein, oder für sich selbst eine eigene Organisation bilden (z. B. Consulting-Firmen, welche als aufrechterhaltende oder adaptive Systeme ihre Leistungen anbieten).

Als Arbeitnehmer übernimmt das Individuum eine arbeitsbezogene Rolle, über die es mit der Organisation als System verbunden ist (Zitat 12). Unter Rolle versteht Robbins (2001) spezifische Verhaltensmuster, welche einer Person zugesprochen werden, die eine bestimmte Position im Unternehmen einnimmt. Rollen gehen auf das Postulat der Aufgabe zurück und sind im Organisationsablauf rein funktionell bestimmt. Allerdings werden sie von Personen ausgefüllt und werden deshalb auch subjektiv interpretiert und verstanden. So kann dieselbe Rolle von unterschiedlichen Personen unterschiedlich ausgefüllt werden. Beispielsweise kann eine Führungskraft ihre Position als Möglichkeit, Macht und Kontrolle auszuüben, verstehen, während eine andere in der gleichen Position und im selben Unternehmen ihre Rolle als Förderer ihrer Mitarbeiter versteht. Das Konzept der Rolle wird zusätzlich komplex, da einzelne Personen nicht nur *eine* Rolle übernehmen, sondern in verschiedenen Systemen und Gruppen spezifische Rollen innehaben können: Beispielsweise kann eine Führungskraft am Abend Mutter und Ernährerin ihrer Familie, für ihre Mutter immer noch die Tochter, für ihre Freunde die hitzköpfige Rebellin und in einer ruhigen Stunde der spirituelle Freizeitmensch, der Entspannung sucht, sein.

Eine Rolle ist ein spezifisches Verhaltensmuster einer Person, die eine bestimmte Position im Unternehmen einnimmt.

Zitat 12: Katz und Kahns Sichtweise des Rollensystems (1966, S. 37–38)
Roles describe specific forms of behavior associated with given tasks; they develop originally from task requirements. In their pure or organizational form, roles are standardized patterns of behavior required of all persons playing a part in a given functional relationship, regardless of personal wishes or interpersonal obligations irrelevant to the functional relationship. [...] People are tied together because of the functional interdependency of the roles they play; for example, the worker in the production line depends on the appropriate activity of the man feeding him materials and in turn must add his contribution as the product moves to the next worker. Because the requirements of different roles are interrelated, people who perform them are bound together and, as a result, the organization achieves a degree of integration.

Katz und Kahn (1966) beschreiben folgende Probleme, welche mit dem Konzept der Rolle verbunden sind:

- In der organisationalen Rolle können nur Teile der Persönlichkeit des Arbeiters integriert sein („partial inclusion", S. 50). Die Übernahme einer organisationalen Rolle bedeutet teilweise die Aufgabe der eigenen Persönlichkeit und Identität. Nicht mehr das ganze Spektrum der eigenen Persönlichkeit kann in die Organisation eingebracht werden, sondern nur ein bestimmter Teil, welcher mit der Rolle konform geht (Zitat 13). Organisationen müssen sich deshalb bewusst sein, dass ihre Mitglieder nur temporär die berufliche Rolle übernehmen und Entscheidungen für sich treffen müssen, ab wann welche Rolle von ihnen verlangt wird und welche Konsequenz die Rollenübernahme für ihr Verhalten hat („boundary problem", S. 51).
- Die organisationale Definition der einzelnen, positionsspezifischen Rollen ist nicht notwendigerweise ident mit dem Verständnis der Rolle des Rollenträgers. Organisationen übertragen an Individuen Rollen und vermitteln „do's" und „don'ts", welche mit der Rolle verknüpft sind („gesendete Rolle"). Nicht nur Vorgesetzte, sondern auch Gleichgestellte wirken als Sozialisationsträger und geben Informationen über die Rolle weiter. Die Information wird vom Rolleninhaber wahrgenommen und subjektiv interpretiert, wobei individuelle Werte und Ansprüche an die eigene Arbeitsleistung das Bild der eigenen Rolle beeinflussen. Die „angenommene Rolle" wirkt sich auf die Arbeitsmotivation und das Verhalten des Rolleninhabers aus. Das theoretische Modell der Rollenübernahme ist in Abbildung 3 dargestellt.
- Die Übernahme von Rollen kann zu komplexen Verhaltenserwartungen führen. Komplexität entsteht, wenn entweder eine Rolle mehrere Aktivitäten umfasst, oder ein Job mehrere Rollen, oder wenn eine Person mehrere Jobs innehat.
- Je komplexer die Rollenerwartungen sind, umso leichter können Rollenkonflikte entstehen. Katz und Kahn (1966) unterscheiden Intra-Sender-, Inter-Sender-, Inter-Rolle- und Person-Rolle-Konflikte. Rollenkonflikte existieren, wenn die Anforderungen aus der Rolle persönlichen Werten widersprechen („intrasender", S. 184), wenn von mehreren außenstehenden Personen konfliktierende Erwartungen an den Rollenträger gestellt werden („intersender", S. 184), oder wenn aus mehreren Rollen verschiedene, sich widersprechende Anforderungen an eine Person gerichtet werden („interrole", S. 184). Person-Rolle-Konflikte entstehen, wenn die Anforderungen einer Rolle den Rolleninhaber in seinen Fähigkeiten überfordern. Rollenkonflikte zwingen die Person, eine Auswahl

aus mehreren Handlungsalternativen zu treffen. Die Auswahl kann schwierig sein und damit Ressourcen binden, andererseits bedeutet Wahlmöglichkeit auch eine Erhöhung von Freiheitsgraden und damit eine Möglichkeit zur individuellen Weiterentwicklung.

Zitat 13: Rollen führen zu einer Einschränkung der Verhaltensvariabilität (Katz und Kahn, 1966, S. 199–200)
The Reduction of Human Variability. The general success of organizations in achieving this reduction is available to the most superficial observer. Within an organization members behave in ways which they would not do outside the organization. They may wear uniforms or costumes which they would not otherwise wear. They are likely to adopt certain styles and formalities in interpersonal relations which are not elsewhere in evidence. Above all, their behavior in organizations shows a selectivity, a restrictiveness, and a persistence which is not to be observed in the same persons when outside the organization. The most elementary examples of behavior can serve to illustrate this point: Consider the regularity in the time of arrivals and departures of employees of a company, the synchronization of their pauses for rests or coffee breaks, and the persistence of behavioral cycles which is especially observable among semiskilled or unskilled industrial employees.

Abb. 3: Theoretisches Modell der Rollenübernahme (Katz und Kahn, 1966, S. 187)

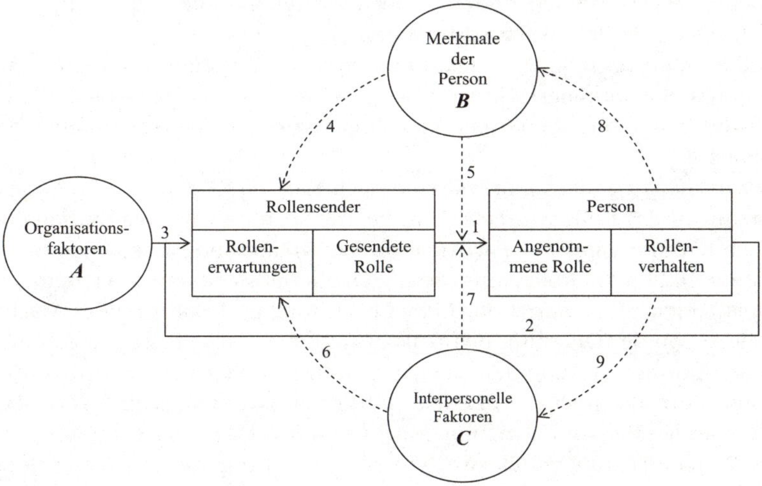

Humanressourcen werden optimal genutzt, wenn die Rollenerwartungen an den Einzelnen klar definiert sind, und wenn die Motivation der Mitarbeiter auf intrinsischen Faktoren beruht (Holling und Müller, 1993). Drei unterschiedliche Maßnahmen sollen über die Klärung der Rollenerwartungen die Leistungsfähigkeit der Mitarbeiter steigern: (a) soll der Eintritt und Verbleib der Arbeiter im Unternehmen optimiert werden (Sozialisierung), (b) sollen Rollenerwartungen vermittelt und damit die Ausführung der Rolle im Sinne des Unternehmens optimiert werden und (c) sollen spontane und innovative Verhaltensweisen gefördert werden. Intrinsische Motivation im Gegensatz zu der erzwungenen Ausübung der Arbeit und der extrinsischen Motivation führt zu hoher Arbeitsleistung und steigert damit die Effektivität des Unternehmens.

Wäre die Organisation ein statisches System, müssten lediglich die Rollen hinsichtlich der Aufgabenerledigung optimal entwickelt werden, und die Ansprüche und Vorschriften der einzelnen Rollen an die Rolleninhaber kommuniziert werden. Dann könnte die Organisation wie ein System, welches nach einem Initialimpuls anläuft, ohne Korrekturen weiterlaufen. Allerdings sind Organisationen dynamische Systeme. Menschen sind keine Roboter, sondern Personen mit inter- und intraindividuellen Unterschieden. Sie übernehmen mehrere Rollen, die sie in ihre Persönlichkeit integrieren und deren Abgrenzung nicht immer möglich ist. Auch die Umwelt, welche die Organisation umgibt, steht nicht still. Anpassungen an geänderte Umweltbedingungen müssen deshalb von der Organisation initiiert, und die Einhaltung der Rollen überwacht werden.

Wie können nach Katz und Kahns (1966) Organisationstheorie offene, soziale Systeme optimal strukturiert werden? Ihr Organisationskonzept lässt sich anhand der fünf Merkmale von Organisationen folgendermaßen beschreiben:

- *Arbeitsteilung und Spezialisierung* sind nach Katz und Kahn (1966) Voraussetzungen des Rollensystems. Um die Transparenz von organisationalen Abläufen und damit die Partizipation der Organisationsmitglieder zu erhöhen, sollten die Rollenanforderungen allerdings erweitert werden.
- *Autorität und Hierarchie*: Autorität ist nach Katz und Kahn (1966) Macht, welche von der Organisationsstruktur und dem Rollensystem legitimiert wird. Autorität funktioniert aber nur, wenn sie von den Organisationsmitgliedern akzeptiert wird. Dabei ist Konsens zwar wünschenswert, aber nicht immer die Voraussetzung. Macht und Autorität wird eingesetzt, um die Rollenerfüllung zu überwachen. Mit jeder Rolle werden Vorschriften und Erwartungen an den Rollenträger gerichtet; Regeln und Gesetze, welche sanktioniert werden müssen. In Hierarchien erfolgt die Überwachung der Regeln durch den direkten Vorgesetzten. Katz und Kahn (1966) sehen die Stärke von Hierarchien in ihrer Effizienz. Besonders in wenig dynamischen Umwelten, wenn keine kreativen Tätigkeiten gefor-

dert sind und wenn schnell Entscheidungen getroffen werden müssen, sind Hierarchien demokratischen Strukturen überlegen. In einem dynamischen Umfeld sollten hingegen demokratische Entscheidungsprozesse gefördert werden, bei denen die Autorität mehr in Richtung Gleichgestellter umverteilt wird. In demokratischen Strukturen wird das menschliche Potential besser genutzt; organisationale Ziele sind den Organisationsmitgliedern bekannt, kreative und innovative Lösungen werden gefördert, ebenso wie intrinsische Motivation.

- *Weite Kontrollspannen*: Kontrollspannen sollten vergrößert werden, indem Jobs mit gleichen Ansprüchen und Funktionen unter einem Vorgesetzten zusammengefasst werden. Wenn der hierarchisch übergeordnete Vorgesetzte weniger Kontrolle über das Individuum ausübt, sollen in das entstehende Vakuum Autoritätssysteme eingeführt werden, welche von den Gleichgestellten getragen werden. Katz und Kahn (1966) erwähnen zwei Autoritätssysteme, wie das Buddy-System (S. 208) und das Autoritätssystem in Großfamilien. Das Buddy-System beruht darauf, dass zwei Gleichgestellte zu Paaren zusammengefasst werden, die jeweils für die Rollenerfüllung des Partners verantwortlich sind. Bei einer Regelverletzung kann ein Vorgesetzter verständigt werden. Das Buddy-System besteht demnach aus symmetrischen und reziproken Beziehungen. In Großfamilien hingegen wird zur Entlastung der Eltern oft ein Autoritätssystem eingeführt, welches asymmetrisch, nicht reziprok und nicht transitiv ist: Kinder müssen auf die nächstjüngeren Geschwister aufpassen. So ist z. B. der Älteste für die Zweitälteste verantwortlich, und die wiederum für den Drittgeborenen. Nicht-Transitivität bedeutet, dass der Älteste den Jüngsten nicht anweisen darf. Im Gegensatz zur Hierarchie wird in beiden beschriebenen Systemen Autorität von Gleichgestellten ausgeübt.
- *Dezentralisierung von Entscheidungen* kann in großen und komplexen Organisationen die Effektivität erhöhen, da in kleineren Einheiten besser und schneller auf geänderte Umweltbedingungen reagiert werden kann als in großen und die Koordination vereinfacht wird.
- Katz und Kahn (1966) gehen weniger auf die Unterscheidung in beratende und entscheidende Positionen ein, als auf die Unterscheidung zwischen *entscheidenden und ausführenden Organen* einer Organisation. Da in der organisationalen Praxis Entscheidungen meist schnell getroffen werden müssen, kann die Beratung mit den Mitarbeitern nur begrenzt erfolgen; Entscheidungen folgen deshalb eher erfolgreichen, früheren Entscheidungen, oder es werden Entscheidungen anderer Organisationen kopiert, welche dieselben oder ähnliche Probleme bereits entschieden und gelöst hatten. Probleme entdecken Katz und Kahn (1966) eher in

der Trennung zwischen entscheidenden und ausführenden Einheiten einer Organisation. Beide Einheiten allein würden fehleranfällige Entscheidungen treffen, da Personen in Entscheidungspositionen zu weit vom Produktionsprozess entfernt sind und Lösungen bevorzugen, welche theoretisch umsetzbar sind. Ausführende Personen hingegen wären zu nahe am Problem, um notwendige, tiefgreifende Änderungen zu erkennen und auch trotz möglicher praktischer Hindernisse durchzusetzen. Katz und Kahn (1966) schlagen deshalb vor, dass wichtige Entscheidungen, wie die Festlegung von organisationalen Zielen von Personen unterschiedlicher hierarchischer Ebenen zu treffen seien.

Katz und Kahns (1966) Organisationstheorie ist bedeutend für ihre genaue Analyse des Rollensystems innerhalb von Organisationen. Ihre Konzeption einer Organisationsstruktur spiegelt hingegen ihr teilweises Festhalten an bekannten Strukturen wider. Sie scheinen zu bezweifeln, dass Organisationsmitglieder ohne strikte Kontrolle – auch wenn sie von Gleichgestellten ausgeübt wird – ihre Rollen optimal ausführen. Überwachung und die Forderung nach standardisierten Ablaufprozessen würden eher zu den klassischen Organisationstheorien passen, welche von einem geschlossenen System ausgehen (Holling und Müller, 1993). In der Umsetzung war Likerts Theorie, die Katz und Kahn (1966) anfangs kritisieren, für ihre Zeit mutiger und innovativer.

3.3.2.3 Das soziotechnische System

Im Tavistock, England, entwickelten Forscher des Institute of Human Relations die soziotechnische Systemgestaltung (Trist und Bamforth, 1951; Rice, 1958; Emery, 1959; Emery und Trist, 1960; Emery und Thorsrud, 1969; Herbst, 1962; Fotos 10). Die sogenannte Tavistock-Gruppe ging davon aus, dass das technische und soziale System voneinander abhängen und sich gegenseitig beeinflussen. Sie kritisierten die Forscher der Human-Relations-Bewegung, welche sich in ihren Arbeiten ausschließlich auf das soziale Gefüge beschränkten und die technischen Ablaufprozesse der Organisation ignorierten.

> It has been fashionable of late, particularly in the "human relations" school, to assume that the actual job, its technology, and its mechanical and physical requirements are relatively unimportant compared to social and psychological situation of men at work (Drucker, 1952). In our earliest study of production systems in coal mining it became apparent that so close is the relationship between the various aspects that the social and the psychological can be understood only in terms of the detailed engineering facts and of the way the technological system as a whole behaves in the environment of the underground situation. (Emery und Trist, 1960, S. 285)

Für die Tavistock-Gruppe stellt das technische System einen Mediator zwischen In- und Output der Organisation dar. So werden Rohmaterialen als Input in die Organisation geliefert, mit Hilfe der technischen Systeme verarbeitet und gefertigt und als Output an weitere Firmen oder zum Endverbraucher weitergeleitet. Die Technik hat somit zwar eine passive und intermittierende Rolle, sollte aber nicht in ihrer Wichtigkeit unterschätzt werden, da sie das soziale Gefüge innerhalb der Organisation beeinflusst und auch der Anpassung der Organisation an veränderte Umweltbedingungen Grenzen setzt. Deshalb fordern sie eine gemeinsame Optimierung des technischen und sozialen Systems; bei Veränderungen müssten beide Systeme analysiert und aufeinander abgestimmt werden.

Das technische und das soziale System hängen voneinander ab und beeinflussen sich gegenseitig.

Fotos 10: Eric Trist (1909–1993) und Fred Emery (1925–1997)

Vergleichbar mit der Bedeutung der Hawthorne-Studien für die Human-Relations-Bewegung in der Textilindustrie, gehen die Annahmen der Tavistock-Gruppe auf Studien im englischen Kohlebergbau zurück (Trist und Bamforth, 1951). Die Wissenschaftler wurden als Berater engagiert, weil nach Einführung der sogenannten „long wall method of coalgetting“, einer teilmechanisierten Methode des Kohleabbaus, sich die Arbeitsmotivation unter den Bergwerksarbeitern verschlechterte, Fehlzeiten und Fluktuation zunahmen und sich Unfälle und Arbeitskonflikte vermehrten. In der „long wall method“ wurde die Arbeit in der Kohlenmine in einzelne Tagesschichten aufgeteilt, und diesen verschiedenen Schichten unterschiedliche Aufgaben zugewiesen. So musste beispielsweise in der ersten Schicht der Gang vergrößert und abgesichert werden, die zweite Schicht übernahm den Abbau der Kohle und die dritte Schicht den Abtransport der Kohle. Die neue Methode, geringschätzig als typische Ingenieurslösung bezeichnet (siehe Zitat 14) löste das „short wall“ System ab. Im „short wall“ System wurde einer Arbeitsgruppe die vollständige Bergbauarbeit übertragen. Die Gruppe selbst entschied über die Aufteilung ihrer Mitglieder auf die drei Schichten, arbeitete am selben Ort und teilte sich den Lohn zu gleichen Teilen.

Trist und Bamforth (1951) konnten aufzeigen, dass die negativen Konsequenzen auf die Arbeitsmoral nicht direkt auf das neue technische Ablaufmodell („long wall method"), sondern auf die Änderung des sozialen Systems zurückzuführen waren. Das neue System zerstörte das gegenseitige Vertrauen und das soziale Gefüge der Gruppe. Da die Arbeit im Bergbau gefährlich ist, begann jede Schicht zuerst die Sicherheitsvorkehrungen zu kontrollieren, da sie den Bergleuten der vorigen Schicht nicht vertrauten und befürchteten, dass diese nur versuchten, die eigenen Löhne zu maximieren, und ohne Rücksicht auf die kommende Schicht die Bergwerksstollen nicht gewissenhaft und dauerhaft absicherten (Zitat 14). Die ursprüngliche Selbstregulation der Arbeitsgruppe wurde durch das neue System zerstört.

Zitat 14: Unterschiedliche Methoden des Kohleabbaus (Cherns, 1989, S. 483; nach Ulich, 2001, S. 181)
Untertagearbeit ist wegen der Sensibilität und Unvorhersehbarkeit der Umgebung gefährlich. Das abzubauende Rohmaterial, der Kohleflöz, verhält sich unterschiedlich. Ständig sind unerwartete Schwierigkeiten zu bewältigen. Die existentiellen Gefährdungen ähneln durchaus den Bedingungen im Krieg. Wertvollste Stütze ist das Vertrauen in die Zuverlässigkeit der Kollegen, Gefährten oder „Kumpel" in der Arbeitsgruppe. Nach der alten Arbeitsmethode („Shortwall System") bestand die Arbeitsgruppe aus zwei bis sechs Bergleuten, die ihre Löhne untereinander im gleichen Verhältnis teilten. Sie arbeiteten in verschiedenen Schichten, aber immer am selben Ort und waren für die vollständige Bergbautätigkeit, bestehend aus Abbau, Beladen der Lore und Transport, verantwortlich. Nach der neuen, teilmechanisierten Arbeitsmethode („Longwall System"), eine typische Ingenieurslösung, wurde jeder Teil der Tätigkeit einer speziellen Schicht zugewiesen. Dadurch wurden nicht nur die Fertigkeiten der Bergleute eingeschränkt, sondern gleichzeitig wurde auch das soziale Unterstützungssystem, welches früher zur Verringerung des Angstniveaus beitrug, zerstückelt. Wenn man als Bergmann zu Arbeitsbeginn in den Schacht einfährt, muss man sich absolut auf die vorangehende Schicht verlassen können. Als die Bergleute in allen drei Schichten noch gemeinsam für die gewonnene Kohle bezahlt wurden, brauchten sie sich nicht darum zu kümmern, ob die letzte Schicht ihre Löhne auf Kosten der eigenen Sicherheit maximiert haben könnte. Nach der Umstellung tendierten aber nun die Bergleute dazu, die Arbeit der vorherigen Schicht vor Beginn der eigenen Arbeit erst einmal zu kontrollieren. Ausserdem gab es keine Loyalität mehr gegenüber der heterogenen Arbeitsgruppe. Wenn jemand fehlte, fehlte nur einer mehr am „Fliessband".

Inspiriert von diesen Erkenntnissen initiierten die Tavistock-Forscher ein vierjähriges Projekt in einem Kohlebergwerk, in dem sie die Auswirkungen der beiden unterschiedlichen Arbeitssysteme auf Leistung und Arbeitsmoral untersuchten. Als „conventional" System bezeichneten sie das „long wall" System, wo eine genaue Zuordnung von Arbeitskräften zu spezialisierten Arbeitsaufgaben erfolgte. Das traditionelle System („short wall" System), in dem die vollständige Arbeit einer teilautonomen Arbeitsgruppe übertragen wurde, nannten sie das „composite" System (Zitat 15). Innerhalb des vierjährigen Beobachtungszeitraumes zeigten sich klare Vorteile des „composite" Systems mit der teilautonomen Arbeitsgestaltung: Die Produktivität war um 25 Prozent höher und die Abwesenheitsraten lagen bei 8,2 Prozent im Vergleich zu 20 Prozent beim arbeitsteiligen System (Ulich, 2001).

> **Zitat 15:** Emery und Trists (1960, S. 285–286) Studie von der Organisation von Arbeiten unter Tag (Kohlenmine)
> The conventional system combines a complex formal structure with simple work roles: the composite system combines a simple formal structure with complex work roles. In the former the miner has a commitment to only a single part and enters into only a limited number of unvarying social relations that are sharply divided between those within his particular task group and those who are outside. With those "outside" he shares no sense of belongingness and he recognizes no responsibility to them for the consequences of his actions. In the composite system the miner has a commitment to the whole group task and consequently finds himself drawn into any task on the coal-face with any member of the total group. That two such contrasting social systems can effectively operate the same technology is clear enough evidence [...]. However, it is not a matter of indifference which form of organization is selected. As has already been stated, the technological system sets certain requirements of its social system, and the effectiveness of the total production system will depend upon the adequacy with which the social system is able to cope with these requirements. [...] In this case the composite systems consistently showed a superiority over the conventional in terms of production and costs.

Die Studien in den Kohlebergwerken und die Arbeiten der Tavistock-Gruppe gelten als Pionierarbeiten der soziotechnischen Theorien. Ausgehend von ihren Arbeiten folgte die Erweiterung der Theorie unter der Bezeichnung der „industriellen Demokratie" (Emery und Thorsrud, 1969). Dieser Abschnitt ist auch als klassische Soziotechnik bekannt (Van Eijnatten, 1998). Seit etwa 1970 wurde die soziotechnische Theorie ein weiteres Mal überarbeitet und um das partizipative Design erweitert (Emery und Emery, 1974). Ab diesem Zeitpunkt spricht Van Eijnatten (1998) von der modernen Soziotechnik.

Die klassische Soziotechnik wurde von dem norwegischen Programm der „industriellen Demokratie" geprägt, das von 1962 bis 1969 stattfand. Das Programm entstand in Zusammenarbeit mit den Gewerkschaften und der Regierung und bestand aus mehreren, aufeinander aufbauenden Feldexperimenten, in denen der Einfluss der Art der Arbeitsgestaltung auf die Arbeitsleistung untersucht wurde. Die Experimente waren nicht mehr begrenzt auf den Bergbau, sondern fanden auch in der metallverarbeitenden, Papier- und chemischen Industrie Norwegens statt (Van Eijnatten, 1998).

Als wichtigste Errungenschaft dieser Forschungsperiode gilt die genaue Analyse von Veränderungsprozessen. Vor einer technischen Veränderung wurde das soziotechnische System genauestens analysiert. Nach Implementierung der Veränderung wurden die Mitarbeiter angehalten, die sozialen Auswirkungen der Veränderung (Verstörungen oder „disturbance", Herbst, 1959) zu beobachten und aufzuzeichnen. Als Intervention wurden ihnen Wege aufgezeigt, mit diesen Verstörungen umzugehen und zu lernen, sie zu kontrollieren.

Die Ergebnisse der klassischen Soziotechnik waren eine Enttäuschung. Zwar konnten die Wirkprinzipien verschiedener Arten der Arbeitsgestaltung auf das soziale System in den Experimenten nachgewiesen werden, doch die Übertragung der Ergebnisse auf das gesamte Unternehmen scheiterte meist. Es hatten sich innerhalb des Unternehmens „experimentelle Gärten" (Van Eijnatten, 1998, S. 68) gebildet, die sich von dem restlichen organisationalen Gefüge unterschieden und damit Widerstand provozierten. In der weiteren Entwicklung zur modernen Soziotechnik wurde deshalb der Hauptschwerpunkt auf betriebliche Partizipation gelegt. In den sogenannten partizipativen Designs (Emery und Emery, 1974) wurde der Austausch zwischen dem Design-Team und der restlichen Organisation unterstützt. Weiter sollte der Betrieb selbst Personen in das Team wählen und es wurde Wert darauf gelegt, dass Mitarbeiter verschiedenster hierarchischer Stufen an diesem Design-Team teilnahmen.

Van Beinum (1990) beschreibt zusammenfassend neun Prinzipien, welche die soziotechnische Systemtheorie ausmachen:

- Wiederholung der Funktionen wird angestrebt im Gegensatz zu der Wiederholung der Arbeitstätigkeit. Arbeitsspezialisierung soll nur in einem minimalen Ausmaß stattfinden; Arbeitnehmer sollten dazu fähig sein, alle Arbeitsschritte, die zur Erledigung der an die Arbeitsgruppe übertragenen Aufgabe nötig sind, auszuführen.
- Interne Koordination und Kontrolle: Kleinen Einheiten wird die Koordination und Kontrolle übertragen und die Selbstregulation der Gruppe gefördert.
- Demokratie versus Autokratie: Die Partizipation der Arbeiter an Entscheidungsprozessen wird gefördert. Das Wort „Demokratie" wird nicht nur als Bezeichnung genutzt, sondern als Prinzip gelebt.
- Die gemeinsame Optimierung von abhängigen Aspekten und Systemen wird angestrebt, eine Fragmentierung wird abgelehnt.
- Die humane Arbeitskraft wird als Potential eines Unternehmens gewürdigt und nicht mehr nur als nützliche Erweiterung der Maschine beurteilt.

- Die Organisationsentwicklung soll den Rahmen der Organisation bestimmen, aber nicht mehr alles bis ins letzte Detail planen. „The idea is that designers need only to figure out the contours; the rest is filled in by the users according to their own insights and needs“ (Van Eijnatten, 1998, S. 63).
- Es wird angestrebt, komplexe Aufgaben in einer einfachen Organisation zu gestalten, anstatt einfache Aufgaben in einem komplexen System. Das bedeutet aber auch einen hohen Anspruch an die Fertigkeiten der Arbeiter.
- Der Fokus liegt auf der Gruppe, nicht auf dem Individuum.
- Vollständige Aufgaben sollen Interesse und die Bindung an die Arbeit erhöhen.

Wie aus den neun Punkten ersichtlich, können die fünf Hauptdimensionen der Organisationsstruktur folgendermaßen beschrieben werden:

- Eine *flache Hierarchie* wird angestrebt, mit wenig Überwachung und Kontrolle.
- *Arbeitsteilung* soll nur erfolgen, wenn unbedingt erforderlich.
- Die *Kontrollspanne* ist eher weit, da Kontrolle und Koordination der Arbeitsgruppe übertragen wird.
- Der Unterscheidung in *beratende und entscheidende Positionen* kommt geringe Bedeutung zu, da demokratisch entschieden wird und sich durch die gleiche Aufteilung der Aufgaben eher Generalisten als Experten entwickeln.
- Die soziotechnische Systemtheorie unterstützt *dezentrale Entscheidungen*.

Trotz der weitreichenden Bedeutung der Ergebnisse, wurden die Studien zum soziotechnischen System in der deutschsprachigen Arbeitspsychologie lange vernachlässigt (Ulich, 2001). Interessanterweise griffen auch die Unternehmer und die Gewerkschaften die Ideen der soziotechnischen Arbeitsgestaltung in den 1960ern nicht auf. Als Grund dafür nennt Ulich (2001) die fehlende Kontrollierbarkeit von teilautonomen Arbeitsgruppen. Erst in den 1980er Jahren konnten sich teilautonome Arbeitsgruppen als Wege der Arbeitsgestaltung in der Industrie etablieren (siehe Kirchler und Hölzl, 2002).

Die Annahmen eines soziotechnischen Systems sind für die heutige Arbeitsgestaltung von großer Bedeutung. So fordert Kahn (1993) in seinem Beitrag zu den bestimmenden Themen in der Erforschung von Organisationen („emergent themes in organizational research“, S. 385) eine Überarbeitung der soziotechnischen Systemgestaltung als zukunftsweisende Theorie. Er meint, dass die Annahme der gegenseitigen Abhängigkeit beider Systeme von großer Wichtigkeit für die organisationale Gestaltung wäre, kritisiert aber die einseitige Anpassung des sozialen Systems an die technischen Gegebenheiten. Für ihn wäre es zielführender, wenn Sozialpsychologen und Techniker *gemeinsam* technische Ablaufprozesse entwickeln würden, welche den psychologischen und sozialen Gesetzmäßigkeiten von Individuen und Gruppen entsprechen.

Im Beispiel 4 wurde versucht, die bereits bekannte, fiktive Bäckerei nach der soziotechnischen Systemtheorie zu organisieren.

Beispiel 4: Organisation einer Bäckerei nach der soziotechnischen Systemtheorie

Aufgabenstellung: Stellen Sie sich vor, Sie haben die Bäckermeisterprüfung gemacht und planen die Eröffnung einer Bäckerei in der Innenstadt Wiens. Vom Angebot her soll das Geschäft eher ein breites Sortiment anbieten (von Brot und Gebäck über Konditorwaren bis hin zu Milchprodukten). Über ein mittelgroßes Lokal verfügen Sie bereits, es besteht aus 80 Quadratmetern Verkaufsfläche mit zusätzlicher Fläche für die Backstube. Entwickeln Sie für das Geschäft eine organisatorische Struktur, welche der soziotechnischen Systemtheorie folgt.

Bevor Sie mit der organisationalen Detailplanung beginnen, bestimmen Sie die grundlegenden Rahmenbedingungen Ihres Geschäftes. Vorerst beschäftigen Sie sich mit dem technischen System. Sie bestimmen den Output, die Endprodukte, mit täglich drei verschiedenen Arten von Gebäck, drei Brotsorten und drei unterschiedlichen Torten. Der Input, der in der Organisation zum Output umgewandelt wird, besteht aus den Rohstoffen, wie Mehl, Eiern und Milch, die Sie von einem Großhändler beziehen. Das technische System Ihrer Bäckerei, besteht aus mehreren Maschinen, wobei es jeweils eine Maschine pro Gebäcksorte gibt, die vollautomatisch den Teig anrührt, das Backwerk formt und das Gebäck auch bäckt. Eine weitere Maschine dient zum Anrühren und Portionieren des Brotteiges. Die fertigen Brotlaibe müssen dann von Ihren Mitarbeitern in den Backofen geschoben werden. Die letzte Maschine, die Sie für Ihre Bäckerei erwerben, dient dem Verarbeiten der Rohstoffe zu Tortenteigen; die Torten müssen von Ihren Mitarbeitern in den Backofen geschoben und danach glasiert und verziert werden.

Ihr soziales System besteht aus neun Mitarbeitern und Ihnen selbst. Im Produktionsbereich Ihrer Bäckerei arbeiten ein Bäckermeister, der bereits zusätzlich Erfahrungen als Konditor sammeln konnte, jeweils ein Bäcker- und ein Konditorgeselle sowie zwei Bäcker- und ein Konditorlehrling. Der Verkauf wird von einem Einzelkaufmann geleitet, der von einem zusätzlichen Verkäufer und einem Lehrling unterstützt wird. Sie selbst übernehmen die wirtschaftliche Führung der Bäckerei. Sie unterteilen das technische System in zwei Arbeitsgruppen: Produktion und Verkauf. Die Produktionsgruppe ist für die Herstellung aller Ihrer Erzeugnisse zuständig. Die Arbeit wird innerhalb der Gruppe organisiert und selbständig ohne Ihre Kontrolle durchgeführt. Die Gruppenmitglieder entscheiden demokratisch, wie die Tätigkeiten durchgeführt werden sollen und wer dafür verantwortlich ist. Die Gruppe wird als Einheit gemäß ihrer erbrachten Leistungen bezahlt, wobei die Leiter einen höheren Anteil erhalten als die übrigen Mitarbeiter. Ähnlich ist die Verkaufsgruppe organisiert. Sie ist eigenständig für den Kundenkontakt verantwortlich und wird nach der Gruppenleistung bezahlt. Auch in dieser Gruppe werden Entscheidungen demokratisch getroffen und die Aufgaben selbständig organisiert. Mit dieser Struktur hat Ihr soziales System eine flache Hierarchie; Sie leiten das ganze Unternehmen, und Ihnen unterstehen die Gruppenleiter, der Bäckermeister und der Einzelhandelskaufmann, die wiederum für jeweils ihre Gruppen verantwortlich sind. Aufgrund der demokratisch getroffenen Entscheidungen und der geringen Kontrolle Ihrerseits, kann man von einem partizipativen Design sprechen, das Sie in Ihrem Unternehmen implementiert haben.

In den ersten Monaten nach der Geschäftseröffnung ziehen Sie ein Resümee über die Organisation Ihres Unternehmens: Sie entdecken drei Vorteile Ihrer Organisation: (a) Sowohl die Ergebnisse der Produktion als auch des Verkaufs übertreffen Ihre Erwartungen. Da die Gruppen in Abhängigkeit von ihrer Leistung bezahlt werden, bemühen sich alle Gruppenmitglieder die Gruppenleistung zu steigern. (b) Es herrscht ein ausgesprochen gutes Betriebsklima. Die Mitarbeiter empfinden sich als wichtige Mitglieder des Unternehmens. Vor allem die Selbstorganisation und das Treffen partizipativer Entscheidungen, scheinen sich sehr positiv auszuwirken. (c) Die Selbstorganisation hat dazu geführt, dass sich die Mitarbeiter gegenseitig viele Fertigkeiten beigebracht haben. So kann zum Beispiel auch der Konditorgeselle alle Gebäckbackmaschinen bedienen und der Bäckergeselle Torten glasieren und verzieren. Diese Erweiterung der Qualifikationen Ihrer Mitarbeiter kommt Ihnen vor allem in Urlaubszeiten und bei Krankenständen der Mitarbeiter zugute. Sie müssen in solchen Ausnahmesituationen keine zusätzlichen Arbeitskräfte einstellen, weil sich Ihre Mitarbeiter gegenseitig vertreten können.

Leider müssen Sie auch einige Schwachstellen Ihrer Organisation feststellen: (a) Um partizipative Entscheidungen zu treffen, müssen immer wieder Treffen einberufen werden. Sie besprechen sich daher mindestens einmal wöchentlich mit den Gruppenleitern, was die Gruppenleiter ebenfalls einmal wöchentlich mit ihrer jeweiligen Gruppe tun. Diese Treffen sind sehr zeitaufwendig, da demokratische Entscheidungen getroffen werden sollen, und vor jeder Entscheidung lange diskutiert wird. (b) Sie haben versucht, die Maschinen so gut wie möglich an Ihre Mitarbeiter anzupassen. Zum Beispiel haben Sie die Bedienungspulte der Gebäckbackmaschinen mit besonders auffälligen grünen und roten Lampen versehen lassen, damit die Handhabung so einfach wie möglich ist. Nach den ersten Wochen stellt sich heraus, dass ein Bäckerlehrling farbenblind ist und die Lampen daher nicht unterscheiden kann. Obwohl Sie gerne die Lampenfarben verändern würden, wäre ein Austausch zu kostspielig. (c) Dem Konditorlehrling passieren immer wieder Fehler. Sie führen diese Fehler auf eine Überforderung zurück, da der Lehrling in seinem ersten Lehrjahr bereits Aufgaben übernimmt, die gewöhnlich nur Konditormeister oder -gesellen durchführen. Auch wenn das Voneinanderlernen prinzipiell Vorteile zu haben scheint, zeigt sich hier doch auch ein erheblicher Nachteil.

Die soziotechnische Systemtheorie zeigt auf, dass die Organisation mit den technischen Abläufen und die individuelle Arbeitstätigkeit voneinander abhängen und sich gegenseitig beeinflussen. Damit scheint die Trennung in Arbeits- und Organisationspsychologie künstlich (Ulich, 2001). Aus diesem Grund spricht man heute meist nur mehr von der Arbeits- und Organisationspsychologie als gemeinsames Forschungsgebiet.

4 Zur Zeit des „self-actualizing man"

Leitfragen

- Welches sind die wichtigsten Eigenschaften des „self-actualizing man"?
- Wodurch unterscheidet sich der „self-actualizing man" vom „social man"?
- Was ist unter Bedürfnispyramide zu verstehen und welche Aussagen trifft Maslow?
- Was besagt die ERG-Theorie?
- Was bedeuten die zwei Faktoren der „Zwei-Faktoren-Theorie" nach Herzberg, Mausner und Snyderman?
- Was ist der Unterschied zwischen Theorie X und Theorie Y? Was bewirken die Theorien in der Mitarbeiterführung?
- Wodurch ist laut Argyris das Verhalten von Arbeitnehmern bestimmt?
- Wann erleben Arbeitnehmer „psychologischen Erfolg"?
- Wie laufen Entscheidungen nach der Theorie der „begrenzten Rationalität" ab?
- Was sind die zentralen Merkmale der Organisations-Theorie von March, Simon und Cyert?
- Was verstehen March, Simon und Cyert unter „side payments"?

Zwischen den späten 1950ern und 1970 setzte sich das Menschenbild des „self-actualizing man" durch, das in weiterer Folge Forschung und Anwendung bestimmte. Der Fokus der Aufmerksamkeit wanderte wieder von der Gruppe zum Individuum. Doch anders als zur Zeit des „homo oeconomicus" wird Menschen eine Vielfalt von Bedürfnissen zugeschrieben, welche in der Arbeit befriedigt werden sollten. Menschen haben Fähigkeiten, die sie auch am Arbeitsplatz nützen wollen, um sich selbst zu verwirklichen. Die Gestaltungskonzepte aus der Zeit des „scientific management" führten zu einer Entfremdung von der Arbeit, die darauf basierte, dass sinnentleerte Arbeitstätigkeiten zu verrichten waren, die Arbeitstätigen keine Möglichkeit boten, ihre Fähigkeiten einzusetzen und sich weiter zu entwickeln (Ulich, 2001). Die Organisation muss deshalb Tätigkeiten unter Bedingungen anbieten, die den Arbeitern ermöglichen, sich zu verwirklichen. Selbstverwirklichung und Autonomie wurden als wichtige Motivationsquellen der Arbeit erkannt.

Arbeitnehmer streben nach Selbstverwirklichung am Arbeitsplatz.

Weinert (1998, S. 561–562) fasst die wichtigsten Merkmale des Menschenbildes „self-actualizing man" in vier Punkten zusammen:

- Alle Arbeitnehmer, auch die am wenigsten gebildeten und am wenigsten qualifizierten, streben nach Selbstverwirklichung am Arbeitsplatz. Den Sinn der Arbeit zu erkennen, ist ein wesentliches Motiv, das allerdings erst dann erreicht werden kann, wenn niedere Bedürfnisse befriedigt sind.
- Menschen sind dazu fähig, sich am Arbeitsplatz weiterzuentwickeln und möchten als reife Mitarbeiter verstanden werden. Weiterentwicklung ist nur möglich, wenn autonome Entscheidungen getroffen werden können, die Chancen einer längerfristigen Entwicklung bestehen und Arbeitnehmer flexibel auf Veränderungen reagieren können und dürfen.
- Menschen sind primär intrinsisch motiviert, das heißt, sie wollen die Motivation zur Arbeit aus der Arbeitstätigkeit selbst beziehen und nicht aus externen Be- und Entlohnungssystemen. Externe Belohnung bewirkt eine eher passive Anpassung und behindert dadurch ihre Weiterentwicklung zu einem höheren Grad an Maturität (geistig-seelischer Reife- und Entwicklungsstand).
- Zwischen dem individuellen Streben nach Selbstverwirklichung und den organisationalen Zielen besteht nicht zwingend ein Konflikt oder Widerspruch. So werden Arbeitnehmer freiwillig versuchen, ihre Ziele innerhalb der Ziele der Organisation zu integrieren.

Mit der Änderung des Menschenbildes hin zu der Sichtweise eines nach Selbstverwirklichung strebenden Menschen veränderte sich auch der Anspruch an die Führungskräfte. Führungskräfte sollten nicht mehr primär ihre Untergebenen kontrollieren, sondern anregen, unterstützen und fördern. Diese Forderung ist nicht neu. Auch unter der Sichtweise des Menschen als „social man" ist eine Abkehr von rein überwachenden und kontrollierenden Aufgaben der Führungskraft gefordert worden. Allerdings verschiebt sich zur Zeit des „self-actualizing man" der Fokus auf das Individuum. Die Integration in einer funktionierenden Arbeitsgruppe und soziale Bedürfnisse werden als weniger wichtig erachtet als Möglichkeiten der Selbstverwirklichung.

Führungskräfte sollen für intrinsisch motivierende Arbeit sorgen.

Führungskräfte sollen durch ihren Führungsstil, durch die Arbeitsgestaltung und durch Organisationsstrukturen dazu beitragen, dass die Arbeit intrinsisch motivierend ist. Mit der Übertragung von Autonomie und vollständiger Aufgaben an die Mitarbeiter kann die intrinsische Motivation gestärkt werden. Vollständige Aufgaben bedeuten, dass Planung, Durchführung und Abschluss einer Tätigkeit an eine Person oder an eine Arbeitsgruppe übertragen werden. Arbeiter erleben dadurch ihre Tätigkeit als sinnhaft und identifizieren sich mit dem Arbeitsziel, dem Produkt. Damit wird die seit der Zeit des Taylorismus eingeführte strikte Arbeitsteilung und Zerstückelung der Arbeit in sinnentleerte, einfache Aktivitäten aufgehoben. Außerdem sollen Führungskräfte die Rolle eines Interviewers übernehmen, um herauszufinden, welche Arbeiten für den einzelnen Arbeitnehmer herausfordernd und befriedigend sind. Sie sollen als Mediatoren zwischen den Zielen der Organisation und denen der Arbeiter fungieren und als Katalysatoren für individuelle Arbeitsbedingungen sorgen, die Selbstverwirklichung ermöglichen (Schein, 1980).

Rein ökonomische und finanzielle Anreizsysteme verhindern intrinsische Motivation. Erlebt die Person ihre Arbeit als sinnvoll, kann sie autonom handeln, dann können auch Belastungen und Probleme dazu führen, dass die Arbeit selbst aufgewertet wird und damit die intrinsische Motivtation steigt. Extrinsische Motivation bietet eine Rechtfertigung für den Arbeitsaufwand; diese Rechtfertigung kann die Entstehung von intrinsischer Motivation hindern (Kirchler und Hölzl, 2002). Kohn (1993; nach Sprenger, 2002, S. 71) beschreibt den Widerspruch zwischen intrinsischer und extrinsischer Motivation in einer Geschichte anschaulich:

> Ein alter Mann wurde täglich von den Nachbarskindern gehänselt und beschimpft. Eines Tages griff er zu einer List. Er bot den Kindern eine Mark an, wenn sie am nächsten Tag wiederkämen und ihre Beschimpfungen wiederholten. Die Kinder kamen, ärgerten ihn und holten sich dafür eine Mark ab. Und wieder versprach der alte Mann: „Wenn ihr morgen wiederkommt, dann gebe ich euch 50 Pfennige." Und wieder kamen die Kinder und beschimpften ihn gegen Bezahlung. Als der alte Mann sie aufforderte, ihn auch am nächsten Tag, diesmal allerdings gegen 20 Pfennige zu ärgern, empörten sich die Kinder: Für so wenig Geld wollen sie ihn nicht beschimpfen. Von da an hatte der alte Mann seine Ruhe.

4.1 Humanisierung der Arbeit

Hohe Fluktuation, ein bemerkbarer Qualitätsverlust in der industriellen Fertigung und Streiks waren Kennzeichen einer tiefen Krise der Arbeitsmotivation (Herrick und Maccoby, 1975). 1973 zeigte eine Studie des amerikanischen Gesundheitsministeriums auf, dass dort, wo die tayloristische Arbeitsgestaltung noch nicht durch andere Gestaltungsmöglichkeiten ersetzt worden war, die Arbeiter unzufrieden waren und die Arbeit zu physischen und psychischen Beeinträchtigungen führte, welche auf Kosten der Volkswirtschaft gingen. „Simplified tasks for those who are not simple-minded, close supervision by those whose legitimacy rests only on a hierarchical structure, and jobs that have nothing but money to offer in an affluent age are simply rejected" (Work in America, 1973, S. 18; nach Ulich, 2001, S. 53).

Die Kritikpunkte an der Gestaltung der Arbeit bezogen sich auf die negativen Konsequenzen der tayloristischen Arbeitsteilung. Es scheint verwunderlich, dass zur Zeit des „self-actualizing man" in der Arbeits- und Organisationspsychologie Lösungsansätze für die Probleme aus der Zeit des „scientific management" entwickelt, aber die Erkenntnisse aus der Zeit des „social man" kaum beachtet wurden. Als Gründe dafür werden folgende Überlegungen zitiert:

Die fast zeitgleiche, eher parallele Entwicklung der Forschungsausrichtungen zum „social and self-actualizing man". So veröffentlichte Likert sein Organisationskonzept 1961, Herzberg und Mitarbeiter ihre Theorie zur Arbeitszufriedenheit im Jahr 1959. Die Erkenntnisse der Phase 3, der Zeit des „self-actualizing man", sind damit nicht als aufbauend auf den Aussagen der Phase 2, der Zeit des „social man", zu verstehen, sondern auch als Reaktion auf die Phase 1, den Taylorismus.

Weiter fehlte die konkrete Umsetzung der Ideen und Ansätze der Phase 2 in der Arbeitsgestaltung. Die Umsetzung der Forderung in Form von speziell gebogenen, kreisförmig konstruierten Fließbändern, die das Kommunizieren am Arbeitsplatz erleichtern sollten, griff zu kurz. Likerts Konzept von partizipativen Systemen und die soziotechnische Systemtheorie hätten bereits wichtige Schritte in der Bewältigung der Probleme der tayloristischen Arbeitsteilung bringen können, wurden aber von den Unternehmen (noch) nicht angenommen.

Ziel der Arbeitsorganisation ist eine positive Persönlichkeitsentwicklung der Mitarbeiter.

Als Antwort auf die beobachtbaren Probleme und die fehlende Arbeitsmotivation forderten die Vertreter des „self-actualizing man" eine verstärkte Humanisierung der Arbeit. Der Tätigkeitsspielraum nicht nur der Gruppe, sondern auch des Individuums sollte erhöht werden und eine positive Persönlichkeitsentwicklung und Weiterentwicklung sollten als Ziel auch des Unternehmens gelten. Der Forderung nach Humanisierung der Arbeit liegen die Motivationskonzepte von Maslow (1954), Herzberg, Mausner und Snyderman (1959) und Argyris (1964) zu Grunde. Auf Maslows und Herzbergs et al. Theorien der menschlichen Motivation wird in den folgenden Kapiteln näher eingegangen. Argyris Sichtweise von der Arbeitsmotivation wird in der Abhandlung über seine Organisationstheorie beschrieben.

4.1.1 Die Bedürfnispyramide von Abraham Maslow

Abraham Maslow (Foto 11) studierte Psychologie an der Universität von Wisconsin, USA. Später arbeitete er mit dem bekannten Behavioristen Edward Lee Thorndike zusammen und korrespondierte mit europäischen Größen der Psychoanalyse, wie Alfred Adler und Erich Fromm. Maslow verstand sich als einer der Begründer der humanistischen Psychologie. In seinen Beobachtungen von jungen Affen bemerkte er eine hierarchische Ordnung von Motiven; so ignorierten Affen jede andere Ablenkung und konzentrierten sich auf die Nahrung, wenn sie hungrig waren. Auch sexuelle Reize waren in diesem Moment für die hungrigen Affen unwichtig. Inspiriert von seinen Beobachtungen interviewte er an die zehn Personen, die er als mental gesund einschätzte, da er davon ausging, dass die Befriedigung aller Motivationsstufen bis hin zur Selbstverwirklichung mentale Gesundheit bewirke. Durch die Interviews in seiner Annahme über verschiedene Motivationsklassen bestärkt, entwickelte Maslow (1954) seine polythematische Theorie der Motivation. Damit stellt Maslows Arbeit einen Gegensatz zu Freuds früherer Annahme der monothematischen Motivation dar, mit der Libido als Haupttrieb des Menschen. In Maslows Theorie der menschlichen Motivation werden neben der Sexualität noch andere menschliche Bedürfnisse berücksichtigt.

Foto 11: Abraham Maslow (1908–1970)

Maslow (1954) unterschied fünf Klassen von Motiven, welche „die Struktur und Dynamik von menschlichen Antrieben erklären“ (Ulich, 2001, S. 45). Die fünf Bedürfnisklassen sind hierarchisch in Form einer Pyramide gegliedert (siehe Abbildung 4):

- Die physiologischen Bedürfnisse befinden sich auf der unterste Ebene der Pyramide. Zu diesen Motiven zählen die elementaren Bedürfnisse des Menschen, welche zur Aufrechterhaltung des menschlichen Organismus beitragen: Nahrung zur Befriedigung von Hunger und Durst, Schlaf beziehungsweise Aktivität als notwendige Dynamik des Aktivierungsniveaus und die Sexualität, die das Grundbedürfnis nach Fortpflanzung befriedigt, gehören zu den physiologischen Bedürfnissen (Zitat 16).

- Die Sicherheitsbedürfnisse bauen auf den physiologischen Bedürfnissen auf und umfassen das Bedürfnis nach Sicherheit, Struktur, Ordnung, Recht, Grenzziehung und Schutz beziehungsweise Angstfreiheit. Befragt man obdachlose Personen wird verständlich, dass diese Bedürfnisse den Wunsch nach einem Ort, der nur einem selbst gehört und nach Sicherheit vor dem Zugriff anderer Personen bedeuten, und dass diese Wünsche nach der Befriedigung der physiologischen Bedürfnisse ein Grundbedürfnis des Menschen darstellen. Auch für Personen, die keine direkte Bedrohung erleben, zeigen die Sicherheitsbedürfnisse Auswirkungen auf ihr Verhalten, beispielsweise im Wunsch, in Notfällen auf ein ausreichendes Sparkonto zurückgreifen zu können, eine sichere Arbeitsstelle zu haben, oder in der Inanspruchnahme von Versicherungen.
- Die sozialen Bedürfnisse stellen die dritte Stufe auf der Motivationspyramide dar und beschreiben das menschliche Bedürfnis nach Zuneigung und Zugehörigkeit zu Gruppen (Weinert, 1998).
- Die vierte Stufe nehmen Bedürfnisse nach Wertschätzung (auch Ich- oder Ego-Motive) ein: Erfolg, Selbstvertrauen und Kompetenz, aber auch von der Gruppe abhängige Bedürfnisse wie Macht, Status und Beachtung gehören zu dieser Kategorie von Bedürfnissen. Der Unterschied zwischen den sozialen und den Ich-Motiven lassen sich anhand Simmels (1986) Unterscheidung in Anpassung und Abhebung von sozialen Gruppen erklären. Menschen streben danach, bestimmten Gruppen anzugehören und sich an deren Normen anzupassen (z. B. durch Verhaltensweisen, Werte, Kleidung). Dieses soziale Bedürfnis steht im Spannungsfeld zu dem Bedürfnis nach Absonderung oder Abhebung von der sozialen Gruppe. Anerkennung innerhalb der Gruppe zu erzielen und sich als Individuum auch innerhalb der Gruppe sichtbar zu machen, entspringt dem Bedürfnis nach Abhebung. Beide Bedürfnisse (Anpassung und Abhebung) sind nur im Gruppenkontext verständlich, beschreiben aber zwei gegensätzliche Bestrebungen, die auch unter dem Aspekt der Entwicklung des sozialen Selbstbildes und des Selbstwertes gesehen werden können.
- Das Bedürfnis nach Selbstverwirklichung steht an der Spitze der Bedürfnispyramide. Zu ihm gehören das Bedürfnis nach Entfaltung, Selbstaktualisierung und Entwicklung des eigenen Potentials. Auch das Bedürfnis nach Transzendenz wird dieser Bedürfniskategorie zugeordnet.

Man unterscheidet fünf verschiedene voneinander abhängige Motivklassen von Defizit- und Wachstumsmotiven.

Die ersten vier Motivklassen sind Defizitmotive, das Bedürfnis nach Selbstverwirklichung beschreibt ein Wachstumsmotiv. Defizitmotiv bedeutet, dass das Bedürfnis erst dann aktiviert wird, wenn ein Mangel oder Defizit erkannt wird. So beginnt unser Magen zu knurren, wenn der Blutzuckerspiegel unter ein bestimmtes Niveau abfällt. Auch das Bedürfnis nach Macht wird uns erst dann bewusst, wenn wir beispielsweise in einer Gruppe ständig übergangen werden und unsere Wünsche nicht durchsetzen können. Defizitmotive sind befriedigt, wenn der Mangel aufgehoben wird. Das Bedürfnis nach Selbstverwirklichung hingegen beschreibt ein Wachstumsmotiv, das weder einem Mangel entspringt, noch jemals stillbar ist. Das Bedürfnis nach Selbstentfaltung wird sogar angeregt, wenn erste Schritte der Selbstverwirklichung getan wurden: Das Bedürfnis wächst, während es befriedigt wird.

Abb. 4: Maslows Bedürfnispyramide (1954)

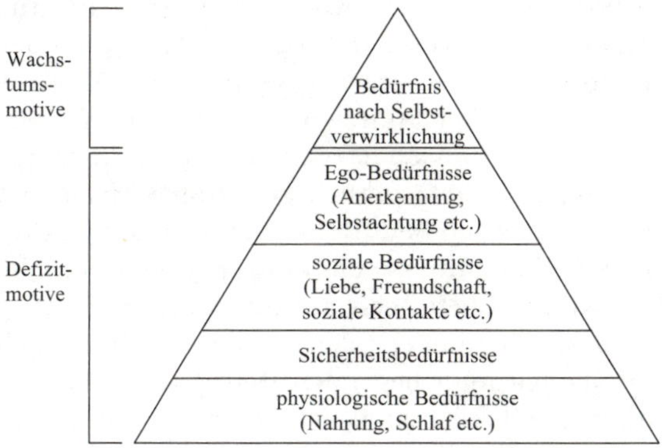

Zitat 16: Maslows (1970) Beschreibung der sozialen Bedürfnisse, Bedürfnisse der Wertschätzung und der Selbstverwirklichung

THE BELONGINGNESS AND LOVE NEEDS: [...] the person will feel keenly, as never before, the absence of friends, or a sweetheart, or a wife, or children. He will hunger for affectionate relations with people in general, namely, for a place in his group or family, and he will strive with great intensity to achieve this goal. He will want to attain such a place more than anything else in the world and may even forget that once, when he was hungry, he sneered at love as unreal or unnecessary or unimportant. Now he will feel sharply the pangs of loneliness, of ostracism, of rejection, of friendlessness, of rootlessness (S. 43).

> THE ESTEEM NEEDS: All people in our society (with a few pathological exceptions) have a need or desire for a stable, firmly based, usually high evaluation of themselves, for self-respect, or self-esteem, and for the esteem of others. These needs may therefore be classified into two subsidiary sets. These are, first, the desire for strength, for achievement, for adequacy, for mastery and competence, for confidence in the face of the world, and for independence and freedom. Second, we have what we may call the desire for reputation or prestige (defining it as respect or esteem from other people), status, fame and glory, dominance, recognition, attention, importance, dignity, or appreciation (S. 45).
> THE NEED FOR SELF-ACTUALIZATION: Even if all these needs are satisfied, we may still often (if not always) expect that a new discontent and restlessness will soon develop, unless the individual is doing what *he*, individually, is fitted for. A musician must make music, an artist must paint, a poet must write, if he is to be ultimately at peace with himself. [...] This need we may call self-actualization. [...] It refers to a man's desire for self-fulfillment, namely to the tendency for him to become actualized in what he is potentially. This tendency might be phrased as the desire to become more and more what one idiosyncratically is, to become everything that one is capable of becoming (S. 46).

Die Aktivierung von ranghöheren Bedürfnissen hängt davon ab, ob die rangniedrigen befriedigt sind.

Maslows (1954) Einbettung der Bedürfnisklassen in eine hierarchische strukturierte Pyramide drückt die Wertigkeit der Motive aus. Maslow (1954) ging davon aus, dass die Aktivierung von ranghöheren Bedürfnissen davon abhängt, ob die rangniedrigen befriedigt sind. Das heißt, dass die Sicherheitsbedürfnisse erst dann aktiviert werden, wenn die physiologischen Bedürfnisse befriedigt sind, dass nach der Befriedigung der Sicherheitsbedürfnisse die sozialen Motive verhaltenswirksam werden, und so weiter. Übertragen auf die Arbeit bedeutet Maslows Konzept, dass Selbstverwirklichung erst dann in der Arbeit möglich ist und aktiviert wird, wenn alle darunter liegenden Defizitmotive befriedigt sind. Maslows Ansatz kann deshalb erklären, dass materielle Entlohnungssysteme in Zeiten von Mangel ausreichende Motivation für die Arbeit darstellen. In Zeiten allerdings, in denen eine existentielle Bedrohung nicht mehr gegeben ist, streben Arbeiter nach höher liegenden Motiven, welche durch Geld allein nicht mehr befriedigt werden können.

Maslows (1954) Theorie ist noch heute in jedem Lehrbuch zur Arbeits- und Organisationspsychologie zu finden und gilt als Klassiker der Inhaltstheorien der Motivation (siehe Kirchler und Rodler, 2002). Mit der Bedürfnispyramide wurde die Aufmerksamkeit auf die Selbstverwirklichung gelegt, was weit reichende Diskussionen in Wirtschaftsbetrieben auslöste (Ulich, 2001). Trotz ihrer Bedeutung ist aus heutiger Sicht Maslows Theorie als universelle Theorie nicht empirisch belegt und haltbar. Weinert (1998) fasst sechs Kritikpunkte zusammen, welche gegen Maslows Theorie vorgebracht werden können:

- Ab welchem Zeitpunkt Personen aktivierte Bedürfnisse als befriedigt einschätzen, ist individuell unterschiedlich. Unterschiedliche Ansprüche lassen generelle Aussagen über menschliche Antriebe nicht zu.
- Die hierarchische Anordnung der Bedürfnisklassen entspricht nicht der Vielfalt der individuellen Wertigkeiten. So gibt es beispielsweise Personen, die auch in ihrer Arbeit nur nach Selbstverwirklichung streben und dabei völlig außer Acht lassen, ob rangniedere Bedürfnisse befriedigt sind, oder nicht. Von Vincent van Gogh erzählt man beispielsweise, dass er in seiner Arbeit so „aufging", dass er statt sich mit notwendigen Lebensmitteln auszustatten oft unverhältnismäßig teure Materialien für seine Kunst erwarb.
- Die Bedürfnisklassen sind nicht eindeutig voneinander trennbar, überlappen teilweise, und einzelne Bedürfnisse können mehreren Bedürfnisklassen zugeordnet werden. So können beispielsweise mit der Nahrungsaufnahme physiologische Bedürfnisse befriedigt werden, aber in netter Gesellschaft auch soziale Bedürfnisse.
- Bedürfnisse können substituiert werden, wenn sie nicht befriedigt werden. So zeigte sich (Weinert, 1998), dass Personen zu Gunsten größerer Arbeitssicherheit bereit waren, auf die Befriedigung ihrer sozialen und Machtbedürfnisse zu verzichten.
- Das Bestreben, einzelne Motive zu befriedigen, hängt von realen oder subjektiven Möglichkeiten ab, die entweder eine Befriedigung zulassen, oder nicht.
- Die Art der Bedürfnisse werden von der Berufsgruppe mit ihren spezifischen Werten, Zielen und Normen beeinflusst. So zeigte sich, dass ungelernte Arbeitskräfte eher physiologische und Sicherheitsmotive betonten, während für Angestellte im Dienstleistungsbereich eher soziale Motive als Anreize in ihrer Arbeit wichtig waren (Weinert, 1998).

Maslows (1954) Motivationstheorie wurde von Alderfer (1972) kritisiert und überarbeitet. Alderfer (1972) fasste die fünf Bedürfnisklassen zu drei zusammen. Das „existence" oder Daseins- und Existenzbedürfnis entspricht Maslows physiologischen und Sicherheitsbedürfnissen, das Bedürfnis nach „relatedness" (Beziehungsbedürfnis) fasst die sozialen Bedürfnisse und die Ich-Motive zusammen, und das Bedürfnis nach Selbsterfüllung bezeichnet Alderfer (1972) als „growth" Bedürfnis. Nimmt man die Anfangsbuchstaben aller drei Bedürfnisklassen zusammen, ergibt sich der Name sei-

Die ERG-Theorie unterscheidet zwischen „existence", „relatedness" und „growth" Bedürfnissen.

ner Theorie, die ERG-Theorie. Als zweite wichtige Änderung nimmt Alderfer (1972) nicht nur eine Wirkung von Motiven auf die nächsthöheren an, sondern beschreibt auch eine Auswirkung auf nächstniedrigere Bedürfnisse. Das heißt, wenn ein Bedürfnis befriedigt ist, wird das nächsthöhere aktiviert (was auch Maslows Annahmen entspricht), dass aber eine Nicht-Befriedigung eines Bedürfnisses die darunter oder auch die darüber liegenden aktivieren kann (was Maslows Annahmen widerspricht). Eine genaue Beschreibung Alderfers ERG-Theorie bietet Weinert (1998).

4.1.2 Die Zwei-Faktoren-Theorie von Herzberg, Mausner und Snyderman

Frederick Herzberg (Foto 12) studierte am City College New York und an der Universität von Pittsburgh und wirkte zuletzt an der Universität von Utah. Er formte den Begriff des „job enrichment". Zusammen mit seinen Kollegen Bernard Mausner und Barbara Snyderman entwickelte er 1959 die Zwei-Faktoren-Theorie der Motivation (im Englischen bekannt unter dem Namen „motivation-hygiene-theory", Robbins, 1996, S. 216). Ihre Theorie gehört noch heute trotz ihrer teilweisen Widerlegung und heftiger Kritik zu den populärsten Theorien der Arbeitsmotivation (Ulich, 2001).

Foto 12: Frederick Herzberg (1923–2000)

Herzberg, Mausner und Snyderman benutzten die Methode der Kritischen Ereignisse, die auf Flanagan (1954) zurückgeht. Dabei werden Personen nicht nach alltäglichen, sondern nach besonderen, eben kritischen Ereignissen befragt, die sich von den alltäglichen Erfahrungen abheben. Da es sich um „kritische" Ereignisse handelt, werden sie leichter erinnert und können auch noch nach einiger Zeit einigermaßen detailgetreu berichtet werden. Um den Inhalt der Arbeitsmotivation zu spezifizieren, befragten Herzberg, Mausner und Snyderman (1959) etwa 200 Personen nach Arbeitssituationen, in denen sie sich besonders gut gefühlt hatten und nach solchen, in denen sie sich besonders schlecht gefühlt hatten. Die befragten Personen mussten die Situationen möglichst genau beschreiben, unter anderem wurde angeführt, welche Personen anwesend waren, die Vorgeschichte und die Konsequenzen der Situation. Die beschriebenen Situationen wurden qualitativ ausgewertet, indem zwei unabhängige Rater die Merkmale der Situationen verschiedenen semantischen Kategorien zuordneten.

Die Ergebnisse machten deutlich, dass in den „guten" Situationen andere Aspekte aufgezählt werden, als in den „schlechten". Herzberg, Mausner und Snyderman (1959) schlossen daraus, dass zwei voneinander unabhängige Faktorenkategorien für Mitarbeiter in Arbeitsorganisationen wichtig sind:

- Hygienefaktoren (auch bekannt als „dissatisfiers", extrinsische Faktoren oder Kontextfaktoren), welche Unzufriedenheit der Arbeiter auslösen, wenn sie nicht erfüllt werden.
- Motivatoren (oder „satisfier", intrinsische Faktoren oder Kontentfaktoren), welche Zufriedenheit der Arbeitnehmer bewirken, wenn sie in der Arbeit gegeben sind (Zitat 17).

Es gibt zwei voneinander unabhängige Kategorien von Faktoren, die Unzufriedenheit beziehungsweise Zufriedenheit auslösen: Hygienefaktoren und Motivatoren.

Zu den Hygienefaktoren zählen Herzberg, Mausner und Snyderman (1959) Merkmale der Arbeit, die außerhalb der Person selbst liegen, wie Bezahlung, Arbeitsplatzsicherheit, Arbeitsbedingungen, Status, Reglementierungen und Verwaltungsprozesse der Organisation, Verhalten der Führungskräfte und die Qualität der zwischenmenschlichen Beziehungen am Arbeitsplatz. Die Motivatoren beschreiben hingegen Merkmale der Arbeitstätigkeit selbst und der Person, welche die Arbeit ausführt: Leistung, Anerkennung, Verantwortung, Beförderung, die Arbeit selbst, Möglichkeiten zur persönlichen Weiterentwicklung gelten als wichtige Beispiele für Motivationsfaktoren (Weinert, 1998, S. 149–150).

Zitat 17: Herzberg et al. (1959, S. 113–114) zu Hygienefaktoren und Motivatoren
Let us summarize briefly our answer to the question "What do people want from their jobs?" When our respondents reported feeling happy with their jobs, they most frequently described factors related to their tasks, to events that indicated to them that they were successful in the performance of their work, and to the possibility of personal growth. Conversely, when feelings of unhappiness were reported, they were not associated with the job itself but with the conditions that *surround* the doing of the job. These events suggest to the individual that the context in which he performs his work is unfair or disorganized and as such represents to him an unhealthy psychological work environment. Factors involved in these situations we call factors of *hygiene*, for they act in a manner analogous to the principles of medical hygiene. Hygiene operates to remove health hazards from the environment of man. It is not a curative; it is, rather, a preventive. [...] The factors that lead to positive job attitudes do so [lead to satisfaction] because they satisfy the individual's need for self-actualization in his work. [...] These effects on the individual can be conceptualized as actuating approach rather than avoidance behavior. Since it is in the approach sense that the term motivation is commonly used, we designate the job factors as the "motivators", as opposed to the extra-job factors, which we have labeled the factors of hygiene.

Herzberg, Mausner und Snyderman (1959) revidierten die traditionelle Sichtweise, dass Unzufriedenheit und Zufriedenheit zwei gegensätzliche Pole einer einzigen Dimension beschreiben. Für sie beschreiben Zufriedenheit und Unzufriedenheit zwei voneinander unabhängige Dimensionen mit den Ausprägungen „nicht zufrieden bis zufrieden" und „nicht unzufrieden bis unzufrieden". Damit sind im Extremfall folgende vier Gegebenheiten möglich: Personen können im Idealfall nicht unzufrieden sein und gleichzeitig hoch zufrieden (keine Unzufriedenheit und hohe Zufriedenheit), im unangenehmsten Fall aber auch angeben, dass sie unzufrieden und nicht zufrieden sind (hohe Unzufriedenheit und keine Zufriedenheit). Zusätzlich sind auch gemischte Ergebnisse möglich, wenn nur auf einer Skala die für die Person positive Ausprägung zutrifft, und auf der anderen Dimension die negativ bewertete (keine Unzufriedenheit und keine Zufriedenheit beziehungsweise hohe Unzufriedenheit und hohe Zufriedenheit).

Zufriedenheit und Unzufriedenheit sind keine gegensätzlichen Pole einer Dimension, sondern zwei voneinander unabhängige Dimensionen.

Herzberg und seine Kollegen (1959) stellten mit ihrer Zwei-Faktoren-Theorie fest, dass Hygienefaktoren nicht zu Zufriedenheit führen, allenfalls zu Nicht-Unzufriedenheit; umgekehrt führen Motivatoren zu Zufriedenheit und im Falle des Fehlens zu Nicht-Zufriedenheit, aber nicht zu Unzufriedenheit. Sie fordern, wie viele Experten vorher auch, dass Hygienefaktoren optimiert werden. Sie forderen als Konsequenz ihrer theoretischen Erkenntnisse aber auch die „psychologische Anreicherung" von Arbeitstätigkeiten, welche als „job enrichment" bezeichnet wird und Garant für die Zufriedenheit der Mitarbeiter sein kann.

„Job enrichment" gilt neben Jobrotation und „job enlargement" als dritter Weg, Arbeitstätigkeiten nach psychologischen Erkenntnissen zu gestalten (Kirchler und Hölzl, 2002). „Job enrichment" bedeutet, dass Arbeitstätigkeiten mit Motivatoren angereichert werden. Den Arbeitstätigen werden Kontrolle und Autonomie in ihrem Arbeitsbereich übertragen. Leistung und Zufriedenheit der Arbeiter sollten durch eine Anreicherung der Arbeit gefördert werden. Herzberg (1968) gilt trotz der Tatsache, dass „job enrichment" als Arbeitsgestaltungskonzept schon vor ihm praktiziert wurde, deshalb als Vater des „job enrichment", weil die Zwei-Faktoren-Theorie eine theoretische Erklärung der Wirkung von Autonomie auf die Arbeitsmotivation anbietet.

Herzbergs et al. (1959) Zwei-Faktoren-Theorie wurde vielfach diskutiert und kritisiert, wobei konzeptionelle und methodische Schwachpunkte angeführt wurden. Robbins (2001) fasst die wesentliche Kritik in sechs Punkten zusammen:

- Herzbergs et al. (1959) Ergebnisse hängen von der verwendeten Methode der Kritischen Ereignisse (Flanagan, 1954) ab. Die Untersuchungsmethode ist von fragwürdiger Validität. Mechanismen zum Schutz des Selbstwertes (Ich-Abwehr-Mechanismen) könnten die Zwei-Faktoren-Theorie bedingen: Es ist leichter, die Ursachen der Unzufriedenheit anderen in die Schuhe zu schieben als sich selbst, und die Gründe für Zufriedenheit bei sich selbst zu suchen.
- Auch die Reliabilität der verwendeten Methode erscheint fraglich. Die Auswertungskategorien der kritischen Ereignisse überlappen, und die Zuordnung von Faktoren in die Kategorien der Motivatoren und Hygienefaktoren ist oft willkürlich.
- Herzberg et al. (1959) beschrieben ihre Theorie als Theorie der Arbeitsmotivation. Dabei fragten sie die Untersuchungsteilnehmer nach Situationen, in denen es ihnen gut beziehungsweise schlecht ging. Damit können Aussagen über Arbeitszufriedenheit gewonnen werden, weniger über die menschliche Motivation.
- Eine generelle Erhebung der Arbeitszufriedenheit fand nicht statt. Die Bewertung der Arbeit erfolgte getrennt nach bestimmten Teilaspekten der Arbeit. Es kann somit nicht ausgeschlossen werden, dass Personen zwar über einzelne Aspekte der Arbeit unzufrieden sind, aber mit der Arbeit als Ganzes zufrieden sind.
- In der Theorie wurden bereits bekannte Forschungsarbeiten anderer Wissenschaftler ignoriert. So werden keine Situationsmerkmale in die Theorie miteinbezogen.
- Herzberg und seine Kollegen nehmen eine Beziehung zwischen Arbeitszufriedenheit und Leistung an, die sie empirisch nicht absicherten und die sich als komplexer erweist als intuitiv angenommen (Kirchler und Hölzl, 2002).

Ulich (2001) erwähnt als weiteren Kritikpunkt, dass der Gruppenarbeit in der Zwei-Faktoren-Theorie nur eine unbedeutende Rolle als Motivator zugesprochen wird, weil die Beziehungen zu den Kollegen und Vorgesetzen den Hygienefaktoren zugeordnet werden. Zusammenfassend beschreiben Greenberg und Baron (1997, S. 183) Herzbergs et al. Theorie (1959) als „intriguing but unverified framework for understanding job satisfaction". Trotz der teilweise vernichtenden Kritik inspirierte die Zwei-Faktoren-Theorie wichtige Forschungsarbeiten zur Arbeitsmotivation, wie etwa Hackman und Oldhams (1975) „job characteristics model" (siehe Kirchler und Rodler, 2001).

4.2 Organisationstheorien

In welchen Organisationstheorien ist das Menschenbild des „self-actualizing man" verwirklicht und wie wird der Schwerpunkt der Selbstverwirklichung und Autonomie der Mitarbeiter in der Organisationsstruktur umgesetzt? Greenberg und Baron (2000) beschreiben die neo-klassischen Organisationstheorien als Reaktion auf die klassischen Organisationstheorien, die auf dem Modell des „homo oeconomicus" basieren. Zu den neo-klassischen Theorien zählen die partizipative Theorie nach Likert (1961), die Organisationstheorien von McGregor und jene von Argyris. Innerhalb der neo-klassischen Theorien sind Unterschiede daran zu bemerken, ob eher der Gruppe Bedeutung zukommt oder den individuellen Bedürfnissen. So ist die partizipative Theorie nach Likert (1961) besonders auf die Optimierung von Gruppenprozessen ausgerichtet und wurde deshalb bereits unter dem Kapitel der Zeit des „social man" beschrieben. McGregor und Argyris versuchten hingegen in ihren Konzeptionen von Organisationen, Maslows Motivationstheorie umzusetzen und damit die Arbeit mit Aspekten der Selbstverwirklichung anzureichern. Beide Theorien werden im Folgenden referiert, wobei einzuschränken ist, dass McGregors Theorie eher eine Metatheorie von der Sichtweise des arbeitenden Menschen darstellt als eine konkret einsetzbare Organisationstheorie.

Weinert (1998) zählt zusätzlich zu Argyris Organisationstheorie jene von Cyris, March und Simon, die Theorie von der Organisation einer Firma, zu den Individualtheorien, welche die nach Selbstverwirklichung strebenden Individuen in das Zentrum der Überlegungen stellen. Da die letztgenannte Theorie die damals aktuellen Theorien zum tatsächlich zu beobachtenden Entscheidungsverhalten berücksichtigt, stellt diese Organisationstheorie einen interessanten Gegenpunkt zu Argyris Organisationsverständnis dar. Aus diesem Grund wird Cyris, March und Simons Organisationstheorie ein separates Kapitel gewidmet.

Abschließend ist zu erwähnen, dass in der klassischen und modernen Soziotechnik Aspekte der Selbstverwirklichung, des „job enrichment" und der verstärkten Autonomie beinhaltet sind (Schein, 1980). Mit der Einsetzung von teilautonomen Arbeitsgruppen werden einer Gruppe vollständige Arbeiten übertragen; die am Arbeitsplatz erlebte Autonomie nimmt zu. Da die Soziotechnik aber ihren Ursprung in der Analyse von Gruppenprozessen hat – nicht zufällig ist der Begriff „sozial" in der Theorie beinhaltet –, wurde die soziotechnische Systemgestaltung bereits unter dem Kapitel zum Menschenbild des „social man" besprochen.

4.2.1 Theorie X und Theorie Y von Douglas McGregor

Douglas McGregor (Foto 13) studierte Psychologie an der Universität von Wayne State und Harvard. Später war er der erste, ganztags am MIT beschäftigte Psychologe. In den 1950er Jahren publizierte McGregor seine Überlegungen über das Wirken in Organisationen. Die von ihm geprägten Begriffe „Theorie X" und „Theorie Y" sind selbstverständliches Vokabular der Organisationspsychologie.

Foto 13: Douglas McGregor (1906–1964)

Nach McGregor (1960) ist das Management für die Produktivität von Organisationen verantwortlich (Holling und Müller, 1993). Seine Aufgabe ist es, die Organisationsmitglieder zu leiten, zu motivieren und zu kontrollieren sowie ihr Verhalten so zu lenken, dass die organisationalen Ziele erfüllt werden. Erst durch Interventionen der Leitung und Führungsriege kann die passive Haltung der Mitarbeiter gegenüber den organisationalen Zielen überwunden werden.

Führungsstil und -verhalten des Managements hängen davon ab, welches Menschenbild Führungskräfte über den arbeitenden Menschen haben. McGregor (1960) unterscheidet zwei Theorien vom arbeitenden Menschen, welche Überzeugungen und Einstellungen umfassen:

- Die Theorie X und
- die Theorie Y.

Nach der Theorie X ist der Durchschnittsmensch von Natur aus träge, arbeitsscheu, ohne Ehrgeiz; er muss durch Belohnungsanreize sowie negative Sanktionen zur Arbeit angehalten werden. Er übernimmt ungern Verantwortung und will geführt werden (Zitat 18).

Führungskräfte „glauben" entweder an die Theorie X oder Theorie Y und führen Mitarbeiter entsprechend unterschiedlich.

Führungskräfte mit einer solchen Auffassung von Menschen praktizieren einen Führungsstil, der auf Lenkung durch Kontrolle und Autorität beruht. Im Gegensatz zur Theorie X, die McGregor (1960) auch als Irrlehre und Summe von Vorurteilen beschreibt, zeichnet die Theorie Y ein eher idealistisches Bild des Menschen (Schein, 1980): Der Durchschnittsmensch ist nicht passiv und organisationalen Zielen gegenüber nicht gleichgültig, er muss auch nicht „an der Hand genommen werden": Motivation, Entwicklungspotential und Verantwortungsbereitschaft zur Verwirklichung organisationaler Ziele sind gegeben. Menschen lassen sich durch sich selbst gesetzte Ziele lenken und motivieren. Management auf der Basis der Theorie Y fördert Integration und Selbstkontrolle der Untergebenen.

Zitat 18: McGregors Theorie X und Theorie Y (1960)
Theory X: (S. 33–34)

1) *The average human being has an inherent dislike of work and will avoid it if he can.* This assumption has deep roots. The punishment of Adam and Eve for eating the fruit of the Tree of Knowledge was to be banished from Eden into a world where they had to work for a living. The stress that management places on productivity, on the concept of "a fair day's work", on the evils of featherbedding and restriction of output, on rewards for performance – while it has a logic in terms of the objectives of enterprise – reflects an underlying belief that management must counteract an inherent human tendency to avoid work. The evidence for the correctness of this assumption would seem to most managers to be incontrovertible.
2) *Because of this human characteristic of dislike of work, most people must be coerced, controlled, directed, threatened with punishment to get them to put forth adequate effort toward the achievement of organizational objectives.* The dislike of work is so strong that even the promise of rewards is not generally enough to overcome it. People will accept the rewards and demand continually higher ones, but these alone will not produce the necessary effort. Only the threat of punishment will do the trick. [...]
3) *The average human being prefers to be directed, wishes to avoid responsibility, has relatively little ambition, wants security above all.* This assumption of the "mediocrity of the masses" is rarely expressed so bluntly. In fact, a good deal of lip service is given to the ideal of the worth of the average human being. Our political and social values demand such public expressions. Nevertheless, a great many managers will give private support to this assumption, and it is easy to see it reflected in policy and practice. Paternalism has become a nasty word, but it is by no means a defunct managerial philosophy.

Theory Y: (S. 47–48)

1) *The expenditure of physical and mental effort in work is as natural as play or rest.* The average human being does not inherently dislike work. Depending upon controllable conditions, work may be a source of satisfaction (and will be voluntarily performed) or a source of punishment (and will be avoided if possible).
2) *External control and the threat of punishment are not the only means for bringing about effort toward organizational objectives. Man will exercise self-direction and self-control in the service of objectives to which he is committed.*
3) *Commitment to objectives is a function of the rewards associated with their achievement.* The most significant of such rewards, e.g., the satisfaction of ego and self-actualization needs, can be direct products of effort directed toward organizational objectives.
4) *The average human being learns, under proper conditions, not only to accept but to seek responsibility.* Avoidance of responsibility, lack of ambition, and emphasis on security are generally consequences of experience, not inherent human characteristics.

5) *The capacity to exercise a relatively high degree of imagination, ingenuity, and creativity in the solution of organizational problems is widely, not narrowly, distributed in the population.*
6) *Under the conditions of modern industrial life, the intellectual potentialities of the average human being are only partially utilized.*

Das Führungsverhalten und das Verhalten der Geführten sind voneinander abhängig. Im Fall der Theorie X entsteht ein Teufelskreis gemäß dem Prinzip der selbsterfüllenden Prophezeiung. Glauben Führungskräfte an die Theorie X, werden sie ihre Mitarbeiter stark kontrollieren und Eigenverantwortung und Autonomie eingrenzen. Erleben Arbeitnehmer diesen Führungsstil, werden sie sich eher passiv verhalten, um Strafen zu vermeiden, und die Übernahme von Verantwortung scheuen. Auch Eigeninitiativen sind selten. Die Führungskraft erlebt und erfährt damit direkt, dass sich ihre Mitarbeiter gemäß der Theorie X verhalten, erkennt aber nicht, dass ihr eigenes Führungsverhalten die Ursache dafür ist. Wie Ulich, Baitsch und Alioth (1987) zeigen, kann Führungsverhalten, welches dem Menschenbild der Theorie Y

Abb. 5: Der Teufelskreis der Theorie X und die verstärkende Wirkung der Theorie Y (Ulich, Baitsch und Alioth, 1987; nach Ulich, 2001, S. 434–435)

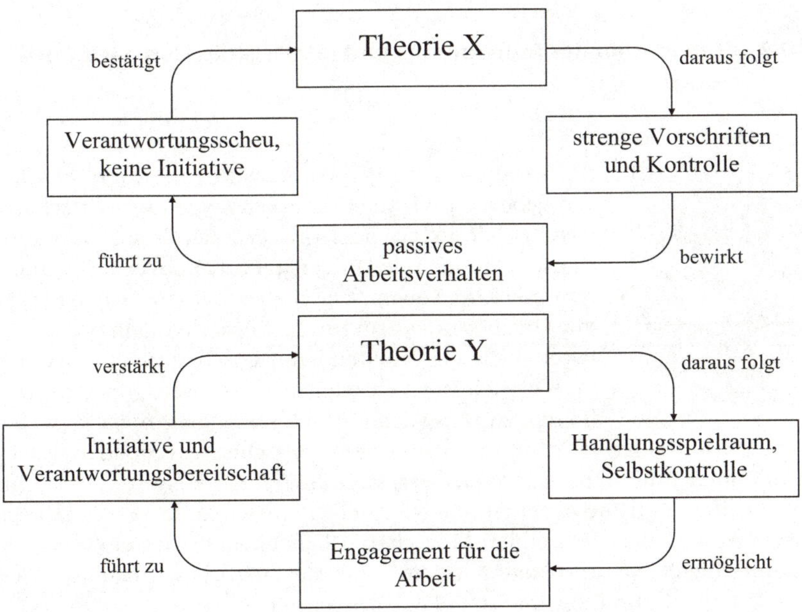

entspringt, positive Reaktionen der Angestellten auslösen; Engagement, Initiative und Verantwortungsbewusstsein werden gefördert (Abbildung 5).

Der Führungsstil soll auf die Bedürfnisse der Arbeitnehmer abgestimmt sein, damit die Produktivität des Unternehmens aufrechterhalten werden kann. Ein Führungsstil, welcher der Theorie X entspricht, ist nur dann effektiv, wenn Arbeitnehmer nach Befriedigung ihrer Grundbedürfnisse streben. Sind nach Maslows Bedürfnispyramide allerdings höhere Motive aktiviert, kann Führungsverhalten nach der Theorie X die Bedürfnisse nicht erfüllen; Frustration und Demotivation der Arbeiter sind die Folge. McGregor war überzeugt, dass die meisten Führungskräfte zu seiner Zeit ein Menschenbild entsprechend der Theorie X haben und damit Arbeitnehmer zu passiven, verantwortungsscheuen Untergebenen erziehen. Da in den 1950er Jahren in den USA die wirtschaftlichen Verhältnisse eine Befriedigung der Grundbedürfnisse zuließen, sah McGregor die Theorie X als wirkungslos und verantwortlich für die Krise der Arbeitsmotivation.

Als großen Verdienst McGregors gilt die Problematisierung der Vorurteile, die in der Theorie X stecken. Die Bezeichnung als Organisationstheorie erscheint allerdings irreführend, da sie eher einem philosophischen, normativen Ansatz entspricht, als einer wissenschaftlichen Theorie von der Organisation.

4.2.2 Integration des Individuums und der Organisation nach Chris Argyris

Foto 14: Chris Argyris (*1923)

Chris Argyris (Foto 14) wurde 1923 in Newark, New Jersey, geboren und studierte Psychologie und Wirtschaftswissenschaften an den Universitäten von Clark und Kansas. An der Yale Universität arbeitete er unter anderem mit Kurt Lewin. Argyris beschäftigte sich seit 1950 mit Organisationsstrukturen, Kontrollsystemen und der Psychologie des arbeitenden Menschen. Später beschäftigte er sich mit Veränderungsprozessen von Organisationen. Argyris suchte in seinen Analysen des organisationalen Verhaltens nach einer Verbindung zwischen psychoanalytischen Annahmen und administrativen Prozessen. Seine Arbeiten von 1957 und 1964 gelten als frühe Arbeiten und beschreiben die Organisation als Kollegialsystem, welches arbeitenden Menschen Möglichkeiten zur Selbstverwirklichung bietet. Seine späteren Arbeiten (ab ca. 1970) beschreiben die lernende Organisation, die im Kapitel 6.3.1 beschrieben wird.

Organisationales Verhalten führt Argyris (1957) auf die drei folgenden Faktoren oder auf eine Kombination dieser Faktoren zurück: Individuelle Merkmale des Arbeitnehmers (Persönlichkeit), die formale Organisation mit ihren Regeln und Ablaufprozessen und informelle Gruppenprozesse (Gruppendynamik).

Das Verhalten von Arbeitnehmern hängt von individuellen Merkmalen, formalen Organisationsstrukturen und informellen Gruppenprozessen ab.

- *Individuelle Persönlichkeit*: In der Beschreibung der Persönlichkeit bezieht sich Argyris (1957) auf Arbeiten von Erikson (1950). Im Gegensatz zum Kind streben Erwachsene nach Selbstverwirklichung und nach einem hohen Selbstwert: Aktivität, Unabhängigkeit von anderen, Vertrauen in die eigenen Fähigkeiten, langfristige Ziele und subjektive Kontrolle über das eigene Verhalten kennzeichnen den erwachsenen und reifen Menschen. In der Arbeit streben daher erwachsene Menschen nach psychologischem Erfolg, der zu einer Hebung des Selbstwertgefühls führt (Ulich, 2001). Psychologischer Erfolg wird erlebt, wenn Arbeitsziele den eigenen Bedürfnissen angepasst werden können und die Mittel der Zielerreichung gewählt werden können.
- *Formale Organisation*: Klassische Organisationstheorien, und da gilt die administrative Theorie als Beispiel, bieten den Arbeitern wenig Kontrolle, erwarten von ihnen ein passives und untergeordnetes Verhalten, eine kurzfristige Zeitperspektive und bieten nur repetitive und wenig anspruchsvolle Arbeitstätigkeiten an.
- Die Organisation in ihrer Gesamtheit besteht neben der formalen Struktur aus dem *informellen oder sozialen System*. Das soziale System besteht aus informellen Gruppen mit eigenen Regeln und eigener Gruppendynamik.

Individuum, Organisation und das informelle System sind miteinander verwoben und voneinander abhängig. In den klassischen Organisationstheorien, besteht nach Argyris (1957) ein Antagonismus, eine Gegensätzlichkeit zwischen den organisationalen Zielen und den individuellen Bedürfnissen. Es werden wenige Möglichkeiten für psychologischen Erfolg und Autonomie geboten. Die klassische Organisation entspricht in ihrer Struktur eher den Eigenschaften von Kindern und nicht den Bedürfnissen und Zielen von Erwachsenen[1]. Die fehlende Kongruenz zwischen den Bedürfnissen von erwachsenen Menschen und der restriktiven Organisation führt zu Frustration, Konflikten und Misserfolgen und bewirkt, dass sich Arbeiter zum

[1] Dieser Aussage liegt die Annahme zu Grunde, dass Kinder über Belohnung und Bestrafung lernen und erst ab einer gewissen Entwicklungsstufe eigenständige Entscheidungen treffen wollen und können.

Schutz der eigenen Integrität und mentalen Gesundheit anpassen. Als Anpassungsstrategien nennt Argyris (1957) das Verlassen der Organisation, Karrieresprünge auf eine höhere Managementebene, psychoanalytische Abwehrreaktionen wie Rationalisierung, Projektionen und die Flucht aus der Realität, und Apathie und Desinteresse als Reaktion.

In restriktiven Organisationen reagieren die Mitarbeiter mit einem Rückfall in eine frühere Entwicklungsstufe und zeigen sich abhängig, wenig interessiert und mit einer kurzfristigen Perspektive. Wenn allerdings die Organisation Selbstbestimmung, Kontrolle und Autonomie ermöglicht, dann werden sich auch die Arbeiter als „erwachsene Menschen" verhalten und Verantwortung übernehmen und nach Selbstverwirklichung streben. Damit hat das Adaptationsverhalten der Arbeitnehmer eine kumulative Wirkung auf die Organisationsstruktur, verfestigt und stärkt diese.

Auch die informelle Struktur kann von der formalen Organisation nicht getrennt werden. Konflikte, Frustration und Misserfolge, welche in Abhängigkeit von der formalen Organisation entstehen, können innerhalb von informellen Strukturen der Organisation abgeschwächt werden. Während dem Individuum in der formalen Organisation wenig Entscheidungsspielraum gewährt wird, kann es in informellen Gruppen Selbstverantwortung erleben und einen stabilen Anker in Zeiten von Anpassungsprozessen finden.

Argyris (1957) fasst in acht Punkten seine wichtigsten Beobachtungen und Annahmen zur Organisation zusammen (Zitat 19). Abgesehen von den bereits besprochenen Aspekten, betont Argyris (1957), dass Konflikte zwischen persönlichen und organisationalen Zielen besonders akzentuiert sind, wenn die Arbeiter eine höhere Maturitätsstufe erreicht haben, wenn die unteren hierarchischen Stufen betrachtet werden, wenn das Management verstärkte Kontrollen durchführt und wenn die Arbeit stark spezialisiert ist. Weiter führt er an, dass die Organisation mehr ist als die Summe ihrer einzelnen Teile, in der betrieblichen Praxis allerdings meist nur ein Ausschnitt eines Prozesses analysiert und durchgeführt wird; der Einblick in die gemeinsamen Ziele und den gesamten Arbeitsprozess aber fehlt. Wettbewerb innerhalb der Organisation, Rivalität und gegenseitige Feindseligkeiten sind die Konsequenz.

> [...] a fourth level of analyses results from the mixture of individuals, groups, and formal organization. Each level has its own principles, and the principles of the other three levels do not necessarily apply to the forth. It is as if there were on a table one glass of whiskey, one of ice, and one of soda. So long as these glasses are separate, there are three different components. [...] Now, if the three are put togeth-

er, a "highball" is obtained. A highball is different from soda, whiskey, and ice. (Argyris, 1957, S. 8)

Zitat 19: Argyris Zusammenfassung seiner Aussagen (1957, S. 233–237)
Proposition I: There is a lack of congruency between the needs of healthy individuals and the demands of the formal organization. [...]
Proposition II: The resultants of this disturbance are frustration, failure, short time perspective, and conflict. [...]
Proposition III: Under certain conditions the degree of frustration, failure, short time perspective, and conflict will tend to increase. [...]
Proposition IV: The nature of the formal principles of organization cause the subordinate, at any given level, to experience competition, rivalry, inter-subordinate hostility, and to develop a focus toward the parts rather than the whole. [...] Because according to the formal principles, the subordinates are directed toward and rewarded for performing their own task well, the subordinates tend to develop an orientation toward their own particular part than toward the whole. [...]
Proposition V: The employee adaptive behavior maintains self-integration and impedes integration with the formal organization. [...] individuals will tend to adapt by: (1) Leaving the organization. (2) Climbing the organizational ladder. (3) Manifesting defence reactions (such as daydreaming, aggression, ambivalence, regression, projection). (4) Becoming apathetic and disinterested toward the organization, its make-up and goals. [...] (5) Creating informal groups to sanction the defense reactions and the apathy, disinterest, and lack of self-involvement. (6) Formalizing the informal groups. (7) Evolving group norms that perpetuate the behavior [...]. (8) Evolving a psychological set that human or nonmaterial factors become increasingly unimportant while material factors become increasingly important. (9) Acculturating youth to accept the norms [...].
Proposition VI: The adaptive behavior of the employee has a cumulative effect, feedbacks into the organization, and reinforces itself. All these adaptive reactions reinforce each other so that they have not only their individual impact on the system, but also a cumulative impact. Their total impact is to increase the degree of dependence and submissiveness and increase the resulting turnover, apathy, and disinterest. Thus a feedback process exists where the adaptive mechanisms become self-maintaining.
Proposition VII: Certain management reactions tend to increase the antagonism underlying the adaptive behavior.
Proposition VIII: Other management actions can decrease the degree of incongruency between the individual and formal organisation.

Um die negativen Konsequenzen der klassischen Organisationsstruktur für den arbeitenden Menschen zu überwinden, entwickelte Argyris (1964) ein neues Organisationsmodell, das er als Mix-Modell bezeichnet. Als Hauptfunktionen der Organisation beschreibt er die Realisierung der Organisationsziele, die Aufrechterhaltung des internen Systems und die Anpassung an sich ändernde Umweltbedingungen. Die Organisationsstruktur muss die Erfüllung dieser Hauptfunktionen ermöglichen und zusätzlich sollte das Individuum in seiner Arbeitstätigkeit psychologischen Erfolg erleben, den Argyris (1957, 1964) als Basis von mentaler Gesundheit annimmt. Psychologischer Erfolg ist dann möglich, wenn die Organisation als Ganzes analysiert und optimiert wird, ihre Konzeption und Struktur von allen ihrer Teile bestimmt wird und die Hauptfunktionen von der Organisation beeinflusst werden können.

Sein Modell heißt Mix-Modell, da unterschiedliche Dimensionen als Basis für psychologischen Erfolg angesehen werden, die nicht immer vollständig erfüllt sind. Daher nimmt Argyris (1964) einen Mix von verschiedenen Strukturen innerhalb einer Organisation an, die abhängig von der Art der Entscheidung angewendet werden. So können neben der Struktur einer hierarchischen Pyramide auch Strukturen mit flacher Hierarchie und der Gleichverteilung von Macht existieren. Als Beispiel nennt Argyris (1964) Projektgruppen, die aus Organisationsmitgliedern verschiedenster Ebenen und Bereiche bestehen können. Die Gruppe übernimmt nicht automatisch den hierarchischen Status ihrer Mitglieder als Machtstruktur für die Gruppe, sondern verhandelt und entscheidet gleichberechtigt. Holling und Müller bezeichnen Argyris (1964) Organisationskonzept als Kollegialsystem, da ihre Mitglieder als gleichberechtigte Kollegen beschrieben werden.

Im Idealfall bestehen Organisationen vorrangig aus Strukturen, welche maximalen psychologischen Erfolg ihrer Mitglieder ermöglichen. Diese Struktur lässt sich anhand der Kriterien einer Organisation folgendermaßen beschreiben:

- *Geringe Arbeitsteilung und Spezialisierung*: Argyris (1957) beschreibt die Erweiterung der Arbeitstätigkeit als wichtigen Faktor für das Erreichen von psychologischem Erfolg. Dabei meint er im Sinne Herzbergs die Anreicherung der Arbeit, weil er nicht nur für eine Hinzunahme von Arbeitstätigkeiten im Ablaufprozess eintritt, sondern für den Arbeiter mehr Entscheidungsspielraum und Kontrolle über Ziele, Umsetzung und Verhaltensregeln („policies", Argyris, 1957, S. 181) fordert. „The employee must be provided more 'power' over his own work environment and therefore he must be given responsibility, authority, and increased control over the decision-making that affects his immediate work environment. He must become self-responsible." (Argyris, 1957, S. 181) Wenn Arbeitstätigkeiten aufgrund von technischen Gegebenheiten nicht erweitert werden können, schlägt Argyris (1964) folgende Wege der Erweiterung des Entscheidungsspielraums vor: (a) Partizipation in den Entscheidungsprozessen fördert kognitive und verhaltensbezogene Fertigkeiten, auch wenn die Durchführung der Arbeit einfach bleibt, (b) Gruppen können Vertreter wählen, die an Entscheidungsprozessen beteiligt werden, (c) Förderung des Feedbacks von ausführenden Kräften an die Entscheidungsträger und (d) Mitentscheidung über die Qualitätsstandards der eigenen Tätigkeit und die Durchsetzung dieser erweitern den Entscheidungsspielraum.

- Eigenverantwortung, gleichverteilte Autorität und *weite Kontrollspanne*: Argyris (1957) tritt für eine weite Kontrollspanne ein, da enge Kontrollspannen (eine Führungskraft hat bis zu sieben Untergebene) die subjektive Kontrolle des Untergebenen stark einschränken. Fehlende Kontrolle fördert unreifes („immature“) Verhalten.
- *Zentralisierung und Hierarchie*: Abhängig von der Art der Entscheidung, erweisen sich einzelne Strukturen effizienter als andere: Entscheidungen nach hierarchischen Aspekten sollen nur bei Krisen- und Ausnahmesituationen getroffen werden, bei Routineentscheidungen und solchen, bei denen die Selbstverwirklichung des Einzelnen nicht gefährdet ist. Entscheidungen, welche Verantwortung und Bindung zum Unternehmen voraussetzen (z. B. Gehalt, Beförderungen, Produktionsziele) sollten dagegen in einem Rahmen getroffen werden, welcher den beteiligten Personen gleichen Einfluss, Macht und Verantwortung zugesteht.
- *Unterscheidung in beratende und entscheidende Positionen*: Nach Argyris (1964) soll der Unterschied aufrechterhalten bleiben, aber die Funktionen sollten stärker überlappen. Das heißt, dass beratende Positionen möglichst stark an Entscheidungsprozessen beteiligt werden sollen, dass die Information über die „line“ Positionen nicht nur hierarchisch von oben nach unten, sondern auch von unten nach oben weitergegeben werden sollen, und dass Personen des „staff“ über transparente Aufgabenstellungen mehr Einblick in die Organisation als Ganzes gewinnen sollen.

Weinert (1998) führt als Kritik an Argyris Organisationsmodell an, dass die Gründe für mögliches „unreifes“ Verhalten der Angestellten einseitig in der Organisationsstruktur erkannt werden. Diese Kritik bezieht sich allerdings nur auf Argyris erste Konzeption im Jahr 1957. 1964 betont Argyris, dass die erfolgreiche Umsetzung seines Organisationsmodells auch davon abhängt, auf welcher Reifestufe sich die Mitarbeiter von sich aus befinden. Individuen können nur dann die Möglichkeiten eines gleichberechtigten Systems erkennen und umsetzen, wenn sie sich auf einer hohen Entwicklungsstufe befinden. Sonst würde die Änderung der Organisation zu einem gleichberechtigten System ihre Mitglieder überfordern und hätte negative Konsequenzen sowohl für die Effizienz der Organisation als auch für die mentale Gesundheit ihrer Mitglieder.

Ab etwa 1970 entwickelte Argyris sein Organisationsmodell weiter und prägte den Begriff der „lernenden Organisation“. In der lernenden Organisation kommt externen Beratern eine besondere Rolle zu. Die lernende Organisation wird im Kapitel über das Menschenbild des „complex man" näher beschrieben.

4.2.3 Die Theorie der Firma von March, Simon und Cyert

James March (Fotos 15) wurde 1928 in Cleveland, Ohio, geboren und schloss 1953 seine Studien in Yale als Politikwissenschaftler ab. Herbert Simon (Fotos 15) wurde 1916 in Milwaukee geboren und studierte zuerst Sozialwissenschaften an der Universität Berkeley und anschließend Wirtschaftswissenschaften an der Universität von Chicago. Richard Cyert (Fotos 15) wurde 1921 in Minnesota geboren und studierte an der dortigen Universität Wirtschaftswissenschaften. Am Carnegie Institute of Technology trafen sich Herbert Simon, James March und Richard Cyert und erforschten gemeinsam organisationales Verhalten. 1958 erschien das Buch „Organizations" von James March und Herbert Simon, das eine Organisationstheorie beschreibt, die auf der Analyse des menschlichen Entscheidungsverhalten basiert. 1963 entwickelten Richard Cyert und James March die Organisationstheorie von March und Simon (1958) weiter und beschrieben in ihrem Buch „A Behavioral Theory of the Firm" eine behavioristische Theorie der wirtschaftlichen Organisation. 1978 erhielt Herbert Simon den Nobelpreis für Wirtschaftswissenschaften für seine Arbeiten über Entscheidungen.

Fotos 15: James March (*1928), Richard Cyert (1921–1998) und Herbert Simon (1916–2001)

March und Simon (1958) und Cyert und March (1963) beschreiben die Organisation als System von Individuen, die Entscheidungen fällen. Ihr Fokus liegt auf dem Individuum. Kollektive können nur die individuellen Ziele ihrer Mitglieder übernehmen, verfügen aber über keine eigenständigen Ziele. Ein Unternehmen verfolgt demnach die Ziele seines Leiters, der versucht, zur Erreichung seiner Ziele Mitarbeiter mittels Geld, Interesse oder Zuneigung zu gewinnen.

Das Verhalten in Organisationen beruht auf der Summe von individuellen Entscheidungen. Grundsätzlich sind zwei Entscheidungen der Organisationsmitglieder für das Funktionieren der Organisation von Bedeutung:

- Die Entscheidung, im Unternehmen zu bleiben oder dieses zu verlassen und
- die Entscheidung, dem Erwartungsniveau des Unternehmens entsprechend, Leistung zu erbringen oder zu verweigern.

Organisationen sind Systeme von Individuen, die Entscheidungen treffen.

Beide Entscheidungen werden sowohl von inneren, individuellen Zuständen als auch von Umgebungsfaktoren beeinflusst: Je nachdem, wie die Konsequenzen von Handlungsalternativen bewertet werden, die Erwartungshaltung der Organisation eingeschätzt wird, Be- und Entlohnung wahrgenommen werden und wie sichtbar die Organisationsabläufe für die Organisationsmitglieder sind, werden sich Arbeiter dafür entscheiden, im Unternehmen zu bleiben und entsprechende Leistungen zu erbringen, oder nicht (Weinert, 1998).

Entscheidungen werden gemäß dem Konzept der „bounded rationality“ getroffen.

Wie werden generell Entscheidungen getroffen? Im Zentrum von March und Simons kognitiv ausgerichteten Organisationstheorie steht das Konzept der „bounded rationality“ von Simon (1957). Simon beschreibt menschliches Entscheidungsverhalten auf der Basis von begrenzten Informationsverarbeitungskapazitäten. Bei Entscheidungen wird nur ein Teil der vorhandenen Informationen genutzt, da (a) zeitlicher Druck und ökonomische Überlegungen eine vollständige Aufarbeitung aller verfügbarer Informationen verhindert (motivationaler Grund) und (b) die Vielzahl der vorhandenen Informationen nicht verarbeitet werden können (kognitive Limitierung). Anstelle von nutzenmaximierenden Lösungen werden Lösungen angestrebt, welche der Erwartung des Entscheidungsträgers genügen (Zitat 20). In der organisationalen Praxis werden demnach zuerst bekannte Lösungen überlegt, welche sich bereits in der Vergangenheit als erfolgreich bewiesen haben. Neue Lösungen werden erst dann gesucht, wenn alte, bekannte Lösungen nicht mehr zu neuen Problemsituationen passen und deshalb gescheitert sind.

Zitat 20: March and Simon (1958, S. 140–141) über das „satisfycing principle"
Satisfactory versus optimal standards. What kinds of search and other problem-solving activity are needed to discover an adequate range of alternatives and consequences for choice depends on the criterion applied to the choice. In particular, finding the optimal alternative is a radically different problem from finding a satisfactory alternative. An alternative is *optimal* if: (1) there exists a set of criteria that permits all alternatives to be compared, and (2) the alternative in question is preferred, by these criteria, to all other alternatives. An alternative is *satisfactory* if: (1) there exists a set of criteria that describes minimally satisfactory alternatives, and (2) the alternative in question meets or exceeds all these criteria.
Most human decision-making, whether individual or organizational, is concerned with the discovery and selection of satisfactory alternatives; only in exceptional cases is it concerned with the discovery and selection of optimal alternatives [...]. To optimize requires processes several orders of magnitude more complex than those required to satisfice. An example is the difference between searching a haystack to find the sharpest needle in it and searching the haystack to find a needle sharp enough to sew with.

In der Organisation bilden Individuen mit unterschiedlichen Interessen, Werten und Zielen Koalitionen. Entscheidungsprozesse und Zielsetzungen sind Ergebnisse von ständig ablaufenden Verhandlungen über Macht und die Durchsetzung der individuellen Interessen. Um die eigenen Interessen durchzusetzen, werden an andere Personen in der Organisation „side payments" (Cyert und March, 1963, S. 29) gezahlt, wobei über Geld, Status, Positionen oder Autorität verhandelt werden kann. „Side payments" können als Zugeständnis und Entgegenkommen interpretiert werden, welche nach der Entscheidung im Austausch für die Unterstützung geleistet werden.
„Side payments" binden längerfristig Ressourcen und reduzieren damit die Reserven und Investitionsrücklagen, über welche die Organisation verfügt („organizational slacks", Cyert und March, 1963, S. 36). Insofern schränken „side payments" die Organisation in ihrer Weiterentwicklung ein und lenken sie in gewisse Bahnen. Ziele und Entscheidungsprozesse werden im Nachhinein den „side payments" angepasst. Da die Lösung bereits feststeht, wartet man auf das Problem, welches der Lösung angepasst wird. Ist beispielsweise die Entscheidung gefallen, einen Mitarbeiter zum Abteilungsleiter zu befördern, muss nur noch auf eine Situation gewartet werden, um die Entscheidung zu realisieren, oder, mit anderen Worten, es muss nur noch auf ein passendes Problem gewartet werden, um die Lösung zu implementieren.

In most organizations most of the time, however, the elaboration of objectives occurs within tighter constraints. Much of the structure is taken as given. [...] Past bargains become precedents for present situations; a budget becomes a precedent for future budgets; an allocation of functions become a precedent for future allocations. Through all the well-known mechanisms, the coalition agreements of today

> are institutionalized into semipermanent arrangements. A number of administrative aphorism come to mind: an unfilled position disappears; see an empty office and fill it up [...]. (Cyert und March, 1963, S. 33–34)

Die Organisationsstruktur soll dem menschlichen Entscheidungsverhalten mit seiner begrenzten Fähigkeit zur Informationsverarbeitung angepasst sein (March und Simon, 1958). March und Simon fordern deshalb einfache Abläufe und analysieren, in welchen Situationen klassische Organisationen mit einer einfachen und straffen Hierarchie die entstehenden Probleme meistern können, und in welchen Situationen nicht. Im Unterschied zu den zuvor dargestellten Organisationstheorien schlagen sie nicht ein einziges Modell als die beste Organisationsgestaltung vor, sondern beschreiben zielführendes organisationales Verhalten in verschiedenen Situationen.

- *Arbeitsteilung und Spezialisierung*: Nach March und Simon (1958) ist die Frage nach Spezialisierung und strikter Arbeitsteilung abhängig von der Beschaffenheit und Art der Arbeitsaufgaben. Bleiben die Anforderungen der Umwelt an die Organisation über die Zeit stabil, ist eine starke Strukturierung der Aufgaben und eine hohe Arbeitsteilung möglich. Langlois (2003) beschreibt in einem Sonderband des Journal of Economic Psychology zu den Arbeiten von Herbert Simon Simons Visionen der Zukunft der wirtschaftlichen Organisation. Nach Simon (1960) sollte die Zuteilung der Arbeitstätigkeiten zu Computern/Maschinen beziehungsweise zu dem Menschen als Arbeitskraft nach dem Prinzip des *relativen* Vorteils anstelle des *absoluten* Vorteils passieren. Demnach sollten Computer beziehungsweise Maschinen Aufgaben übernehmen, bei denen sie im Vergleich zu anderen Aufgaben besser abschneiden, und auch der Mensch sollte Aufgaben durchführen, die seiner Ausstattung besser entsprechen als andere:

  > If computers are a 1000 times faster than bookkeepers in doing arithmetics, but only 100 times faster than stenographers in taking dictation, we shall expect the number of bookkeepers per thousand employees to decrease but the number of stenographers to increase. Similarly, if computers are 100 times faster than executives in making investment decisions, but only 10 times faster in handling employee grievances (the quality of decisions being held constant), then the computers will be employed in making investment decisions, while executives will be employed in handling grievances. (Simon, 1960, S. 25; nach Langlois, 2003, S. 178)

  Simon (1960) ging davon aus, dass Computer mit der Leistung der menschlichen Informationsverarbeitungskapazitäten zumindest gleich ziehen würden. Die menschliche Arbeitskraft sollte demnach in der Zukunft folgende Arbeitsrollen ausfüllen, die den menschlichen Informationsverarbeitungsfähigkeiten am besten entsprechen:

- Arbeiter, die einfache Tätigkeiten ausführen, welche auf einer Hand-Augen-Gehirn Koordination beruhen und zu teuer sind, um sie zu automatisieren („lower-level buffering workers", Langlois, 2003. S. 184). Als Beispiel nennt Langlois (2003) das Autofahren und das Berufsbild des Berufsfahrers.
- Arbeiter mit Instandhaltungsaufgaben wie Reinigung.
- Führungskräfte, welche „Ausnahmefälle" außerhalb der täglichen Routine planen und managen.
- Designer, welche nicht nur Produkte und Prozesse neu formen, sondern auch die Organisation als Ganzes planen und erneuern.
- Servicepersonal, welches den arbeitenden Menschen als schwer vorhersagbare und planbare Ressource fördert und Leistungen anbietet, die nicht automatisiert werden können.

Nach Simon (1960) sollte eine Verschiebung der menschlichen Arbeitstätigkeit hin zu Serviceleistungen in den nächsten Jahrzehnten beobachtbar sein.

- *Autorität und Kontrollspanne, Zentralisierung und Hierarchie*: Mit dem Arbeitsvertrag übernimmt und akzeptiert ein Angestellter ein Autoritätsverhältnis zur Organisation. In dem Arbeitsvertrag sollen mögliche Konflikte zwischen individuellen und organisationalen Zielen geregelt werden. Nach March und Simon (1958) sollen Entscheidungen, welche für die Organisation von geringer Bedeutung, aber für das arbeitende Individuum von großer Wichtigkeit sind, in die Entscheidungsfreiheit des Arbeiters übertragen werden. Aspekte, die hingegen für das Erreichen der Organisationsziele von Bedeutung sind, und in einem möglichen Widerspruch zu den individuellen Zielen stehen, sollten von der Organisation entschieden werden (z.B. Höhe des Gehalts). Prinzipiell sind zentrale Entscheidungen und starke Hierarchie nur in relativ stabilen Umwelten möglich. So kann eine stark hierarchische Gliederung des Unternehmens die Einführung von standardisierten Abläufen erleichtern. Kommunikationsaustausch und Abstimmung zwischen verschiedenen Abteilungen, welche besonders in sich ändernden Umwelten wichtig sind, lassen sich hingegen schwer durch formale Strukturen regeln.
- Die *Unterscheidung in beratende und entscheidende Positionen* kann zu Zielkonflikten führen, da Ziele unterschiedlichen Niveaus verfolgt werden und Verhandlungen über die Wertigkeit der Ziele daraus resultieren. So sollten Personen in den entscheidenden Positionen („line position") die Entscheidungen auf die Organisationsziele ausrichten, während Ange-

stellte in beratenden Positionen die beste Lösung für ein konkretes Problem finden sollen. Beide Ziele können einander widersprechen und unterschiedliche Lösungen bevorzugen.

In Beispiel 5 wird die Bäckerei nach den wichtigste Aussagen von March, Simon und Cyert organisiert.

Beispiel 5: Organisation einer Bäckerei nach der Organisationstheorie von March, Simon und Cyert

Aufgabenstellung: Stellen Sie sich vor, Sie haben die Bäckermeisterprüfung gemacht und planen die Eröffnung einer Bäckerei in der Innenstadt Wiens. Vom Angebot her soll das Geschäft eher ein breites Sortiment anbieten (von Brot und Gebäck über Konditorwaren bis hin zu Milchprodukten). Über ein mittelgroßes Lokal verfügen Sie bereits, es besteht aus 80 Quadratmetern Verkaufsfläche mit zusätzlicher Fläche für die Backstube. Entwickeln Sie für das Geschäft eine organisatorische Struktur, welche der Organisationstheorie von March, Simon und Cyert folgt.

Sie beginnen mit der Festlegung des täglichen Produktangebotes und der Öffnungszeiten. Dann führen Sie eine Analyse der notwendigen Arbeitstätigkeiten durch, um festzustellen, ob sie zu standardisieren sind, oder nicht. Sie kommen zu dem Schluss, dass die Produktion von täglich verfügbarer Standardware (Semmeln, Brot und drei verschiedene Torten) Routinetätigkeiten darstellen, die automatisiert werden können. Nach einer Durchsicht der am Markt angebotenen Maschinen entscheiden sie sich, die Brot- und Semmelproduktion maschinell durchzuführen und kaufen die Maschinen. Die Herstellung von Torten ist maschinell noch zu teuer. Deshalb stellen Sie einen Konditormeister und einen Gesellen für die Produktion von Torten ein. Sie selbst werden sich einen halben Tag in der Woche Zeit nehmen, um neue Bäckereiprodukte zu planen und auszuprobieren. Einen Bäckermeister stellen Sie noch zusätzlich zu den Maschinen ein, der die Qualität der Maschinenproduktion überprüfen und Sonderwünsche der Kunden umsetzen soll. Für den Servicebereich und den Einkauf stellen Sie insgesamt drei Personen ein: einen Einzelhandelskaufmann und einen Lehrling für den Verkauf und eine Person für den Einkauf der Rohmaterialien. Zusätzlich engagieren Sie für das gesamte Geschäft eine Reinigungskraft und schließen mit der Maschinenfirma einen Wartungsvertrag ab.

Ihnen ist bewusst, dass der Erfolg Ihrer Bäckerei von den täglich mehrmals anfallenden, individuellen Entscheidungen Ihrer siebenköpfigen Belegschaft abhängt. Deshalb führen Sie vor Eröffnung der Bäckerei intensive Einzelgespräche mit jedem Mitarbeiter. In diesen Gesprächen vermitteln Sie Ihr Ziel einer erfolgreichen Bäckerei und versuchen, Interesse für Ihre Ziele zu entfachen. Weiter versprechen Sie Ihren Mitarbeitern eine

finanzielle Beteiligung am Gesamtumsatz des Geschäftes, die abhängig von der Ausbildung und der Verantwortung des Einzelnen gestaffelt ist. Außerdem teilen Sie Ihren Mitarbeitern mit, dass erwartet wird, dass sie ihre Leistung am Gesamtziel ausrichten.
Nach drei Monaten Betrieb stellen Sie Stärken und Schwachstellen Ihrer Organisationsform fest. Als Stärken gelten, (a) dass allen Mitarbeitern das Ziel einer erfolgreichen Bäckerei bewusst ist, sie dieses Ziel aufgrund der finanziellen Beteiligung erreichen wollen und damit an einem Strang ziehen. (b) Die Arbeitsaufteilung der Bäckereiprodukte auf Maschinen und eine menschliche Arbeitskraft erweist sich als sinnvoll und bietet sowohl Kontrollierbarkeit als auch Flexibilität. Die Maschinen sichern gleich bleibende Qualität. Sie werden sich nach Ihrem Businessplan innerhalb von fünf Jahren amortisieren. Der Bäcker kontrolliert den Output und springt ein, wenn kurzfristig eine Sonderbestellung gemacht wird. Sie selbst entwerfen neue Produkte und haben im Vormonat einen Preis der Bäckerinnung für das kreativste, neue Bäckereiprodukt gewonnen (das Wellness-Weckerl mit Vollkornmehl zur Entschlackung, Karotten für eine gesunde Gesichtsfarbe und Ginseng für körperliche Fitness brachte den Sieg). Neben diesen Vorteilen erkennen Sie allerdings auch Schwächen der Organisationsstruktur. (a) Als Hauptnachteil sehen Sie die fehlende Planbarkeit der individuellen Entscheidungen und Verhaltensweisen. So werden oftmalig nicht Lösungen für erkannte Probleme gesucht, sondern Probleme für vorhandene Lösungen. So passierte es beispielsweise, dass dem Bäcker nach drei Tagen Nichtstun (die Maschinen funktionierten einwandfrei und keine Sonderbestellungen wurden gefordert) fad war, und er begann, seine Zeit mit der Herstellung des prämierten Wellness-Weckerl zu nutzen. Nachdem er hundert Stück produziert hatte, machte ihn ein Servicemitarbeiter darauf aufmerksam, dass höchstens 20 Stück am Tag verkauft werden. Daraufhin besorgte sich der Bäcker einen Bauchladen und fuhr ins nächstgelegene Wellnesshotel, wo es ihm gelang, nicht nur alle 100 Stück zu verkaufen, sondern auch den Auftrag zu bekommen, am nächsten Tag wieder so viele Weckerln zu bringen. Seitdem verschob sich der Verkaufsanteil von 90 Prozent Standardware bezogen auf 10 Prozent Sonderwünsche, zu einem Verhältnis von 70 zu 30 Prozent. Diese Entwicklung war nicht vorhersehbar. Obwohl diese Entwicklung den Umsatz fördert, stört es Sie, dass der Bäcker an die Herstellung der Wellness-Weckerln gebunden ist und dass Sie nicht planen können, was Ihre Bäckerei wohl in einem Jahr produzieren wird. (b) Um Ihre Belegschaft zu motivieren, müssen Sie Versprechungen machen, welche die Weiterentwicklung der Bäckerei einschränken. So diskutierten Sie mit Ihrer Belegschaft die Erweiterung der Samstag-Öffnungszeit um zwei Stunden. Die Personen aus dem Produktionsbereich waren dafür, da für sie kein Mehraufwand zu erwarten war, das Servicepersonal argumentierte

dagegen, weil sie eher eine Verschiebung als eine Zunahme des Umsatzes erwarteten. Also versprachen Sie Ihrem Verkaufspersonal, dass alle Einnahmen der zusätzlichen zwei offenen Stunden registriert würden, der Nettogewinn errechnet würde, und 50 Prozent dieses Betrages als Zusatzbonus an sie ausbezahlt würde. Das Servicepersonal entschied sich daraufhin für eine Erweiterung der Öffnungszeiten. Das Problem aus dieser Entscheidung ergab sich, als im Sommer der Umsatz generell einbrach, die Klimaanlage kaputt ging und die Reparaturkosten für diese so hoch waren, dass die Wiederherstellung nur mit dem Einbehalten des versprochenen Bonus hätte bewerkstelligt werden können; dieser war aber bereits vergeben. (c) Es verfolgt jeder Einzelne das Ziel, den Umsatz des Geschäftes zu erhöhen und seinen Einfluss und seinen Nutzen zu maximieren; Entscheidungen werden daher oft nur auf der Basis des kleinsten gemeinsamen Nenners getroffen, da keiner nachgeben will. Da Ihr Bäckermeister mit der Produktion der Wellness-Weckerln beschäftigt ist, überlegen Sie, eine weitere Kraft einzustellen. Weil Ihr persönlicher Gewinn aus dem Geschäft aber niedrig ist, erwarteten Sie, dass alle Angestellten auf ein Prozent ihrer Gewinnbeteiligung verzichten, um den neuen Mitarbeiter einstellen zu können. Nach stundenlangen Verhandlungen verwarfen Sie wieder diese Idee: Lieber nur mehr Wellness-Weckerln produzieren, als sich mit einer Reduktion der Gewinnbeteiligung die gesamte Belegschaft zum Feind zu machen!

Die Organisationstheorie von March, Simon und Cyert beruht auf der Beobachtung von menschlichen Entscheidungsprozessen und stellt einen Antagonisten zu der rational-ökonomisch ausgerichteten Logik der klassischen Organisationstheorien dar. Abgesehen von der intuitiv nachvollziehbaren Argumentation ist ihre Organisationstheorie allerdings in der Realität einer wirtschaftlichen Organisation nur schwer umsetzbar. March, Simon und Cyert begnügten sich mit einer Beschreibung von Abläufen, bieten aber keine psychologisch fundierten Prinzipien an, nach denen eine Organisation zu strukturieren ist. Aus diesem Grund wurde ihre Theorie auch von Wirtschaftspsychologen ihrer Zeit kaum aufgegriffen. Als besondere Stärke ihrer Organisationstheorie gilt die wirklichkeitsnahe Beschreibung von Entscheidungsprozessen und die Berücksichtigung der Situation, welcher in den Kontingenztheorien der Organisation noch stärkere Bedeutung zukommt.

5 Zur Zeit des „complex man"

Leitfragen

- Wie wird der „complex man" beschrieben?
- Wodurch unterscheidet sich der „complex man" vom „homo oeconomicus", dem „social man" und dem „self-actualizing man"?
- Was machen Kontingenztheorien aus?
- Wie ist Unsicherheit definiert und was bewirkt sie in Organisationen?
- Welche Rolle spielt Macht in Organisationen?
- Wie beeinflusst die „Bildung von Wirklichkeit" Organisationen?
- Woran erkennt man die Kultur einer Organisation?
- Wie will das New Public Management die Verwaltung revolutionieren?

Im „complex man" wird inter- und auch intraindividuellen Unterschieden von Arbeitnehmern Rechnung getragen.

Die zuvor beschriebenen Menschenbilder vereinfachen und generalisieren die „Psychologie" der arbeitenden Menschen: Das Menschenbild des „homo oeconomicus" reduziert Menschen auf nutzenmaximierende Individuen; zur Zeit des „social man" werden Individuen in soziale Systeme eingebunden, weil sie Bedürfnisse nach Sozialkontakt haben; das Menschenbild des „self-actualizing man" betont, dass arbeitende Menschen nach Selbstverwirklichung und intrinsischer motivierender Tätigkeit streben. In verschiedenen empirischen Studien wurden Hinweise für das eine oder andere Menschenbild gefunden. Die Anwendung von Unternehmensstrategien, die auf einem speziellen Menschenbild basieren, wird der Verschiedenartigkeit von Menschen aber nicht gerecht. Schein (1980) beschreibt deshalb das Menschenbild im letzten Quartal des letzten Jahrhunderts als „complex man". Im „complex man" wird inter- und auch intraindividuellen Unterschieden von Arbeitnehmern Rechnung getragen.

Schein (1980) beschreibt sechs Annahmen, die das Menschenbild des „complex man" verdeutlichen:

- Bedürfnisse variieren sowohl inter- als auch intraindividuell. Menschen haben viele verschiedene Bedürfnisse, die abhängig vom Entwicklungsstand und der Situation aktiviert werden. Die für alle Menschen generell angenommene Bedürfnishierarchie nach Maslow (1954) ist nicht aufrechtzuerhalten, da Individuen für sich unterschiedliche Wertigkeiten der Bedürfnisse erkennen und sich diese Wertigkeiten im Lauf der Zeit ändern können.
- Motive wirken nicht unabhängig voneinander, sondern sind zu einem komplexen Muster miteinander verwoben. So können mit Geld nicht nur physiologische Bedürfnisse befriedigt werden, und zur Befriedigung einer einzelnen Bedürfnisklasse stehen eine Vielfalt von Mitteln und Wegen zur Verfügung.
- Innerhalb einer Organisation können die Organisationsmitglieder neue Motive erlernen. Erfahrungen im Austausch mit der Organisation führen zu einer komplexen, individuellen Lerngeschichte.
- Eine einzelne Person kann in mehreren Organisationen, und sogar in verschiedenen Bereichen ein und derselben Organisation, unterschiedliche Motive verfolgen. So kann beispielsweise eine Person ihre Berufsarbeit als Mittel sehen, ihre Lebensnotwendigkeiten zu finanzieren (physiologische Bedürfnisse und Sicherheitsmotive), und ihr Engagement als Betriebsrat führt dazu, dass ihre sozialen Bedürfnisse, Ich- und Selbstverwirklichungsmotive befriedigt werden.
- Arbeitszufriedenheit und Effizienz der Organisation lassen sich nur teilweise auf die verschiedenen Motivmuster der Arbeitnehmer zurückführen. Auch die Art der Aufgabe, Fähigkeiten und Fertigkeiten der Arbeiter und das Betriebsklima sind wichtige Faktoren für die Bewertung der Arbeit und die Produktivität. Zum Beispiel kann ein gut ausgebildeter, schlecht motivierter Arbeiter dieselbe Arbeitsleistung erbringen, wie ein schlecht ausgebildeter aber hoch motivierter Arbeiter.
- Führungsverhalten soll den Ansprüchen der Arbeitnehmer angepasst sein. Angesichts der individuellen Variation kann es auch beim Führungsverhalten nicht einen einzig richtigen Weg geben.

Das Menschenbild des „complex man" steht nicht im Widerspruch zu den zuvor beschriebenen Menschenbildern, sondern versucht alle Aspekte zu integrieren, die in den Bildern des „economic man", „social man" and „self-actualizing man" getrennt betont wurden. Mit dieser Integration wird im

„complex man" eine vereinfachte und generalisierte Sichtweise überwunden.

> It is important to recognize that these points do not contradict any of the managerial strategies previously cited. I am not saying that adhering to rational-economic, social, or self-actualization assumptions about subordinates is totally wrong. What I am saying is that any of these assumptions may be wrong in some situations and with some people. Where we have erred is in oversimplifying and overgeneralizing. (Schein, 1980, S. 94–95)

Das Menschenbild des „complex man" stellt an Führungskräfte hohe Ansprüche.

Das Menschenbild des „complex man" stellt an Führungskräfte hohe Ansprüche. Sie müssen gute Diagnostiker sein, um herauszufinden, welches Bedürfnis in welcher Situation bei welchem Arbeitnehmer vorherrscht und verhaltenswirksam ist. Sollten sie es gefunden haben, dann bedeutet dies aber noch lange nicht, dass derzeitige Bedürfnisse zu einem späteren Zeitpunkt oder in einer anderen Situation wieder aktiv sind.

Das Menschenbild des „complex man" entspricht wahrscheinlich am ehesten der Realität, stellt aber für manche Kritiker einen Rückschritt der Forschung zum Ausgangspunkt dar. Aus den Menschenbildern des „homo oeconomicus", des „social man" and „self-actualizing man" ließen sich klare Anweisungen ableiten, wie Menschen zu motivieren sind und wie die Organisationsstruktur sein sollte. Das Menschenbild des „complex man" betont die inter- und intraindividuelle Variation. Lösungen sind nur für jeweilig bestimmte Situationen und Personen zu finden; generelle Verhaltensregeln können nicht abgeleitet werden. Damit ist es an der Führungsperson, individuelle und situationale Unterschiede zu erkennen und entsprechend dieser Unterschiede zu motivieren und zu führen. Wissenschaftliche Erkenntnisse können dazu beitragen, Situationen zu analysieren, können aber keine generellen Lösungen anbieten.

Lösungen sind nur für jeweilig bestimmte Situationen und Personen zu finden.

Ulich (2001) beschreibt drei arbeitspsychologische Schulen, die Forschung und ihre praktische Anwendung seit den 1970ern bestimmen: Das (a) Konzept der soziotechnischen Systemgestaltung (Trist und Bamforth, 1951), das (b) Konzept der Aufgabengestaltung (Hackman und Oldham, 1976) und das (c) Konzept der persönlichkeitsförderlichen Arbeitsgestaltung (Hacker, 1978).

(a) Das soziotechnische System strebt eine gemeinsame Optimierung des sozialen und technischen Systems an. Da das soziotechnische System seinen Ursprung in der Entdeckung von sozialen Bedürfnissen hat, wurde es bereits in Kapitel 3.3.2.3 beschrieben.

(b) Das Konzept der Aufgabengestaltung (Hackman und Oldham, 1976) bezieht sich auf aufgabenimmanente Aspekte, welche die Arbeit intrinsisch motivierend machen: Bedeutsamkeit der Arbeitsaufgabe, Autonomie und Feedback stellen demnach Grundvoraussetzungen für intrinsische Motivation dar. Hackman und Oldhams Motivationspotential ist detailliert im Buch „Motivation in Organisationen" von Kirchler und Rodler (2001) beschrieben und wird deshalb hier nur erwähnt.

(c) Das Konzept der persönlichkeitsförderlichen Arbeitsgestaltung (Hacker, 1978) beruht auf Regulationsprozessen, nach denen die Motivation zur Arbeit (Antriebsregulation) und zu Arbeitshandlungen (Ausführungsregulation) ablaufen. Regulation bedeutet die bewusste Setzung einer Zielgröße, nach der Antrieb und ausführende Handlungen ausgerichtet werden. Für eine genaue Beschreibung von Hackers Handlungstheorie sei auf das Buch „Arbeitsgestaltung" von Kirchler und Hölzl (2002) verwiesen.

5.1 Organisationstheorien

Zum Menschenbild des „complex man" passend, werden folgende Organisationstheorien beschrieben:

- Kontingenztheorien generell und die Theorien von Galbraith und Mintzberg im Speziellen. In den Kontingenztheorien wird auf die Komplexität der Arbeitswelt eingegangen, indem beim Design von effizienten Organisationen Situationsvariablen berücksichtigt werden.
- Weicks Theorie über die Suche von Bedeutung in Organisationen. Diese Theorie stellt einen psychologischen Zugang zu organisationalen Phänomenen dar und ist eine Voraussetzung für die Kulturtheorie in Organisationen.
- Die Kulturtheorie, die eine relevante Rolle in der Organisationsentwicklung spielt, und aufgrund der angewandten Methoden interessant ist.
- Das Konzept des New Public Management, das in der öffentlichen Verwaltung langsam das bürokratische System ablöst.

5.1.1 Kontingenztheorien der Organisation

In Kontingenztheorien ist vor allem die Umwelt eine bedeutsame moderierende Variable.

In den Kontingenzmodellen wird der Anspruch, ein einziges Organisationsmodell als „one best way" zu erstellen, aufgegeben. In den Kontingenztheorien werden Variablen berücksichtigt, welche die Beziehung zwischen Merkmalen der Organisation und deren Leistung moderieren (Donaldson, 2001). Vorrangig gilt die umgebende Umwelt als moderierende Variable. Organisationen sind effektiv, wenn sie in ihrer Struktur den Merkmalen der Umwelt entsprechen (Greenberg und Baron, 2000). Beispielsweise soll in sich ändernden Umwelten auch die Organisationsstruktur schnelle Anpassungen zulassen, während in stabilen Umwelten auch standardisierte Ablaufprozesse möglich sind. Neben der Umwelt gelten die Größe der Organisation und die Unternehmensstrategie und -struktur als interne Faktoren, welche die Organisationsleistung beeinflussen (Donaldson, 2001).

Nach Pennings (1998) werden Kontingenztheorien als nicht normativ beschrieben und sind auf Anwendbarkeit ausgerichtet. Sie verstehen die Umwelt als komplexes Wirkungsgefüge und haben ihre Wurzeln in den empirischen Wissenschaften. Außerdem gelten sie als positivistisch und nicht als ideologisch. Kontingenztheorien stehen damit im starken Gegensatz zu rein deskriptiven Theorien von Organisationen, die zwar ein Verständnis von Organisation anbieten können, aber nur schwer in der Praxis anzuwenden sind.

Generell werden unter Umwelt alle Reize verstanden, die von außen auf die Organisation treffen. Nach Pennings (1998) existiert eine Vielzahl an Definitionen, was unter dem Begriff „Umwelt" konkret verstanden wird. Umwelt wird manchmal als „Wolke" definiert, die das Unternehmen umgibt. Andere Definitionen spezifizieren die Umwelt nach ihren geografischen, technologischen und kommerziellen Aspekten (Emery und Trist, 1970). Greenberg und Baron (2000) fassen unter Umwelt generelle Arbeitsbedingungen, wie die Wirtschaftslage, die geografische Beschaffenheit und nationale Ressourcen zusammen, ebenso wie spezifische, aufgabenbezogene Situationsvariablen, beispielsweise Marktbedingungen, Konkurrenzanbieter, die Situation am Arbeitsmarkt und das Angebot an Zulieferern.

Die Umwelt stellt die Summe aller Reize dar, die von außen auf die Organisation einwirken.

Umweltaspekte werden über Unsicherheit und Komplexität gemessen. Je unsicherer, dynamischer und daher in ihrer Entwicklung auch schwer vorhersagbarer Umweltbedingungen für das Unternehmen sind, umso komplexer wirkt sich die Umwelt auf die Organisationsstruktur aus. Die Umwelt wird als unsicher eingeschätzt, wenn Absatz- und Konsumverhalten Veränderungen unterworfen

Umweltaspekte werden über Unsicherheit und Komplexität erfasst.

sind, wenn der Wettbewerb intensiv ist, wenn es viele technologische Innovationen gibt, wenn politische Entscheidungen nur schwer vorhersagbar sind und wenn heterogene Kundengruppen angesprochen werden (Pennings, 1998). Für ein Spital zum Beispiel ist die Umwelt dann eher unsicher, wenn das Verhalten der Patienten veränderlich und flexibel ist; zum Beispiel, weil sich Patienten entscheiden, ein Mal niedergelassene Spezialisten aufzusuchen, ein anderes Mal im Spital unterschiedliche Untersuchungsmethoden in Anspruch zu nehmen. Die Umwelt ist auch dann unsicher, wenn der Wettbewerb von öffentlicher und privater Seite stark ist und sich der Markt von einem Anbieter- zu einem Konsumentenmarkt verändert, zum Beispiel weil kleine, hochspezialisierte Privatkliniken mit einem stärkeren Kundenbezug die finanzstarken Patienten abziehen. Unsicherheit steigt auch, wenn sich die Organisation nicht spezialisiert, sondern in vielen Bereichen Versorgung anbietet. Wenn Innovationen im technologischen Bereich in kurzen Zyklen erfolgen, steigt ebenfalls die Unsicherheit. Und schließlich steigt sie, wenn politische Entscheidungen nicht prognostizierbar sind, weil abhängig von den Regierungsparteien die gesetzlichen Bedingungen und politischen Ansprüche verändert werden.

Kontingenztheorien gehen davon aus, dass sich Organisationen an Bedrohungen und dynamischen Ansprüchen der Umwelt anpassen können. Anpassungen basieren auf rationalen Entscheidungen, die aufgrund von Analysen der Umwelt getroffen werden. Damit treffen Kontingenztheorien nicht nur Aussagen über externe Umweltfaktoren sondern auch über interne Ablaufprozesse. Besonderes Augenmerk wird dabei auf die Kontaktstellen („gate-keeper", Pennings, 1998, S. 41) zwischen Organisation und Umwelt gelegt, da sie einerseits die Umwelt beobachten, andererseits die Organisation schützen; Organisationseinheiten wie PR-Abteilungen und der Verkauf stellen beispielsweise mögliche Kontaktstellen dar.

Ökologische Theorien (z. B. Nelson und Winter, 1982) sind von den Kontingenztheorien definitorisch abzugrenzen. Sie beschreiben, so wie die Kontingenzmodelle auch, die Anpassung zwischen Organisationsstruktur und der spezifischen Umwelt als Basis für das erfolgreiche Überleben eines Unternehmens. Im Gegensatz zu den Kontingenzmodellen, schließen sie aber eine mögliche Anpassung der Organisation an sich ändernde Umweltbedingungen aus. Ökologische Theorien gehen von einem deterministischen Prinzip aus; Selektion wird vor die Anpassungsfähigkeit von Organisationen gestellt. Nach den ökologischen Theorien überlebt in einer bedrohlichen Umwelt nach Darwins Gesetz jene Organisation, die am besten zu den Umweltbedingungen passt, die „fitteste" Organisation. Da sich eine Organisation, die nicht fit ist, nicht anpassen kann, wird sie nicht überleben. Ökologische Theorien basieren auf der Beobachtung, dass Organisationen schnell komplexe und starre Gebilde werden. Riten, Normen und Regeln bewahren Stabilität und erschweren eine Anpassung. Auch die Zuschreibung von Bedeutung innerhalb der Organisation hat eine stabilisierende Wirkung (Weick, 1995).

Organisationen reagieren auf Umweltbedingungen, wenn sie ihre soziale Architektur der Komplexität der Umwelt anpassen. Die soziale Architektur einer Organisation beschreibt die Art der Gruppierung der Arbeiter und die Prinzipien der Koordination dieser Gruppierungen. Gruppeneinteilungen folgen einer logischen Arbeitsteilung. Dabei wird unterschieden, ob die Zusammenfassung aufgrund von Funktionen, Fähigkeiten oder organisationalen Zielen („purpose", Pennings, 1998, S. 43) erfolgt. Wenn die Gruppierung nach Funktionen passiert, resultiert daraus die höchste wechselseitige Abhängigkeit zwischen den Abteilungen. Die Arbeit jeder Abteilung ergibt für sich kein verwertbares Einzelergebnis, sondern ist mit den Zielen der anderen Gruppierungen abzustimmen. Wenn beispielsweise ein Marketingkonzept von der Marketingabteilung zu entwerfen ist, muss sie Rücksprache mit zumindest der Entwicklungsabteilung und dem Vertrieb halten. Geringe Abhängigkeit wird hingegen in der multidivisionalen Form (oder kurz M-Form) der Gruppierung erzielt, bei der Abteilungen nach der Absicht und dem Ziel strukturiert sind. Dabei werden für einzelne Märkte, Produktlinien oder Technologien autonome Abteilungen eingerichtet, welche die Verantwortung für die Zielerreichung übernehmen. Die Abteilungen übernehmen spezifische Aufgaben, können diese aber flexibel in Abhängigkeit von ihren spezifischen Zieldefinitionen durchführen. Bei der Firma Unilever, beispielsweise, folgt die Einteilung der Abteilungen unterschiedlichen Produktklassen (z. B. Food, Tiefkühlprodukte). Die Koordination der Abteilungen erfolgt unabhängig von der Art der Gruppierung über den hierarchischen Aufbau der Organisation. Multidivisionale Abteilungen können flexibler auf Umweltbedingungen reagieren als eine soziale Architektur nach Funktionen. In dynamischen Umwelten ist daher eine multidivisionale Struktur der klassischen Aufteilung der Gruppen nach Funktionen zu überlegen.

Organisationsstrukturen und damit die soziale Architektur sollen der Unsicherheit der Umwelt entsprechen. Burns und Stalker (1961) entwickelten eine Kontingenztheorie, nach der sie zwischen mechanistischen Organisationen als eine Extremausprägung auf einem Kontinuum und organischen Organisationen als Gegenpol unterscheiden. Die Unterschei-

Mechanistische und organische Organisationen stehen sich auf einem Kontinuum gegenüber.

dung zwischen mechanistischen und organischen Organisationen basiert auf der Analyse der Umwelt, danach, ob Aufgaben, die an die Organisation gestellt werden, entweder wiederkehrend und stabil oder dynamisch und unsicher sind.

- *Mechanistische Organisationen* beruhen auf stark standardisierten Routineabläufen und stellen in stabilen und wenig veränderlichen Umwelten effiziente Strukturen dar. Greenberg und Baron (2000) nennen McDonald's als Beispiel für eine mechanistische Organisation: Hamburger, um nur ein Beispiel zu erwähnen, werden in jeder Filiale und in jedem Land auf dieselbe Weise hergestellt. Kunden können erwarten, dass in jeder Filiale die Hamburger gleich schmecken. Mechanistische Organisationen, zu denen auch bürokratische Strukturen als Beispiel zählen, können nur in stabilen Umwelten überleben, in denen unerwartete Veränderungen des Produktes, der Nachfrage und der Technologie ausgeschlossen werden können. Die Bildung von Expertenwissen, eine starke Hierarchie und zahlreiche Regeln sind Kennzeichen einer mechanistischen Organisation.
- *Organische Organisationen* haben in stark veränderlichen und damit unsicheren Umwelten einen Wettbewerbsvorteil gegenüber mechanistischen Organisationen. Ablaufstrukturen sind nicht standardisiert, weil eine einmal erfolgreiche Lösung innerhalb kürzester Zeit überholt erscheint und neue Lösungswege gesucht werden müssen. Spezialisten können sich nicht entwickeln, da sich die Anforderungen schnell ändern; Generalisten sind eher in organischen Organisationen zu finden. Von den Mitgliedern der Organisation wird Selbstkontrolle und die Bereitschaft zur aktiven Teilnahme an Entscheidungen erwartet. Die Hierarchie ist flach und es besteht ein reger Austausch zwischen formal gleichgestellten Arbeitnehmern. Organische Organisationen sind zum Beispiel in der Informationstechnologie angesiedelt, die über kurzlebige Produktzyklen verfügt.

Kontingenztheorien der Organisation entsprechen der Vielfältigkeit der organisatorischen Umwelt und den daraus resultierenden, verschiedenen Problemen, die Organisationen lösen müssen. Sie sind praktisch anwendbar und intuitiv verständlich. Trotzdem gibt es mehrere Probleme mit dem Kontingenzansatz:

- Übereinstimmung zwischen Unsicherheit und Organisationsstruktur wird angestrebt. Beide Konzepte sind multidimensional, wodurch eine empirische Testung der Übereinstimmung schwierig ist (Veen und Korver, 1998).
- Es wird nicht konkret definiert, was unter Übereinstimmung zwischen Struktur und Umwelt gemeint ist. Daraus ergibt sich die Frage, wie

schnell Organisationen auf eine fehlende Übereinstimmung reagieren müssen und ob nicht kontinuierliche Anpassungsprozesse für sich Änderungen ergeben, auf die wieder reagiert werden muss. Konflikte zwischen kurzfristiger Effizienz und langfristiger Effektivität können entstehen (Veen und Korver, 1998), da meist langfristige Konsequenzen nur ungenügend abgeschätzt werden können.
- Die innere Stabilität und Konsolidierung der Ablaufprozesse sind wichtige organisationale Ziele. Anpassung an sich ändernde Umweltbedingungen ist daher nur begrenzt möglich.

Im Folgenden werden Galbraiths Organisationstheorie und Mintzbergs Ansatz als Beispiele für spezifische Kontingenztheorien vorgestellt.

5.1.1.1 Die Organisation als informationsverarbeitendes System nach Jay Galbraith

Jay Galbraith wurde 1939 (Foto 16) in Cincinnati, Ohio, geboren. Er studierte an den Universitäten von Cincinnati und Indiana und ist nun nach jahrelanger Arbeit am MIT und der University of Southern California emeritierter Professor am International Institute for Management Development (IMD) in Lausanne, Schweiz. In seiner Arbeit konzentrierte sich Galbraith auf die Organisationsentwicklung, -veränderung und -design, wobei seine Ideen auf Thompsons (1967) abstrakter Theorie basieren. Die Entwicklung einer Organisationsstruktur ist kein einmaliges Problem, sondern besteht aus kontinuierlichen Entscheidungen über Unternehmensstrategien und über Wege und Techniken des Organisierens. Dabei wird eine Übereinstimmung zwischen den Bedürfnissen der Personen, der Organisationsstruktur und den Unternehmenszielen angestrebt (Galbraith, 1977).

Foto 16: Jay Galbraith (*1939)

Das Design von Organisationen soll der Unsicherheit ihrer Aufgaben angepasst sein. Unsicherheit bedeutet für Galbraith (1977) die Differenz zwischen der Informationsmenge, welche zur Erledigung einer Aufgabe benötigt wird, und der Menge an Informationen, welche die Organisation bereits hat. Die Menge an Informationen nimmt mit der Vielfältigkeit von Organisationszielen, mit zunehmender Arbeitsspezialisierung und mit steigendem Anspruch an die Erledigung der Aufgaben zu (Zitat 21). Jedes Organisationsziel erfordert Informationen und Wissen über die Umwelt. Je mehr Produkte ein Unternehmen anbietet, je mehr Märkte es anvisiert, je unterschiedlicher ihre Klienten sind, desto größer ist die Informationsmenge, die erfasst und verarbeitet werden muss. Starke Arbeitsspezialisierung führt zu einer genaueren und tieferen Informationsverarbeitung und erhöht damit die Informationsmenge. In einer Gemeinschaftspraxis eines praktischen Arztes und eines Labordiagnostikers zum Beispiel werden Blutuntersuchungen differenzierter ausfallen, als wenn ein praktischer Arzt selbst einfache Blutanalysen durchführt. Mehr Informationen müssen aber auch koordiniert und verarbeitet werden, die Datenbanken beider Ärzte müssen aufeinander abgestimmt und Abgeltungen spezifisch verrechnet werden; damit nimmt die Informationsmenge zu. Zusätzlich hängt die Informationsmenge noch von dem Anspruch an die Aufgabenerledigung ab. Ist der Anspruch sehr hoch, müssen mehr Entscheidungsmerkmale berücksichtigt, mehr Alternativen überlegt werden und die Vergleiche zwischen den einzelnen Alternativen differenzierter ausfallen, als wenn die Entscheidung keinem besonders hohen Anspruch genügen muss.

Das Design von Organisationen soll der Unsicherheit ihrer Aufgaben angepasst sein.

Zitat 21: Informationsverarbeitung als Hauptaufgabe der Organisation (Galbraith, 1977, S. 39)

In summary, the complexity of a task in terms of the amount of information to be processed in decision making is a function of the division of labor, the goal diversity, and the level of goal performance required. When the organization does not have the necessary information, it must acquire the information and make and remake decisions during the actual task execution. Task uncertainty is the relative amount of information that must be acquired. The greater the uncertainty, the greater the amount of decision making and information processing. It is hypothesized that organizations have limited capacities to process information and adopt different organizing modes to deal with task uncertainty. Therefore, variations in organizing modes are actually variations in the capacity of organizations to process information and make decisions about events which cannot be anticipated in advance.

Die zu verarbeitende Informationsmenge und die Verarbeitungskapazität der Organisation sollen ausgewogen sein. Gerät das Verhältnis aus dem Gleichgewicht, nennt Galbraith (1973) vier Wege, um ein optimales Verhältnis zwischen Informationsmenge und Kapazität der Organisation wieder herzustellen: (a) Verringerung der Leistung über die Einrichtung von Reserven („slack resources“, Galbraith, 1977, S. 50), (b) Einrichtung von unabhängigen Gruppen oder Abteilungen, (c)

Die zu verarbeitende Informationsmenge und die Verarbeitungskapazität der Organisation sollen ausgewogen sein.

Einführung eines vertikalen Informationssystems und (d) Unterstützung von „lateralen" Beziehungen und Austausch. Die ersten beiden Strategien dienen dazu, die Informationsmenge zu reduzieren, die letzten beiden Strategien erhöhen die Informationsverarbeitungskapazität der Organisation.

(a) Idealerweise strebt eine Organisation maximale Effizienz an, das heißt, dass zur Fertigstellung einer bestimmten Aufgabe so wenig Ressourcen (z. B. Materialien, Zeit, Personal) wie möglich verwendet werden und ein maximaler Output angepeilt wird. Wenn die zu verarbeitende Informationsmenge zunimmt, kann die Organisation darauf reagieren, indem sie mehr an Ressourcen für die Produktion einer bestimmten Menge bereitstellt. Der Druck durch strikte Effizienz wird verringert: Mehr Rücklagen werden gebildet, längere Produktionszeiten eingeplant, weniger Ausnahmen akzeptiert und damit die Hierarchie entlastet, mehr Personenstunden für die Produktion werden bereit gestellt, oder höhere Fehlerquoten akzeptiert. Reserven bieten Sicherheit und die Möglichkeit, auf unerwartete Ereignisse zu reagieren. Reserven reduzieren damit Unsicherheit und die Menge an Information, die von der Organisation verarbeitet werden muss. Allerdings kosten Reserven meist Geld, da das System nicht ständig vollständig ausgelastet ist. Wenn die Organisation sich nicht bewusst für eine andere der vier Strategien entscheidet, ist die Reduktion der Leistung die automatische Reaktion auf Informationsüberlastung.

(b) Die Aufteilung von größeren Abteilungen mit *mehreren* Zielen auf mehrere Gruppen mit jeweils *einem* Ziel verringert die pro Gruppe zu verarbeitende Informationsmenge. Der Umstieg von funktionellen Gruppen (z. B. Marketing, Verkauf) auf multidivisionale Gruppen, welche nach spezifischen Zielen (z. B. Produkt, Markt, Kunden) geteilt werden, reduziert den Aufwand an Interaktion und Koordination innerhalb der Gruppen. Die Arbeitsteilung innerhalb der Gruppe ist geringer, weil sich einzelne Gruppen weniger Spezialisten leisten können, als die gesamte Organisation. Je unabhängiger die einzelnen Gruppen voneinander sind, umso weniger Koordination zwischen den Gruppen ist erforderlich. Multidivisionale Gruppen haben Vorteile gegenüber funktionalen Gruppen, weil der Ort, an dem Informationen gesammelt und Entscheidungen gefällt werden, näher beieinander liegen. Allerdings kosten parallele Gruppen aufgrund der Ausstattung viel Geld und sie fühlen sich oft mehr der eigenen Gruppe als der Gesamtorganisation verpflichtet.

(c) Vertikale Informationssysteme dienen dazu, Informationen dort zu erfassen, wo sie entstehen und dort hinzuleiten, wo sie gebraucht werden, ohne hierarchische Entscheidungen über die Verteilung der Informationen zu benötigen. Mit Computern können Datenbanken eingerichtet werden, welche von den Organisationsmitgliedern gefüllt und abgerufen werden können. Informationssysteme können periodisch oder kontinuierlich aktualisiert und lokal für einzelne Abteilungen oder global für das ganze Unternehmen geführt werden. Weiter können Informationssysteme unterschiedlich stark formalisiert und in ihrer Symbolik komprimiert sein. Je öfter die gespeicherten Informationen erneuert werden, je größer der Bereich der Informationen ist und je schwächer sie formalisiert sind, umso höher sind die Anforderungen an die Entscheidungsträger. Informationssysteme sind teuer und kosten Zeit und Geld, um sie am neuesten Stand zu halten.

(d) Interaktion zwischen Abteilungen und Gruppen, die in der Hierarchie auf derselben Ebene liegen („laterale Beziehungen"), erhöhen die Informationsverarbeitungskapazität der Organisation. Laterale Beziehungen werden in jeder Organisation im informellen Kontakt gebildet. Galbraith (1977) betont aber, dass Interaktion zwischen Gleichgestellten auch durch die formale Organisation unterstützt werden soll. Direkter Kontakt soll gefördert werden (etwa mit der Einrichtung von Pausenräumen), konkrete Kontaktpersonen der Abteilung sollen genannt werden und temporäre Teams können abteilungsübergreifend gebildet werden, um den Austausch zwischen Gleichgestellten zu fördern. Laterale Interaktion kann als Ziel den Austausch von Informationen haben und gegenseitiges Lernen erleichtern. Auch die Dezentralisierung von Entscheidungen kann innerhalb von Teams umgesetzt werden. Probleme und Kosten können allerdings durch Konflikte entstehen und durch den größeren und teils geänderten Anspruch an die Führungspersonen.

Nach Galbraith (1977) lassen sich Verhaltensweisen der Organisationsmitglieder über verschiedene Belohnungssysteme steuern. Abhängig von der Art der Arbeitsaufgabe sind spezifische Verhaltensweisen erwünscht. Das Belohnungssystem kann diese Verhaltensweisen fördern oder verhindern. Für Galbraith (1977) sind seitens der Organisation folgende Verhaltensweisen erwünscht: Die Entscheidung, der Organisation beizutreten und zu bleiben, die Übernahme der vorgesehenen organisationalen Rolle, Leistungsanstrengung über das Minimum hinaus und kooperatives Verhalten. Das Verhalten kann durch verschiedene Arten von Belohnungen verstärkt werden. Unter Belohnungssystemen, das sind sozusagen Quellen von Anreizen, versteht er die Möglichkeit, die übernommene Rolle („role compliance", Galbraith, 1977, S. 254) aufgrund erlebter Autorität auszufüllen und zu behalten, das System an sich, Leistungsanreize für Gruppen und Individuen, die Identifikation mit der Arbeitsaufgabe und die Identifikation mit den Unternehmenszielen[2]. Die Übernahme und Ausführung der Rolle und entsprechende Belohnungen und Bestrafungen für gute oder schlechte Leistungen, sowie die verschiedenen Arten der Incentives führen zu extrinsischer Motivation; die Identifikation mit der Aufgabe und den Unternehmenszielen ist mit intrinsischer Motivation verbunden.

Galbraith (1977) fasst den Zusammenhang zwischen den verschiedenen Belohnungssystemen und den gewünschten Verhaltensweisen in einer Matrix zusammen (Abbildung 6). Zum Beispiel argumentiert er, dass die Entscheidung, der Organisation beizutreten und zu bleiben, über fast alle Belohnungssysteme zu erzielen ist (Ausnahme ist die Identifikation mit der Aufgabe, die auch in anderen Organisationen angeboten werden kann). Wenn ausschließlich die Rolle erfüllt wird und Belohnungen unspezifisch an alle innerhalb der Organisation ausgegeben werden, wird spontanes und kooperatives Verhalten seltener, als bei Identifikation mit den Unternehmenszielen. Identifikation mit den Organisationszielen stellt die höchste Stufe der Motivation dar und unterstützt alle von der Organisation gewünschten Verhaltensweisen.

Das Verhalten der Organisationsmitglieder kann durch Anreize gesteuert werden.

Galbraith (1973, 1977) beschreibt das optimale Organisationsdesign in Abhängigkeit von der Informationsmenge, die eine Organisation verarbeiten muss. Er argumentiert nicht für „einen besten Weg", der anhand der Strukturmerkmale Arbeitsteilung, Autorität und Hierarchie, De- oder Zentralisierung und die Unterscheidung in beratende und entscheidende Positionen zu beschreiben wäre. Allerdings wirken sich die einzelnen Merkmale einer Organisation auf die Informationsverarbeitungsleistung der Organisation folgendermaßen aus:

- *Arbeitsteilung und Spezialisierung* erhöhen die Informationsmenge und sind deshalb nur in einer sicheren und prognostizierbaren Umwelt erfolgreich. Mit zunehmender Unsicherheit sollte die Arbeitsteilung abnehmen und eher Generalisten beschäftigt werden als Spezialisten.
- *Autorität und Hierarchie* sind wichtig, um Ausnahmen von den Routineabläufen zu bearbeiten. Gäbe es keine Ausnahmen, würden die individuellen Aufgabenbeschreibungen und Regeln genügen, um die Organisation

[2] Der Begriff Belohnungssystem erscheint auf dem ersten Blick missverständlich, da der Begriff nur auf Belohnungs- beziehungsweise Bestrafungsreize und auch Incentives anwendbar erscheint. Allerdings bedeutet auch die Identifikation mit der Aufgabe einen Anreiz für den Arbeitnehmer. Mit hoher Identifikation werden die Unternehmensziele zu den eigenen Zielen. Galbraith (1977) versteht unter Belohnung anzustrebende Ziele.

Abb. 6: Zusammenfassung der Wirkung von verschiedenen Belohnungssystemen auf das organisationale Verhalten (Galbraith, 1977, S. 359)

Verhalten / Belohnungssystem	Beitreten und bleiben	Verlässliches Rollenverhalten	Anstrengung über dem Minimum	Spontanes Verhalten	Kooperatives Verhalten
Regelbefolgung	/ +	+++	/ -	/ -	/ -
Systembelohnung	++				
Gruppen-Belohnung	++	+	++	++ / -	++ / -
Individuelle Belohnung	+++	+	+++	+ / -	+ / -
Führungsverhalten	+	++	++	++	++
Gruppenakzeptanz	+	+ / -	+ / -	+ / -	+ / -
Aufgabeninvolvement	/ -	+++ / - -	+++	+++ / - -	+++ / - -
Zielidentifikation	+++	+++	+++	+++	+++

Anmerkung: Bei geteilten Zellen beschreibt das obere linke Feld den Einfluss auf das Verhalten innerhalb der Gruppe, das untere rechte Feld Effekte auf das Verhalten zwischen den Gruppen.

„am Laufen" zu halten. Wenn beispielsweise das Fließband ordnungsgemäß läuft, weiß jeder Arbeiter in seiner Position, welchen Fertigungsschritt er zu erledigen hat. Erst wenn das Fließband zu langsam oder zu schnell läuft, Fehler in der Produktion auftauchen oder einzelne Arbeiter in der Produktionslinie fehlen, braucht es Entscheidungen des Managements, was in dieser Ausnahmesituation zu tun ist. Allerdings führen zu viele Ausnahmen zu einer Überlastung der Hierarchie; andere Organisationsstrukturen müssen geschaffen werden.

- *Dezentrale Entscheidungen* entlasten die Hierarchie und erhöhen damit die Informationsverarbeitungskapazität der Organisation. Laterale Beziehungen und multidivisionale Gruppen führen zu mehr dezentralen Entscheidungen. Der Nachteil von Dezentralisierung ist, dass Manager neue Führungsaufgaben übernehmen müssen. Weiter muss die Organisation in Funktionen investieren, welche die verschiedenen Abteilungen integriert.
- Vertikale Informationssysteme erleichtern Gruppenentscheidungen, wodurch *beratende Positionen gegenüber den entscheidenden Positionen* aufgewer-

tet werden. Für Galbraith (1977) ist die Trennung in Linie und Stab zwar theoretisch sinnvoll, verursacht aber in der Praxis oft Probleme, da die Grenzen verschwimmen und Autoritätsprobleme entstehen können. In komplexen mit Computern vernetzten Umwelten ist die Trennung noch schwieriger aufrechtzuerhalten.

Um die praktische Relevanz von Galbraiths Modell zu zeigen, wurden einige Aspekte in der Organisation der Bäckerei umgesetzt (Beispiel 6).

Beispiel 6: Organisation einer Bäckerei nach Galbraiths Kontingenztheorie

Aufgabenstellung: Stellen Sie sich vor, Sie haben die Bäckermeisterprüfung gemacht und planen die Eröffnung einer Bäckerei in der Innenstadt Wiens. Vom Angebot her soll das Geschäft eher ein breites Sortiment anbieten (von Brot und Gebäck über Konditorwaren bis zu Milchprodukten). Über ein mittelgroßes Lokal verfügen Sie bereits, es besteht aus 80 Quadratmetern Verkaufsfläche mit zusätzlicher Fläche für die Backstube. Entwickeln Sie für das Geschäft eine organisatorische Struktur, welche Galbraiths Organisationstheorie folgt.

Sie wissen, dass Ihre Organisationsstruktur den Umweltbedingungen angepasst sein soll. Insofern beginnen Sie mit einer Analyse der Aufgabe Ihrer Organisation, Ihrer Kunden, der benötigten Technologie und des Wettbewerbs am Markt. Die Kundenwünsche schätzen Sie eher stabil ein. Brot, Gebäck und Torten sollten den Bedürfnissen entsprechen. Auch die Anzahl der Lauf- und Stammkundschaft und deren Wünsche sind wahrscheinlich schnell einschätzbar und werden nicht täglich unterschiedlich sein. Von der technologischen Ausstattung brauchen Sie einen Backofen und eine Teigmaschine. Der Wettbewerb mit anderen Bäckereien macht Ihnen die meisten Sorgen, und Sie planen, Angebotsvielfalt und Preisgestaltung anderer Bäckereien gut zu beobachten. Aufgrund der Analyse der Aufgabe bewerten Sie Ihre Umweltfaktoren als recht stabil, Sie können daher den Großteil Ihrer Produktion standardisiert ablaufen lassen und nur soviel Reserven einplanen, um kurzfristige Kundenwünsche abwickeln zu können. Damit ersparen Sie sich auch eine genaue Überwachung, da bei standardisierten Abläufen die Fehlerhäufigkeit gering ist.

Welches Personal brauchen Sie, um die Aufgaben bewältigen zu können? Sie entscheiden sich für eine grobe Arbeitsteilung in Verkauf, Produktion, Instandhaltung und Management. Instandhaltung (Reinigung und Maschinenwartung) werden Sie auslagern, das Management mit Buchhaltung werden Sie übernehmen. Verkauf und Produktion sind zwei Gruppen, die unterschiedliche Fertigkeiten haben und zusammen arbeiten müssen. Was hilft Ihnen eine Überproduktion, wenn die Produkte nicht verkauft werden? Und der Verkauf kann nur Produkte verkaufen, welche auch vorhanden sind. Identifikation mit dem Unternehmen als Ganzes wäre zwar schön, aber ihrer Meinung nach nicht wirklich zu erzielen, da eine Bäckerei nicht gerade eine inspirierende Mission verfolgt, und Sie glauben, dass Ihre Mitarbeiter eher über Geld zu motivieren sind. Deshalb entscheiden sie sich, alle Mitarbeiter mit einem Fixum zu entlohnen und zusätzlich prozentuell am Gesamtumsatz zu beteiligen. Sie stellen drei Bäcker ein (zwei für Backwaren, einen Konditor) und zwei Verkäufer. Bevor Sie Ihr Geschäft öffnen, entwickeln Sie gemeinsam mit Ihren Mitarbeitern eine Datenbank, die Informationen über alle Bestandteile der einzelnen Produkte beinhaltet, in der tägliche Produktion und Verkauf der einzelnen Produkte registriert werden, das Angebot ihrer Wettbewerber und deren Preise und die Anzahl der Kunden, welche täglich Ihr Geschäft betreten, sowie die Einschätzung, ob diese Stamm- oder Laufkundschaft sind, eingetragen werden.

Sie sperren das Geschäft auf und machen nach drei Monaten eine erste Analyse der Stärken und Schwächen der Organisation. (a) Die Datenbank sehen Sie als großen Vorteil. Beispielsweise kam einmal ein Kunde in die Bäckerei, der wissen wollte, welches Gebäck ohne tierische Produkte wie Ei und Milch zubereitet wird. Ein Blick in die Datenbank genügte, und die Verkäuferin konnte kompetent Auskunft geben. Ihre Produktionseinheit kann außerdem Angebot und Nachfrage über die Datenbank vergleichen, und die Produktion dem Bedarf anpassen, ohne dass Sie selbst regulierend eingreifen müssen. (b) Auch die Beobachtung der anderen Bäckereien bringt viele Vorteile. Ein Mitbewerber versuchte sich, mit Wellnessweckerln zu profilieren. Sie haben eines gekauft, in seine Bestandteile zerlegt und bieten jetzt ein von Ihnen optimiertes selbst an. (c) Produktionseinheit und Verkauf können vieles dezentral entscheiden und haben mit den Informationen aus der Datenbank auch eine gute Basis für Entscheidungen. Sich selbst sehen Sie als Punkt, an dem alle Informationen zusammenlaufen. Deshalb gehen Sie viel herum und bieten Hilfe und Informationen an, wenn Engpässe oder Probleme auftauchen. Außerdem führen Sie Buch über die Umsätze und hängen einmal in der Woche eine Tabelle über die Verkäufe aus.

Sehr viele Schwächen sind Ihnen noch nicht aufgefallen, außer dass (a) die Führung der Datenbank einen großen Aufwand bedeutet. Nach jedem Kunden sind Strichlisten zu führen, die in turbulenten Zeiten die ohnehin knappen personellen Ressourcen binden. (b) Außerdem wäre es Ihrem Personal lieber, wenn Sie persönlich manchmal Entscheidungen übernähmen und nicht alles auf Ihre Mitarbeiter abwälzen. (c) Auch Ihre

Ausflüge zu den anderen Bäckereien schätzen sie als Spaziergang ein, und nicht als notwendige Arbeit. (d) Es gibt keine Aufstiegsmöglichkeiten in der Bäckerei, da es nur zwei Ebenen gibt, Sie selbst und Ihre untereinander gleichberechtigten Mitarbeiter. (e) Geld allein dürfte doch nicht alle Bedürfnisse befriedigen; so merken Sie, dass ein Bäcker die informelle Führung über die Produktionseinheit übernommen hat. Er trifft nicht nur die meisten Entscheidungen, sondern verwendet auch als Einziger die Datenbank, da die anderen Mitarbeiter Berührungsängste mit dem Computer haben und bei Problemen ihren Kollegen um Hilfe bitten. Auch mit Jobrotation können Sie dieses Problem nicht lösen, da Sie ihm keinen alternativen Platz anbieten können.
Die erste Analyse stimmt Sie optimistisch und Sie passen einige Strukturen an: Die Spaziergänge zu den anderen Bäckereien werden Sie wie ein besonderes „Zuckerl" in der Gruppe rotieren lassen. So kommt an jedem Tag ein anderer Mitarbeiter für eine halbe Stunde aus der Bäckerei und in der Zwischenzeit übernehmen Sie seinen Platz. Und vielleicht eignet sich ja der aufstrebende Bäcker als Ihr Stellvertreter ...

Galbraith (1977) beschreibt die Organisation als informationsverarbeitendes System, das ähnlich einem Computer funktioniert. Fragen der Macht und Kontrolle, zum Beispiel die Frage nach dem Zugang zu dem Informationssystem, werden nur unzureichend behandelt. Machtbeziehungen in Organisationen sind in Mintzbergs Theorie von Organisationen ein zentrales Thema.

5.1.1.2 Organisationsdesign als Ausdruck von Macht nach Henry Mintzberg

Henry Mintzberg (Foto 17) wurde 1939 in Montreal, Kanada, geboren und absolvierte sein Studium an der McGill University in Montreal und am MIT. Seitdem ist er an der McGill Universität tätig und beschäftigt sich mit Organisationsformen und der Entwicklung von Unternehmensstrategien.

Foto 17: Henry Mintzberg (*1939)

Organisationen sind Arenen, in denen um Macht gespielt wird (Mintzberg, 1983, siehe auch Zitat 22). Macht und Einfluss gehören jener Person, die (a) über Machtmittel verfügt, (b) Energie aufbringt, ihre Macht einzusetzen und, wenn notwendig, (c) ihre Macht in einer taktischen Weise einbringt. Machtmittel können Ressourcen sein, technische Fertigkeiten und Wissen, welche für die Organisation von Bedeutung sind. Monopolisten üben Macht über die Bereitstellung ihrer Produkte aus. Techniker, welche zum Beispiel ein defektes Fotokopierergerät reparieren können, üben Macht aus, weil ohne sie der administrative Betrieb stark behindert ist. EDV-Spezialisten können Macht ausüben, weil manchen PC-Nutzern die Fähigkeit fehlt, einfache Aufgaben, wie das Installieren einer neuen Software, selbst durchzuführen. Macht kann außerdem formal zugeschrieben (z. B. Polizei und Heer) oder ausgeübt werden, indem Kontakte zu Personen bestehen, welche über Machtmittel verfügen. Machtmittel führen erst dann zu konkretem Einfluss, wenn Personen ihre Mittel strategisch und taktisch einsetzen (z. B. in Verhandlungen). Mintzbergs (1983) Definition von organisationaler Macht entspricht French und Ravens (1959) Auflistung von Machtgrundlagen (siehe Rodler und Kirchler, 2002) und ist ähnlich der Sichtweise von Organisationen als Ort, wo Macht ausgeübt wird (nach March und Simon, 1958, siehe Kapitel 4.2.3).

Organisationen sind Arenen, in denen um Macht gespielt wird.

Zitat 22: Mintzberg (1983, S. 22) Zur Bedeutung von Macht in Organisationen
[Organizational power] is built on the premise that organizational behavior is a power game in which various players, called *influencers*, seek to control the organization's decisions and actions. The organization first comes into being when an initial group of influencers join together to pursue a common mission. Other influencers are subsequently attracted to the organization as a vehicle for satisfying some of their needs. Since the needs of influencers vary, each tries to use his or her own levers of power – *means* or *systems of influence* – to control decisions and actions. How they succeed determines what configuration of organizational power emerges. Thus, to understand the behavior of the organization, it is necessary to understand which influencers are present, what needs each seeks to fulfill in the organization, and how each is able to exercise power to fulfill them.

Personen und Gruppen („influencers") innerhalb und außerhalb der Organisation versuchen, Macht über die Organisation zu gewinnen. In der Organisation unterscheidet Mintzberg (1979) fünf Elemente, die eine Organisation ausmachen: Die Basis bildet das ausführende Organ („operating core"). Darüber folgt im hierarchischen Aufbau und verbunden über die Befehlslinie das mittlere Management („middle line") und die Leitungsspitze („strategic apex"). Zusätzlich sind zwei Elemente zu unterscheiden, die außerhalb des hierarchischen Aufbaus stehen: Das technische („technostructure") und das unterstützende System („support staff", Abbildung 7).

Innere und äußere „influencer" versuchen Macht über die Organisation zu gewinnen.

Abb. 7: Mintzbergs Aufbau einer Organisation (1979, Integration von Abbildungen 1 und 5, S. 244 und 253)

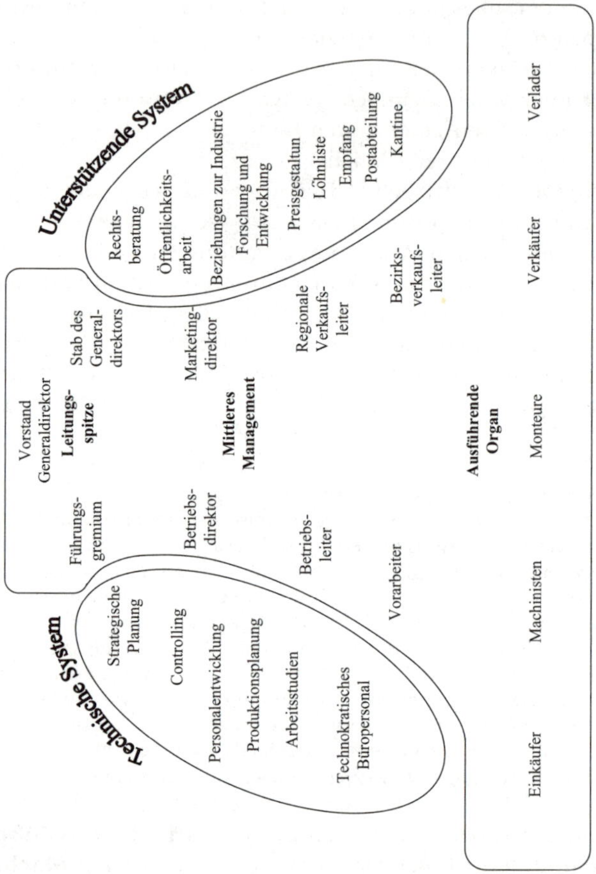

- Das *ausführende Organ* ist das Herz der Organisation. Es umfasst alle Mitglieder, welche die eigentliche Produktion durchführen oder die Dienstleistung anbieten. Das ausführende Organ einer Organisation stellt den Input für die Produktion bereit, begleitet die Transformation von Roh- zum Endprodukt, bietet den Output am Markt an und unterstützt den Produktionsbetrieb durch Instandhaltungsarbeiten oder Lagerlogistik. Der Einkauf, Mitarbeiter an den Maschinen, Verkäufer und Lieferanten sind Beispiele für Mitglieder des ausführenden Organs. Aufgaben des ausführenden Organs sind häufig in Routineabläufen zu erledigen und lassen sich teilweise standardisieren. Der Produktionskern wird von den anderen Elementen der Organisation unterstützt und geschützt.

- Die *Leitungsspitze* hat die Verantwortung über die effiziente Umsetzung der Unternehmensziele. Sie hält Beziehungen zur Umwelt aufrecht, überwacht Abläufe in der Organisation und entwickelt und adaptiert Unternehmensstrategien. Im obersten Entscheidungsorgan laufen alle Unternehmensentscheidungen zusammen. Insofern haben die obersten Manager den größten Einblick in die Organisation, auch wenn sie meist eine abstrakte Vorstellung von der Organisation haben. Ihre Aufgaben wiederholen sich selten, ihre Entscheidungsprozesse haben lange Zyklen.
- Das *mittlere Management* liegt zwischen dem ausführenden Organ und dem obersten Entscheidungsgremium. Abhängig von der Kontrollspanne besteht das mittlere Management aus einer oder mehreren hierarchischen Ebenen. Neben der Überwachung hat das mittlere Management die Aufgabe, auf ihrer Ebene zu koordinieren und Kontakte mit ihrer Umwelt zu pflegen. Weiter helfen sie Informationen zwischen der Leitungsspitze und den ausführenden Personen weiterzuleiten. Je weiter unten sich die Manager in der hierarchischen Ebene befinden, umso konkreter, detaillierter und spezifischer werden ihre Tätigkeiten.
- Die Personen des *technischen Systems* sind für die Standardisierung von Routineabläufen zuständig. Sie entwickeln Technologien, planen und verändern Ablaufprozesse und schulen Personen, die an den technischen Maschinen arbeiten. Ihre Aufgabe ist es einerseits die umgebende Umwelt zu analysieren und Anpassungsprozesse einzuleiten. Andererseits überprüfen sie organisatorische Ablaufprozesse auf ihre Effizienz. Controller, Personalisten, welche sich mit Personalauswahl und -entwicklung beschäftigen, und Industrietechniker gehören zum technischen System. Informelle Kommunikation über Stärken und Schwächen im Ablaufprozess gehört zu ihrem Arbeitsalltag.
- Unter dem *unterstützenden System* fasst Mintzberg (1979) alle Personen zusammen, die Tätigkeiten außerhalb des eigentlichen Produktionsprozesses durchführen und eine unterstützende Funktion ausüben. Sie dienen Mitgliedern des obersten Entscheidungsgremiums (z. B. Public Relations Abteilungen, Rechtsabteilung), sowie des mittleren Managements (z. B. Forschungsabteilung) und des ausführenden Organs (z. B. Cafeteria, Postabteilung).

In Abbildung 7 sind mögliche Funktionen der Leitungsspitze, des mittleren Managements, des ausführenden Organs und des technischen und unterstützenden Systems dargestellt.

Nicht nur von den fünf Gruppen innerhalb der Organisation kann Einfluss in der Gestaltung der Organisation ausgeübt werden. Auch externe Koalitionen sind möglich, welche die Organisation beeinflussen. Mintzberg (1983) fasst unter den Personen und Gruppen außerhalb der Organisation Firmenbesitzer (Einzelbesitzer oder über Besitzer-Aktien), Organisationen, die eng mit dem Unternehmen verbunden sind (Lieferanten, Abnehmer, Handelspartner und Mitbewerber), Gewerkschaften und Kammern und die generelle Öffentlichkeit (z. B. gesetzlicher Rahmen) zusammen.

Die Art der Organisationsform hängt davon ab, ob Macht von außen oder von innen ausgeübt wird.

Wer Macht hat, gestaltet die Organisation und beeinflusst das Verhalten ihrer Mitglieder. Abhängig davon, ob die Macht vorwiegend bei externen Gruppen liegt, oder intern und von welchen der fünf Elementen innerhalb der Organisation sie ausgeübt wird, unterscheidet Mintzberg (1983) sechs verschiedene Organisationsformen: Organisationen (a) als Instrumente für externe Beeinflussung, (b) als geschlossene Systeme, (c) zur Verfolgung einer Mission, (d) als Autokratie (Selbstherrschaft), (e) als Meritokratie[3] und (f) als politische Arena.

(a) *Instrumente* sind Organisationen, die von außen gesteuert werden. Innerhalb sind Instrumente bürokratisch organisiert, das heißt, dass Autorität über strikte Verhaltensregeln und einen hierarchischen Aufbau ausgeübt wird. Standardisierte Ablaufprozesse dienen dazu, die klaren und leicht umsetzbaren externen Ziele umzusetzen. Organisationsmitglieder selbst nehmen am Machtspiel nicht teil; sie bleiben in der Organisation, um ihre auf Nutzen ausgerichtete Motive befriedigen zu können. Die Umwelt der Instrumente ist stabil, und diese Organisationsform ist eher für ungelernte Arbeiter attraktiv. Feuerwehr und Post sind Beispiele für Instrumente, ebenso wie Zwangsorganisationen (Etzioni, 1961), wie z. B. Gefängnisse oder das Militär.

(b) *Geschlossene Systeme* sind den Instrumenten in ihrem organisatorischen Aufbau ähnlich. Einfluss wird allerdings nicht von außen ausgeübt, sondern von innen. Die bürokratische Struktur gibt dem mittleren Management und der Leitungsspitze Gestaltungsmacht. Auch das technische System übt Macht aus, weil es die Aufgabe hat, Ablaufprozesse zu standardisieren. Es werden auf Nutzen ausgerichtete Ziele angestrebt, weniger ideologische Ziele. Insgesamt sind geschlossene Systeme darauf aus-

[3] Meritokratie meint die Herrschaft der Verdienten. Die Besten sollen der Gesellschaft vorstehen, wobei nicht geklärt ist, nach welchen Kriterien die Besten ausgewählt werden sollen. Meritokratie ist kein wissenschaftlicher Begriff.

gerichtet, den Status quo zu bewahren. Sie verfügen über wenig Spielraum in ihrer Gestaltung. Innerhalb eines engen Korsetts versuchen sie, höchste Effizienz zu erreichen, um in der relativ einfachen und stabilen Umwelt überleben zu können. Geschlossene Systeme können eine multidivisionale Struktur haben, wenn das gewachsene Unternehmen nach spezifischen Märkten oder Produkten aufgeteilt wird. Geschlossene Systeme sind oft bei großen Firmen zu finden mit einer bereits erprobten und gefestigten Organisationsstruktur („reife" Unternehmen).

(c) Organisationen, die der Umsetzung einer *Mission* dienen, werden von innen gesteuert, wobei nicht ein einzelnes Element besonderen Einfluss ausübt, sondern die Ideologie, welche die Mission trägt. Missionen werden in einfachen Umwelten umgesetzt und zeichnen sich durch klare, inspirierende Ziele ab, die sich von anderen abheben. Organisationsmitglieder identifizieren sich mit dieser Mission, empfinden Loyalität gegenüber der Organisation und bestimmen die Ausrichtung der Organisation mit; dezentrale Entscheidungen, flache Hierarchien und eine geringe Aufteilung der Arbeit sind Kennzeichen dieser Organisationsform. Organisationen dieses Typus versuchen externe Einflüsse abzuschirmen. Hilfsorganisationen und sozial aktive Vereine weisen oft diese Organisationsform auf.

(d) In der *Autokratie* (Selbstherrschaft) geht die Autorität meist von nur einer Person aus, welche die Leitungsspitze ausmacht, was als einfache Struktur bezeichnet wird (Mintzberg, 1979). Die Autokratie kann als organisch beschrieben werden (siehe Kapitel 5.1.1), hat flache Hierarchien und flexible Strukturen. Ideologische Ziele werden nur unterstützt, solange sie der Meinung des Chefs entsprechen, der über die alleinige Entscheidungsgewalt verfügt. Erfolg oder Misserfolg hängen damit nur von einer Person ab, was für das Unternehmen ein großes Risiko birgt. Autokratien sind flexibel, wenn beispielsweise der Restaurantchef die Menükarten ändern will, kann diese Änderung schnell vollzogen werden. Kleine und junge Unternehmen sind Beispiele für Autokratien, die meist in dynamischen Nischen des Marktes aktiv sind. Auch Firmen mit einer starken Unternehmensphilosophie und Organisationen, die in Krisenzeiten durch die Handlungen einer starken Persönlichkeit dominiert werden, weisen diese Organisationsform auf.

(e) In der *Meritokratie* wird Macht über Fertigkeiten und Wissen erlangt. Da Aufstiegskriterien nicht strikt und wenig transparent sind, sind Machtkämpfe, Intrigen und Koalitionen zu beobachten. Zwei Arten von Organisationsformen werden unter der Meritokratie zusammengefasst, die professionelle Bürokratie, wo die Macht beim ausführenden Organ liegt, und die Adhokratie (Ad-hoc-(k)ratie; Bildung von ad hoc Teams zur Problemlösung), die einem Netzwerk von hoch ausgebildeten Einzelpersonen entspricht. In der professionellen Bürokratie hat die operative Seite großen Entscheidungsspielraum, die Organisation ist durch starke Arbeitsspezialisierung charakterisiert und durch zahlreiche strikte Regeln. Spitäler und Universitäten sind Beispiele für professionelle Bürokratien, bei denen die Gefahr herrscht, dass einzelne Personen nur mehr für ihren Ausschnitt der Organisation Verantwortung übernehmen und für die gesamte Organisation „blind" werden. In der Adhokratie hingegen gibt es kaum Regeln; flache Hierarchien und eine starke Gleichberechtigung aller Mitglieder sind Merkmale der Adhokratie. Die Adhokratie gilt als Idealbeispiel einer organischen Organisation. Die Macht geht vom unterstützenden System aus. Hohe Innovationsbereitschaft geht einher mit einem hohen Konfliktpotential. Unternehmen der New Economy, „think tanks" und Consulting Firmen sind Beispiele für Adhokratien.

(f) Als letztes Beispiel nennt Mintzberg (1983) *politische Arenen*, welche Organisationen beschreiben, bei denen alle Teilnehmer (intern und extern) am Machtspiel beteiligt sein können. Die daraus entstehenden Konflikte führen zu ständig wechselnden Zielen. Entweder reagiert die Organisation darauf mit überflexiblem Verhalten, bei dem Ziele nicht bis zur letzten Konsequenz umgesetzt werden, oder sie verfällt in Starre. Organisationen, die politischen Arenen gleichen, sind dysfunktional und bei starken Veränderungen oder Krisen von Unternehmen zu beobachten.

Zehn Jahre nach seinem ersten Werk beschreibt Mintzberg (1991) die Merkmale von effektiven Unternehmen (Daft, 1998). Effektivität hängt davon ab, ob die Organisation für sich ein Gleichgewicht aus sieben, einander teils widersprechenden, Motiven erreicht: Richtung, Effizienz, Leistung und Fertigkeiten („proficiency"), Innovation, Konzentration, Kooperation/Kultur und der Umgang mit Konflikten. Jedem Motiv sind einzelne der beschriebenen Organisationsformen perfekt angepasst. Das erste Motiv ist die Umsetzung der Unternehmensziele (Richtung, „direction"), welche besonders in der Autokratie und der auf der Umsetzung einer Mission ausgerichteten Organisation erreicht werden kann. Effizienz als das Streben nach maximalem Gewinn bei minimalen Kosten, sind besondere Kennzeichen des bürokratischen Aufbaus der Instrumente und des geschlossenen Systems („machine bureaucracy"). Professionelle Bürokratien zeichnen sich durch hohes Wissen und das Streben nach außergewöhnlichen Leistungen aus. Innovation wird in Adhokratien am effektivsten umgesetzt. Kooperation und der Umgang mit Konflikten lässt sich als einziges Motiv nicht nur von den verschiedenen Organisationstypen bestimmen. Es ist zwar anzunehmen, dass in bürokratischen Organisationsformen eher autoritäre Führungsstile begünstigt werden und in Adhokratien partizipative Stile. Allerdings werden Kulturvariablen noch von anderen Faktoren jenseits der Organisationsform beeinflusst.

Organisationen müssen entscheiden, welche der einzelnen Motive für sie am wichtigsten sind und dementsprechend die Organisation strukturieren. Mit verschiedenen Organisationsstrukturen lassen sich spezifische Motive umsetzen, andere nicht. Mintzberg (1983) schließt daher sein Buch mit einem Plädoyer für eine Vielfalt an verschiedenen Organisationsformen (Zitat 23).

Die Effektivität einer Organisation hängt von der Erreichung eines Gleichgewichts aus sieben Motiven ab.

Zitat 23: Mintzbergs (1983, S. 646–647) Plädoyer für Kontingenzmodelle
Who should control the corporation? We have seen that it can be nationalized by the state, democratized by a variety of influencers, regulated by the government, pressured by special interest groups, trusted to the goodwill of its managers, ignored when it pays to be socially responsible, induced by financial incentives, or restored to the control of its official owners. [...] my strongest belief is that we are best off treating the various positions around the horseshoe[4] as a portfolio, a kit of available tools. In other words, we should be prepared to draw on any and all of them [...] as different needs arise. "If the shoe fits", as the saying goes, then the corporation should be expected to "wear it". This may seem as unwillingness on my part to take a stand. I think not. Mine is a stand of pluralism and eclecticism. [...] Theories called "contingency" have underlined the approach of this book, and indeed, all the books in this series: rather than having to select between plausible but conflicting theories that purport to describe the same phenomenon, we can accept each, in its own context.

5.1.2 Die Theorie des Organisierens, nicht der Organisation, nach Karl Weick

„How can I know what I think until I see what I say ?“
(Weick, 1979, S. 207)

Karl Weick (Foto 18) wurde 1936 in Warsaw (Indiana, USA) geboren und studierte an der Ohio State University Psychologie. Am Carnegie Institute of Technology traf er auf March, Simon und Cyert und ließ sich von ihrer Sichtweise individueller Entscheidungen für seine eigene Organisationstheorie inspirieren. Seit 1988 bekleidet er den nach Rensis Likert benannten

[4] Mintzberg (1976) reiht seine Vorschläge zur Unternehmensgestaltung auf einer hufeisenförmigen Form an, wobei auf der Seite mit den beiden Enden die extremeren Positionen, auf der Rundung die moderaten Gestaltungsansätze eingezeichnet sind..

Lehrstuhl für organisationales Verhalten an der University of Michigan. Weick geht davon aus, dass Vieldeutigkeit und daraus entstehende Unsicherheit die Hauptprobleme von Mitgliedern in Organisationen sind. Weil die organisationale Wirklichkeit subjektiv konstruiert wird, gibt es nicht *eine* gültige, objektive Wirklichkeit, sondern eine Vielzahl von möglichen Interpretationen. Indem Interpretationen gemeinsam gefiltert werden, wird über Kommunikation und sozialen Diskurs Bedeutung geschaffen. In seinen Büchern über die Sozialpsychologie des Organisierens (Weick, 1969, 1979) und über das Entstehen von Bedeutung in Organisationen („sense-making", Weick, 1995) geht er auf die subjektiven Wurzeln der organisatorischen Wirklichkeit ein.

Die subjektive Konstruktion von Wirklichkeit führt zu einer Vielzahl von möglichen Interpretationen der Realität.

Foto 18: Karl Weick (*1936)

Personen wollen die Welt verstehen, in der sie leben. Konstruktionen über die Wirklichkeit schaffen Sinn und Bedeutung und überwinden das Problem der Mehrdeutigkeit. Konstruktionen werden aktiv produziert und sind nicht objektiv auf ihren Wahrheitsgehalt überprüfbar. Weick (1993) beschreibt „sense-making" als gegensätzliches Prinzip zum Spiel „Mastermind". Im Spiel „Mastermind" bestimmt ein Spieler einen Mastercode, der aus fünf Positionen besteht und von Stäbchen in verschiedenen Farben ausgefüllt werden kann. Der Mastercode wird mit einer Abdeckung verhüllt. Der Gegenspieler muss herausfinden, wie der Mastercode aufgebaut ist. Er bildet verschiedene Codes nach und erhält vom Entwickler des Mastercodes Rückmeldung über die Richtigkeit seiner Versuche. Insofern entwickelt der Spieler Hypothesen und kann aufgrund der Rückmeldung entscheiden, inwiefern seine Hypothesen über den Mastercode auf den wirklichen Mastercode zutreffen. Wenn die Wirklichkeit konstruiert wird, kann im Gegensatz zum Spiel von keinem gültigen Masterplan ausgegangen werden. Die angenommene Ordnung entspringt der eigenen Sichtweise und schließt andere Ordnungsprinzipien nicht aus. Insofern vergleicht Weick (1993) die Suche nach Bedeutung mit der Gestaltung einer Landkarte. Ausgehend von einigen Kernpunkten wird die Karte gezeichnet. Abhängig davon, von wo aus die Landschaft betrachtet wird, wie sie betrachtet wird und mit welchen Hilfsmitteln sie erfasst wird, entstehen unterschiedliche Landkarten (Zitat 24).

Zitat 24: Karl Weick (1993, S. 14) über das Finden von Bedeutung
Mastermind is precisely what sensemaking is not. People cannot be sure there is a mastercode to be discovered, nor can they be sure what the nature of the code might be, nor even if there is some order in the first place. Even if people discover the code, they can never be sure they have done so since there is nothing equivalent to the removal of the shield at the end of the game, which reveals the concealed code. Although the basic materials in the Mastermind game are pegs, colors, and holes, the person engaged in sensemaking does not know a priori what the exact building blocks are. [...] People who try to make sense under these conditions have to differentiate and determine the nature of the materials they are working with, have to look for a unifying order without any assurance that there is a pre-existing order in these materials, have to decide how to present this order, and have to play indefinitely, never knowing whether they have discovered a unifying order.
The task of sensemaking resembles more closely the activity of cartography. There is some terrain that mapmakers want to represent, and they use various modes of projection to make this representation. What they map, however, depends on where they look, how they look, what they want to represent, and their tools for representation (Monmonier, 1991). The crucial point in cartography is that "there is no 'One Best Map' of a particular terrain. For any terrain there will be an indefinite number of useful maps, a function of the indefinite levels and kinds of descriptions of the terrain itself, as well as the indefinite number of modes of representation and uses to which they can be put" (Fay, 1990, S. 37) [...]
It is the job of the sensemaker to convert a world of experience into an intelligible world. That person's job is not to look for the one true picture that correspond to a pre-existing, preformed reality.

Die Suche nach Bedeutung („sense-making") ist keine Metapher, sondern schafft Realität. Informationen werden gesucht, um Bedeutung zu schaffen, wobei meist nicht ein Mehr an Informationen Mehrdeutigkeit ausräumt, sondern eine Selektion dieser. Drei Stufen in der Suche nach Bedeutung werden von Weick (1979) unterschieden: (a) Setzen von Handlungen, (b) Zuschreiben von Bedeutung im Nachhinein und (c) Speichern von Erfahrungen.

(a) Am Anfang steht die Handlung („enactment"):
Handlungen produzieren eine dahinter liegende Strategie. Individuen beginnen, Handlungen zu setzen und Informationen zu verarbeiten. Während Handlungen gesetzt werden, ist der Grund der Handlung entweder selbst erklärend oder uninteressant, besonders wenn die Konsequenzen gering sind, nur kurzfristig wirken und nicht öffentlich sichtbar sind.

(b) Handlungen wird Bedeutung zugeschrieben („selection"):
Wenn sich Individuen an ihre Handlungen gebunden fühlen, versuchen sie, ihren Handlungen Bedeutung zuzuschreiben (Weick, 1993). Bindung erfolgt, wenn eine Handlung freiwillig gesetzt wurde, öffentlich beobachtbar, explizit und unwiderruflich ist. Personen versuchen, Gründe für ihr Handeln zu finden, die sich vernünftig argumentieren lassen und

einer Ordnung entsprechen. Bedeutung wird sozial konstruiert, indem über die Handlungen mit anderen Personen gesprochen wird. Je mehrdeutiger die Handlung ist, umso mehr Kommunikationsschleifen sind notwendig, bis die Meinungen dazu konvergieren und sich die Bedeutung auf eine Interpretation einschränkt.

Symbolische Prozesse, wie die Zuschreibung von Labels (Etiketten), Metaphern und Plattitüden helfen, Bedeutung zu stiften. Wenn Handlungen mit Etiketten bezeichnet werden, erfolgt eine Klassifizierung der Handlungen. Labels bestimmen damit, was die Handlung bedeutet. Metaphern erklären, wie Handlungen zu verstehen sind, sie füllen Handlungen mit Leben aus und beziehen sie auf Alltagserfahrungen. Plattitüden, das heißt Standardsätze, die schwer zu widerlegen sind und wenig Inhalt haben, etablieren, was als normal zu gelten hat. Alle drei Prozesse verbinden Handlungen mit symbolischen Werten und tragen dazu bei, dass Handlungen in ihrer Bedeutung verstanden werden.

Indem Handlungen Bedeutung erst nach der Ausführung zugeschrieben wird, wird Rationalität als Grund der Handlung bezweifelt. Eher werden nach Abschluss der Handlung die Gründe dafür gesucht; es wird rationalisiert. Weick (1987, S. 222; nach Hatch, 1997, S. 114) beschreibt den Prozess der Bedeutungszuschreibung anhand folgender Geschichte:

> The young lieutnant of a small Hungarian detachment in the Alps sent a reconnaissance unit into the icy wilderness. It began to snow immediately, snowed for two days, and the unit did not return. The lieutnant suffered, fearing that he had dispatched his own people to death. But the third day the unit came back. Where had they been? How had they made their way? Yes, they said, we considered ourselves lost and waited for the end. And then one of us found a map in his pocket. That calmed us down. We pitched camp, lasted out the snowstorm, and then with the map we discovered our bearings. And here we are. The lieutnant borrowed this remarkable map and had a good look on it. He discovered to his astonishment that it was not a map of the Alps, but a map of the Pyrenees.

(c) Informationen werden gespeichert („retention"):

> „How can I know what I think because I forgot what I said ?"
> (Weick, 1979, S. 207)

Informationen werden selektiert, gespeichert und sowohl individuell als auch von der Organisation erinnert. Erinnerungen stellen eine Landkarte von kausalen Zusammenhängen dar, in welche Umwelterfahrungen eingetragen werden und damit Bedeutung zugewiesen wird. Für Weick (1979) sind Vor- und Nachteile von Erinnerungen und gespeichertem Wissen für Organisationen vergleichbar mit den beiden Seiten des Januskopfes: Einerseits ermöglicht Wissen über vergangene Handlungen einer sozialen Einheit, eine eigene Identität aufzubauen und Ressourcen für die Bewältigung von bereits gelösten Problemen zu sparen. Andererseits bedeutet zu viel Routine und Standardlösungen, dass veränderte und neue Aspekte der Umwelt nicht erkannt werden; Kreativität und Anpassungsfähigkeit sind gefährdet. Für Weick (1979) sollten Entscheidungen aufgeteilt („splitted") werden, das heißt, dass sich Entscheidungsträger sowohl auf bereits gemachte Erfahrungen beziehen sollen aber auch offen für neue Informationen und Lösungswege bleiben. Deshalb sollte, was erinnert wird, ständig überprüft und kritisch hinterfragt werden. Andere Methoden zur Optimierung von Gruppenentscheidungen werden auch bei Kirchler und Schrott (2003) beschrieben.

Erst indem über Phänomene gesprochen wird und ihnen Wörter und Bezeichnungen zugewiesen werden, werden diese real. Dabei ist Organisationen oft nicht bewusst, dass sie selbst die Realität „definieren". Sie setzen Handlungen, bauen eine Kultur auf und entwickeln eine Organisationsstruktur. Rückblickend verschmilzt die Realität mit dem, was sie selbst gebaut und kreiert haben. Insofern beruht der Erfolg auf dem, was Manager machen, und nicht darauf, was sie planen.

Organisationen sind Einheiten, die ihre Welt und die eigene Identität ständig selbst konstruieren.

Organisationen sind Einheiten, die ihre Welt und die eigene Identität ständig selbst konstruieren (Hatch, 1997). Auch die Umwelt, die Organisationen umgibt, wird von den Personen in den Organisationen konstruiert. Abhängig davon, welcher Ausschnitt der Umwelt betrachtet wird, ändert sich die Sichtweise der Umwelt. Informationen werden über die Umwelt gesammelt und analysiert und in Abhängigkeit von den bereits getroffenen Entscheidungen interpretiert. Letztendlich glauben die Organisationsmitglieder, dass die Umwelt außerhalb der Organisation die Basis der Analyse ist. Dabei wird die Umwelt meist so interpretiert und gedeutet, dass sie ins Schema der Organisation passt. Insofern beschreibt Weick (1979) Organisationen als geschlossene Systeme, die zwar von sich annehmen, von der Umwelt beeinflusst zu werden, in Wirklichkeit aber die Sichtweise der Umwelt an ihre eigenen Bedürfnisse anpassen (Holling und Müller, 1993).

Die Entwicklung von Organisationen kann bewusst gesteuert werden, wenn die eigene Beteiligung an der Konstruktion der Wirklichkeit aufgezeigt wird. Organisationen sind dynamische Systeme, da sich Bedeutungszuschreibungen ändern. Sie sind damit nicht objektiv beschreibbar, sondern höchstens objektivierbar. Veränderungen können eingeleitet werden, wenn eingefahrene Wahrnehmungstendenzen, Denkstrukturen und Tätigkeitsroutinen durchbrochen werden. Kurzfristiges kreatives Chaos, Fehler und Ineffizienz haben Veränderungspotential in sich. Auch Improvisation und eher gefühlsbetontes Handeln können zukunftsweisende Veränderungen auslösen (Holling und Müller, 1993).

Mit der Entwicklung seiner Theorie des Organisierens strebt Weick (1979, 1995) ein Verständnis vom Verhalten innerhalb von Organisationen an. Für Praktiker, welche die eigene Organisation optimieren wollen, fasst er seine Theorie in zehn Ratschlägen zusammen (Weick, 1979, S. 243–264):

- „Don't panic in the face of disorder." Die Realität kann unterschiedlich interpretiert werden und Rationalität als Entscheidungsregel entspringt eher dem Wunschdenken von Menschen als der Realität. Jede einzelne Interpretation hat Berechtigung und ist teilweise korrekt, auch wenn verschiedene Interpretationen im Widerspruch zueinander stehen können. Für Weick (1979) sollten Gruppen mit unterschiedlichen Interpretationen auch unterschiedlich handeln, da eine Vielfalt an Handlungen zwar auf den ersten Blick irrational erscheint, aber gemeinsam der Mehrdeutigkeit der Umwelt besser entsprechen als die Einschränkung auf *eine* Interpretation und *eine* Verhaltensregel. Außerdem ist die Wahrscheinlichkeit, *eine* effektive Verhaltensweise zu setzen, größer, wenn mehrere unterschiedliche Handlungen getätigt werden, als wenn nur eine Handlung gesetzt wird.
- „You never do one thing all at once." Jede Handlung in einer Organisation hat Konsequenzen, welche unterschiedlich schwerwiegend und mit verschieden langen zeitlichen Verzögerungen zu beobachten sind. Nach Weick (1979) sollten Entscheidungsträger ihre Entscheidungen nicht planen und dann durchführen, sondern sensibel für die Konsequenzen ihres Handelns sein und daraus lernen und ihr Verhalten anpassen.
- „Chaotic action is preferable to orderly inaction." Handlungen schaffen Bedeutung, während fehlende Aktivität zur Verwirrung innerhalb und Lähmung der Organisation führt.
- „The most important decisions are often the least apparent." Entscheidungen während des Auswahlprozesses von möglichen Interpretationen („selection") sind weniger wichtig für die Entwicklung („fate", Weick 1979, S. 246) des Unternehmens als Entscheidungen darüber, welche Bedeutungszuschreibungen erinnert werden und welche nicht. Der Unternehmens„historiker" ist zugleich auch der Unternehmensprophet.
- „There is no solution." Objektiv richtige Lösungen existieren nicht. Vor der Suche nach der *einen* richtigen Antwort soll deshalb gewarnt werden. Probleme werden eher gemanagt als gelöst.

- „Stamp out utility." Wenn in Entscheidungen der objektive Nutzen als einziges Ziel angestrebt wird, verliert die Organisation ihre Anpassungsfähigkeit. Nutzen wird erhöht, wenn Standardlösungen angewandt werden, und ein spielerischer Umgang mit Problemen unterbunden wird. Für Weick (1979) bedeutet aber ein spielerischer Zugang die Aufwertung des Lösungsweges. Unabhängig davon, ob das Ziel des Weges den höchsten Nutzen gegenüber anderen Wegen hat, ist jeder neue Lösungsansatz für sich wertvoll. Personen gewinnen besonders auf geschwungenen und krummen Wegen Erfahrung, da einzelne Verhaltensweisen miteinander kombiniert werden, welche in einer rein auf Nutzen ausgerichteten Sichtweise scheinbar nicht zusammenpassen.
- „The map is the territory." Sprachwissenschaftler betonen, dass das Objekt und das Symbol (z. B. sprachliche Bezeichnung, soziale Bedeutung) zwei verschiedene Phänomene sind. Für Weick (1979) vermitteln erst Symbole das Verständnis über reale Objekte und sind deshalb verhaltenswirksam.
- „Rechart the organizational chart." Weick (1979) empfiehlt, Personenbezeichnungen in den organisationalen Schaubildern durch Bezeichnungen zu ersetzen, die Hinweise für den Umgang mit den einzelnen Personen enthalten. Der Präsident könnte beispielsweise mit dem Begriff „Verzögerung" („hesitation") beschrieben, ein Generalmanager mit „Streben nach Macht" betitelt werden. Nach Weick (1979) entstehen in Organisationen ohnehin Meinungen über die einzelnen Rollen der einzelnen Funktionen, welche in dieser Art des Schaubildes sichtbar gemacht werden könnten.
- „Visualize organizations as evolutionary systems." Weick (1979) fordert Manager auf, sich zu überlegen, welche Teile der Organisation veränderbar sind und welche nicht.
- „Complicate yourself!" Einfache Interpretation beinhaltet meist nur einen Aspekt des Problems.

In den zehn Punkten wird Weicks (1979) Sichtweise von anpassungsfähigen und damit funktionierenden Organisationen zusammengefasst. Auch wenn er nicht dezidiert auf die Grundmerkmale von Organisationen, wie das Ausmaß von Arbeitsteilung und Spezialisierung, Autorität und Hierarchie und die Unterscheidung in beratende und entscheidende Positionen eingeht, lassen sich aus seinen Ausführungen Hinweise darüber ableiten. Weick (1979) beschreibt ein Organisationsmodell mit nur loser Koppelung der einzelnen Einheiten als effizienter in der Anpassung als ein Modell mit starker interner Koppelung. Koppelung beschreibt die Abhängigkeit der einzelnen organisatorischen Einheiten untereinander. Lose Koppelung ist gegeben, wenn kleine Einheiten autonom handeln und deshalb voneinander relativ unabhängig sind. Eine multidivisionale Gruppierung nach einzelnen Unternehmenszielen (z. B. Märkte, Produkte, Technologien) erscheint deshalb sinnvoller zu sein, als eine Gruppierung nach Funktionen. Geringe Arbeitsteilung mit damit verbundener geringer Spezialisierung schafft Flexibilität. Flexibilität wird weiter gefördert durch weite Kontrollspannen, da bei engen Kontrollspannen und einer hohen Autorität, neue und kreative Lösungswege meist auf dem Weg der Entscheidung abgeblockt werden. Beratende und entscheidende Positionen sollten eng zusammenarbeiten, da Entscheidungen nach einer kritischen Diskussion des Problems in der Gruppe getroffen werden sollen, und damit mindestens zwei Personen an der Entscheidung beteiligt sein müssen. Zusammenfassend erscheint eine flache Hierarchie mit vielen möglichen Verhaltensregeln, voneinander unabhängigen Elementen und weiten Kontrollsystemen Weicks Sichtweise des Organisierens am besten zu entsprechen.

Weicks Theorie des Organisierens stellt eine interessante sozialpsychologische Sichtweise von Organisationen dar. Inwieweit seine (deskriptive) Theorie allerdings in die Praxis zu übertragen ist, ist fraglich. Obwohl nicht zu bezweifeln ist, dass in der Praxis viele Prozesse nach Weicks Prinzipien ablaufen, bedarf es einer großen Bereitschaft zur Selbstreflexion und Kritikfähigkeit, um Weicks Theorie auch bewusst einzusetzen und danach Organisationen zu steuern. Aber vielleicht hat ja auch sein Kollege Hackman recht, wenn er von sich und Weick behauptet, dass sie im Grunde ihre eigenen Theorien nicht ernst nehmen[5].

Weicks Theorie stellt die Grundlage für die Organisationstheorie, welche als nächste vorgestellt wird, nämlich die Kulturtheorie. Wenn in einer Organisation der Wirklichkeit gleiche Bedeutung zugeschrieben wird und sich sowohl eine eigene Identität entwickelt als auch stabile Eigenschaften der Organisation zugeschrieben werden, entsteht eine spezifische Organisationskultur.

5.1.3 Kulturtheorie von Edgar Schein

Edgar Schein (Foto 19) wurde 1928 geboren und erhielt seinen Doktortitel für Sozialpsychologie von der Stanford Universität in Kalifornien. Am MIT übernahm er eine Professur für Management. Neben seiner wissenschaft-

[5] Weick (1993) erzählt von einer Begegnung mit Hackman an einer sozialpsychologischen Tagung. Beide dürften die Beiträge eher gelangweilt haben, als sie anfingen, sich gegenseitig Zettel zu schreiben. Hackman zeichnete zwei Grabsteine, einen für sich und einen für Weick. Auf seinen eigenen stand „he saved the world". Auf Weicks war zu lesen „he understood the world". Unter beiden Grabsteinen fügte Hackman ein „but they were just kidding!" hinzu.

Foto 19: Edgar Schein (*1928)

lichen Arbeit suchte er den Kontakt zu Unternehmen, bei denen er als Berater fungierte. Seine enge Verbundenheit zur Wissenschaft zeigt sich in der Vielfalt an empirischen Methoden, welche er zur Analyse der Organisationskultur einsetzt: Einzelinterviews, Gruppenbesprechungen und Beobachtung setzt Schein ein, um sich dem schwer fassbaren Konstrukt der Organisationskultur zu nähern. Schein (1985) gilt als einer der Hauptvertreter der Organisationspsychologie.

Zur Organisationskultur existiert eine Vielzahl von einander teils widersprechenden Definitionen (Hatch, 1997). Für Schein (1985) umfasst Organisationskultur ein Muster von Grundannahmen, welche von einer Organisation in der Auseinandersetzung mit ihren Problemen (externe Anpassung und interne Integration) als erfolgreich erkannt und gelernt wurden, und den Mitgliedern der Organisation im Sozialisationsprozess weitergegeben werden. Diese Annahmen beschreiben den für die Organisation richtigen Weg, mit dem Problem kognitiv, emotional und konativ umzugehen (Zitat 25). Die Grundannahmen selbst sind nicht direkt beobachtbar, sondern wirken sich auf das Organisationsverhalten aus. Sie bestimmen, was als Problem erkannt wird, welche Gefühle dieses Problem auslöst, und wie das Problem gelöst werden kann.

Organisationskultur ist ein Muster von Grundannahmen, welche von einer Organisation gelernt wurden, und den Mitgliedern der Organisation im Sozialisationsprozess weitergegeben werden.

Schein (1985) argumentiert, dass Abläufe in Organisationen nur dann verstanden werden können, wenn die spezifische Kultur analysiert wird. Ohne einem Verständnis der Kultur könnten zwar einzelne Verhaltensweisen beobachtet und verändert werden, die Grundausrichtung der Organisation bliebe aber gleich. Als Beispiel nennt er seine verzweifelten und letztlich erfolglosen Versuche in einem Unternehmen, die Kommunikation, persönliche Beziehungen und Entscheidungsprozesse zu optimieren. Schein (1985) beobachtete, dass sich Personen unterbrachen und nicht zuhörten. Es wurde emotional diskutiert, es entstand der Eindruck, dass jeder gewinnen wollte, und Personen zeigten sich frustriert, dass die Besprechungen zu keinen Entscheidungen führten. Egal, welche Intervention Schein (1985) setzte, das Grundmuster der innerbetrieblichen Gespräche blieb gleich. Er konnte erst dann effektiv eingreifen, als er erkannte, dass in dieser Organisation individuelle Kreativität und das Durchsetzen der eigenen Meinung zu den Grundannahmen gehörten.

Zitat 25: Schein (1985; nach Shafritz und Ott, 1992) über die Bedeutung und Definition von Organisationskultur

[The] step of examining the shared assumptions in the client system takes one into „cultural" analysis and will be the focus from here on. Such analysis is, of course, common when we think of ethnic or national cultures, but not sufficient attention has been paid to the possibility that groups and organizations within a society also develop cultures that affect in a major way how the members think, feel, and act. Unless we learn to analyze such organizational cultures accurately, we cannot really understand why organizations do some of the things they do and why leaders have some of the difficulties that they have. The concept of organizational culture is especially relevant to gaining an understanding of the mysterious and seemingly irrational things that go on in human systems. And culture *must* be understood if one is to get along at all, as tourists in foreign lands and new employees in organizations often discover to their dismay. (S. 491)

I will argue that the term "culture" should be reserved for the deeper level of *basic assumptions* and *beliefs* that are shared by members of an organization, that operate unconsciously, and that define in a basic "take-for-granted" fashion an organization's view of itself and its environment. These assumptions and beliefs are *learned* responses to a groups's problems of *survival* in its external environment and its problems of *internal integration*. They come to be taken for granted because they solve those problems repeatedly and reliably. This deeper level of assumptions is to be distinguished from the "artifacts" and "values" that are manifestations or surface levels of the culture but not the essence of the culture. [...] I will mean by "culture": *a pattern of basic assumptions – invented, discovered, or developed by a given group as it learns to cope with its problems of external adaptation and internal integration – that has worked well enough to be considered valid, therefore, to be taught to new members as the correct way to perceive, think, and feel in relation to those problems.* (S. 492–494)

Organisationskultur umfasst die Grundannahmen der Organisation, die sich in den Werten und Normen und den Artefakten der Organisation widerspiegeln (Abbildung 8). Artefakte sind die beobachtbaren Zeichen und Symbole der physischen und sozialen Umwelt der Organisation: Die Gestaltung des physischen Raumes, das Firmenlogo, die geschriebene und gesprochene Sprache, der Umgang mit Statussymbolen und das sichtbare Verhalten der Organisationsmitglieder zählt Schein (1985) zu den Artefakten. Artefakte sind objektiv beobachtbar, wie aber jedes Beobachtungsobjekt subjektiv interpretierbar. Wenn zum Beispiel zwei Beobachter voneinander unabhängig ihre Eindrücke einer Organisation beschreiben, sind dem einen vielleicht die langen, wie ausgestorben wirkenden Gänge aufgefallen, dem anderen das imposante Firmenlogo im Eingangsbereich und der Marmorfußboden. Mit Mitgliedern der Organisation sollte deshalb die Bedeutung der Artefakte besprochen werden, wie sie zusammenhängen und ob ein zu Grunde liegendes Muster wahrgenommen wird.

Zwischen den Artefakten und den Grundannahmen einer Organisation liegen ihre Werte und Normen. Werte sind soziale Prinzipien, Ziele und

Abbildung 8: Ebenen der Organisationskultur (Schein, 1985; nach Shafritz und Ott, 1992, S. 497; Integration der Fragen dazu von Hatch, 1997, S. 212, Tabelle 7.3) und Artefakte (Tabelle 7.5, Seite 216)

Artefakte und Kreationen

- Technologie
- Kunst
- Beobachtbare Verhaltensmuster
- Physische Manifestationen (Kunst/Design/Logo, Gebäude/Dekor, Kleidung/Erscheinung, materielle Objekte, physisches Layout)
- Manifestationen im Verhalten (Zeremonien/Rituale, Kommunikationsmuster, Traditionen/Bräuche, Belohnungen/Bestrafungen)
- Verbale Manifestationen (Anekdoten/Witze, Jargon/Namen/Spitznamen, Erklärungen, Geschichten/Mythen/Historie, Helden/Schurken, Metaphern)

Sichtbar aber schwierig zu entschlüsseln

Werte

- In der physischen Umwelt prüfbar
- Nur bei sozialem Konsens prüfbar

Höherer Grad an Bewusstsein

Grundannahmen

- Beziehung zur Umgebung (Nimmt sich die Organisation selbst gegenüber ihrer Umwelt als dominant wahr? Ist sie unterwürfig oder harmonisierend; sucht sie außerhalb ihrer Nische nach Absatz?)
- Beschaffenheit von Wirklichkeit, Zeit und Raum (Wie definieren wir, was wahr und nicht wahr ist und wie ist Wahrheit letztendlich in der physischen und sozialen Welt bestimmt? Mit pragmatischen Tests, dem Vertrauen in Wissen oder sozialem Konsens? Wie sieht die grundsätzliche Orientierung aus (Vergangenheit, Gegenwart, Zukunft) und welche Art von Zeiteinheiten sind für die Durchführung von Routinearbeiten am relevantesten?)
- Beschaffenheit der menschlichen Natur (Sind Menschen grundsätzlich gut, neutral oder böse, und kann die menschliche Natur verändert und verbessert werden oder ist sie fix gegeben?
- Beschaffenheit der menschlichen Aktivität (Ist es der „richtige" Weg, dass sich Menschen dominant/proaktiv, harmonisierend oder passiv/fatalistisch verhalten?)
- Beschaffenheit der menschlichen Beziehungen (Wie sieht das "richtige" Verhalten in Beziehungen aus; sich auf einander beziehen, Macht und Zuneigung zu verteilen? Bestimmt Wettbewerb oder Zusammenarbeit das organisationale Leben? Wird die Gesellschaft am besten auf der Basis von Individualismus oder Kollektivismus organisiert? Ist das beste Autoritätssystem autokratisch/paternalistisch oder kollegial/partizipativ?)
- Homogenität vs. Vielfalt (Geht es einer Gruppe bei großer Vielfältigkeit oder großer Homogenität am besten; und sollten Individuen in einer Gruppe ermuntert werden Neuerungen vorzunehmen oder sich anpassen?)

Als gegeben hingenommen, unsichtbar, vorbewusst

Standards, die in einer Organisation angestrebt werden. Normen sind Verhaltensregeln, die bestimmen, was im sozialen Kontext als normal oder nicht normal zu gelten hat (Hatch, 1997). Werte und Normen sind miteinander verknüpft, da Verhaltensweisen angestrebt werden, die als Ziel die Einhaltung der Werte haben. Werte sind leichter zu beschreiben als Grundannahmen, auch wenn sie im Organisationsalltag selten reflektiert werden. In Führungskräfteseminaren ist beispielsweise auffällig, dass innerhalb des Wüstenspiels (NASA-Spiel) häufig über verschiedene Lösungsansätze demokratisch abgestimmt wird. In dieser gruppendynamischen Übung wird ein Flugzeugabsturz in einer Wüste simuliert, und die in Notlage befindliche Gruppe muss über die Wertigkeit von verschiedenen Gegenständen diskutieren und entscheiden. Oft wurde eine Person, die sich für den objektiv wichtigsten Gegenstand (den Kosmetikspiegel) einsetzte, in der demokratischen Abstimmung einfach überstimmt. Der Wert einer demokratischen Entscheidung mit der Norm einer Abstimmung wurde nicht hinterfragt und führte in diesem Fall zu einer suboptimalen Lösung.

Werte sind soziale Prinzipien, Ziele und Standards, die in einer Organisation angestrebt werden. Normen sind Verhaltensregeln, die bestimmen, was im sozialen Kontext als normal oder nicht normal zu gelten hat.

Werte und Normen reflektieren die Grundannahmen der Organisation, die alle Facetten des Organisationsalltages beeinflussen. Organisationen entwickeln Annahmen über die Beziehung zwischen Organisation und Umwelt, über die Wirklichkeit, Zeit und Ort, über die Natur der arbeitenden Menschen, und über menschliche Aktivität und Beziehungen. Grundannahmen werden als gegeben hingenommen, sind nicht direkt beobachtbar. Sie wirken vorbewusst, das heißt, sie werden selten bewusst hinterfragt. Grundannahmen sind interne Theorien über Probleme und Lösungen und sind teilweise so fest verankert, dass keine andere Sichtweise möglich erscheint.

> Assumptions are taken for granted. They exist outside ordinary awareness and are, for the most part, inaccessible to consciousness. Try to imagine what a fish thinks about water and you get an idea of the level of awareness cultural members usually have of their basic assumptions. From the perspective of the members of the culture, the set of assumptions are truth, and what they assume or believe to be real is generally not open for discussion. This unquestioned 'truth' penetrates every aspect of cultural life and colors all forms of experience that it touches. (Hatch, 1997, S. 210)

Für Schein (1985) sind beispielsweise McGregors Theorie X und Y (1957; Kapitel 4.2.1) Grundannahmen über die Natur des Menschen. Diese Annahmen bieten Interpretationshilfen an und helfen, die komplexe Wirklichkeit zu verstehen. Wenn beispielsweise beobachtet wird, dass Mitarbeiter an ihrem Arbeitsplatz sitzen und keine sichtbare Aktivität setzen, dann wird nach Theorie X angenommen, dass sie nichts arbeiten und eine Pause machen. Nach Theorie Y hingegen, kann das scheinbare Nichtstun bedeuten, dass sie sich Zeit nehmen, um über ein wichtiges Problem nachzudenken. Grundannahmen einer Organisation sind schwer methodisch zu erfassen. Sie zeigen sich in den Werten, Normen und den Artefakten der Organisation, sind selbst aber meist nur in detektivischer Kleinarbeit in Interviews zu erkennen.

Wie entsteht eine Organisationskultur? Kultur wird in sozialen Interaktionen entwickelt und geformt. Einflussreiche Personen der Organisation – Gründer, die Kerngruppe und später die Führungskräfte – treffen Entscheidungen über anstehende Probleme der Anpassung an die externe Umwelt oder der internen Struktur der Organisation. Die Gruppe beziehungsweise Organisation schließt von der vorgeschlagenen Lösung auf die Wertvorstellungen der entscheidenden Person und entwickelt darüber Meinungen. Bewährt sich die Lösung in der realen Umsetzung oder besteht soziale Übereinstimmung über die Richtigkeit der Entscheidung, werden die Meinungen über zu Grunde liegende Werte und deren Brauchbarkeit verstärkt. Wenn sich dieselben Meinungen beziehungsweise Werte wiederholt hilfreich in der Lösung von Organisationsproblemen erweisen, werden sie zu Grundannahmen der Organisation.

Kultur wird in sozialen Interaktionen entwickelt und geformt.

Das Fundament der Organisationskultur wird von den Gründern und ihrer Kerngruppe gelegt. Die ersten Entscheidungen betreffen die Anpassung der Organisation an die externe Umwelt. Welche Mission und welche Ziele verfolgt die Organisation, wie sollen diese Ziele erreicht werden, wie wird der Erfolg der Organisation gemessen und welche Strategien sind einzusetzen, wenn die Ziele nicht erreicht werden, sind Fragen, die am Anfang zu lösen sind. Wenn die wichtigsten Entscheidungen über externe Anpassungsprozesse getroffen wurden, sind Probleme der internen Struktur und Organisation zu klären: Eine gemeinsame Sprache wird gesucht, die Kriterien für die Teilnahme an oder Ausschluss aus der Organisation werden überlegt, die Verteilung von Macht und Status festgelegt, ebenso wie der Umgang mit Belohnung und Bestrafung und die Ideologie der Organisation bestimmt. Entscheidungsprozesse – sowohl über die Anpassung an die Umwelt als auch über die internen Abläufe – werden von den Werten der umge-

Die Organisationskultur wird von den Führungskräften getragen.

benden, nationalen Kultur überlagert. Beispielsweise gilt es in Spanien zur heißen Mittagszeit eine Siesta zu halten; wichtige Besprechungen werden nicht zu dieser Tageszeit fixiert. In Österreich müssen Gewerkschaften in den Entscheidungen zu Veränderungen für das Personal einbezogen werden. Einflüsse der nationalen Kultur werden meist erst dann sichtbar, wenn eine Organisation in eine andere Kultur expandiert, und plötzlich viele selbstverständliche Werte und Normen neu hinterfragt werden müssen.

Die Organisationskultur ist ein dynamisches Konstrukt, das im Organisationsalltag aufrechterhalten und angepasst wird. Die Art des Führungsverhaltens, die Selektion der Organisationsmitglieder und die am Arbeitsplatz stattfindende Sozialisierung wirken stabilisierend auf die Organisationskultur. Für Schein (1985) wird die Organisationskultur von den Führungskräften getragen; die Analyse der Organisationskultur besteht deshalb zu einem großen Teil aus der Beschreibung des Führungsverhaltens. Führungskräfte formen die Organisationskultur über ihr sozial sichtbares Verhalten: Für welche Probleme sie sich sensibel zeigen, wie sie auf Krisen reagieren, nach welchen Kriterien sie Ressourcen zuteilen und wie sie mit ihren Untergebenen umgehen, sind nur einige Beispiele für Führungsverhalten, welche die Organisationskultur beeinflussen. Organisationskultur wird weiter verstärkt durch den Organisationsaufbau und dessen Struktur, formale Ablaufprozesse innerhalb der Organisation, physische Gestaltung des Raumes, durch Riten und Rituale, Geschichten und Legenden und eine formal niedergeschriebene Unternehmensphilosophie. Schein (1985) betont, dass über Führungsverhalten die Organisationskultur geformt und gestaltet werden kann; äußere Zeichen der Organisation können diese zwar unterstützen, sind aber eher Ausdruck als Basis der Kultur.

Um die Organisationskultur zu stabilisieren, werden Personen als Mitglieder ausgewählt, die in ihren Einstellungen und Werten zu der Organisationskultur passen (z. B. Chatman, 1991; Robbins, 2001)[6]. Sozialisierung am Arbeitsplatz hat als Ziel, die Person in das soziale Gefüge der Organisation zu integrieren und ihr die Grundannahmen der Organisation zu lehren. In der ersten Zeit nach Eintritt in die Organisation sind für das neue Organisationsmitglied Antworten auf viele Fragen zu finden, beispielsweise welche Kleiderordnung besteht, wie mit der Arbeitszeit umgegangen wird, ob eine Atmosphäre des Vertrauens oder der Kontrolle besteht, wie mit Status in der Organisation umgegangen wird, ob ständig betont werden muss, dass je-

---

6 In Umbruchsphasen, wenn zum Beispiel eine Veränderung der Organisationskultur angestrebt wird, werden auch Personen rekrutiert, deren Werte denen der Organisationskultur widersprechen.

mand einen akademischen Titel hat, um ernst genommen zu werden, oder ob eine Person dann unangenehm und arrogant wahrgenommen wird, ob ein gemeinsames Mittagessen verpflichtend ist. Sozialisiert wird in formalen Prozessen (z. B. Trainee-Programme), wie auch in der informellen Kommunikation und durch Beobachtung der Führungskraft und der anderen Mitarbeiter.

Die Kulturtheorie, die mit Scheins Büchern (1985, 1992) beginnt, ist eine einflussreiche Theorie der Organisation. Sie ist eine deskriptive Theorie, welche versucht, die Eigenschaften verschiedenster Organisationen als Ausdruck ihrer unterschiedlichen Organisationskulturen zu beschreiben. Auch Prozesse, die für Außenstehende irrational erscheinen, können anhand der Organisationskultur verständlich werden. Normative Aussagen über optimale, weil effektive Kulturen werden aber nicht getroffen. Insofern sind auch keine Aussagen über den idealen Aufbau, Arbeitsspezialisierung oder das Verhältnis von beratenden und entscheidenden Positionen zu treffen. Das Konzept der Organisationskultur kann allerdings als Werkzeug eingesetzt werden, um Veränderungsprozesse zu initiieren. Wenn Schwächen im Organisationsablauf erkannt werden, folgt eine Analyse der vorherrschenden Organisationskultur. Mögliche ineffektive Grundannahmen werden als solche erkannt und Interventionen gesetzt, um die vorhandene Kultur in gewünschter Richtung zu verändern. Wird über das Konzept der Organisationskultur Organisationsentwicklung betrieben, besteht ein Naheverhältnis zur Theorie der lernenden Organisation, die im Kapitel 6.3.1 vorgestellt wird.

5.2 New Public Management in der öffentlichen Verwaltung

Das New Public Management soll die Effektivität und die Effizienz der öffentlichen Verwaltung verbessern.

New Public Management zielt auf die Verbesserung der Effizienz und der Effektivität der öffentlichen Verwaltung ab. Die öffentliche Verwaltung soll ihre Aufgaben nach ökonomischen Prinzipien erledigen und ihre Aufgaben zielgenau umsetzen. New Public Management beschreibt einen Paradigmenwechsel in der öffentlichen Verwaltung, der sich anhand von mindestens zwei Schlagwörtern beschreiben lässt: Erstens soll sich die öffentliche Verwaltung an messbaren Leistungen wie Qualität und Quantität ihres Outputs orientieren. Zweitens wird eine stärkere Kundenorientierung betont. Der Bürger soll von einem Bittsteller zu einem gleichberechtigten Partner emanzipiert werden. Der Begriff des

Kunden löst die Bezeichnung des „Pflichtigen" ab. (Schedler, 1995; König, 1997; Naschold, 1996).

Die Anforderungen der Gesellschaft an die öffentliche Verwaltung haben sich geändert. Als Teil der Dienstleistungsgesellschaft wurden an die öffentliche Verwaltung wachsende Ansprüche gestellt. Die öffentliche Verwaltung weitete sich aus. Neue Aufgaben und die Erweiterung der bestehenden Aufgaben erhöhten den Verwaltungsaufwand. Einerseits kamen immer neue Aufgaben der Versorgung, Dienstleistung, der Entwicklung und Steuerung zu den bestehenden, andererseits wurden die bestehenden Aufgaben immer umfangreicher. Teilweise wurde und wird versucht, diese Aufgaben der Marktwirtschaft zu übertragen. Allerdings können aus ethischen Gründen nicht alle gesellschaftlichen Bedürfnisse und Defizite von marktwirtschaftlich geführten, profitorientierten Unternehmen befriedigt werden.

Die klassische öffentliche Verwaltung nach dem Bürokratie-Modell von Max Weber konnte den gesellschaftlichen Anforderungen nicht mehr gerecht werden (Kapitel 2.4.2). Die erkannten Dysfunktionen und Schwächen führten zu einer Verwaltungsreform. Als Ziel stand die Einführung von New Public Management. Das Modell des New Public Management bedeutet einen kompletten Paradigmenwechsel, der die grundlegende Neugestaltung der Verwaltungsstruktur und der Verwaltungskultur mit sich bringt. Acht Grundsätze werden zur Beschreibung von New Public Management formuliert:

- Neue Organisationsstrukturen, Verantwortungsdelegation, Trennung von Leistungsfinanzierern, -käufern und -erbringern sowie interne und externe Wettbewerbsstrukturen werden eingeführt. Die Verwaltung soll sich auf Kernkompetenzen zurückziehen. Entbehrliche Leistungen müssen gestrichen, marktgängige Leistungen zugekauft oder ausgegliedert werden.
- Neue Steuerungsinstrumente und -mechanismen werden eingesetzt. Neue Kosten-, Leistungs- und Wirkungsindikatoren werden festgelegt. Auditings und Evaluation, Zielvereinbarungen und Leistungsaufträge sind neue Schlagworte in der Organisation; die öffentliche Verwaltung orientiert sich am Output: Für die Standardprozesse werden die Kosten berechnet und eine Buchhaltung über die Leistungen der Abteilung geführt.
- Eine neue politische Führung und administrative Verantwortung wird gefordert. Die Trennung von normativen Vorgaben, strategischen Entscheidungen und operativen Tätigkeiten wird angestrebt. Dadurch entstehen neue Rollen und Kontrollmöglichkeiten (Trennung von Politik und Verwaltung!). Kompetenzen und Entscheidungen sollen dezentrali-

siert werden. Fach- und Ressourcenverantwortung müssen zusammenfallen, um langwierige Entscheidungswege zu vermeiden.

- Neue Produkt- und Qualitätsorientierung: Kundenorientierung nimmt an Bedeutung zu und entsprechende Marketinginstrumente werden entwickelt. Mindeststandards für die Produkt- und Servicequalität von Gütern und Leistungen werden definiert und alle Tätigkeiten der Verwaltung werden als Produkte definiert. In neu entwickelten Kundenzentren können sich Bürger beispielsweise über Steuergesetze und -gebarung informieren lassen. In Österreich wurde über kommerzielle Werbung die Möglichkeit, Amtswege über das Internet abzuwickeln, informiert.
- Die Personalführung wird modernisiert. Moderne Führungskonzepte und Managementtechniken sowie neue Personal- und Lohnstrukturen werden eingeführt (Vertragsrecht, Personalentwicklung, -ausbildung).
- Die Verwaltung der Finanzen wird geändert. Neue Budgetierungstechniken und Rechnungsführungsprinzipien, insbesondere dezentrale Kosten- und Leistungsrechnung, werden eingeführt.
- Das Management von Leistungen wird erneuert. Kosten, Leistungen und Wirkungen werden systematisch gemessen, verglichen und verbessert.
- Ablaufprozesse innerhalb der Verwaltung werden analysiert und verbessert. Die öffentliche Verwaltung leistet sich professionelle Organisationsentwickler, die bestehende Abläufe optimieren sollen.

Zur Zeit befindet sich die öffentliche Verwaltung in einem Umbruchprozess: In manchen Bereichen gelten noch die bürokratischen Prinzipien, in anderen wird bereits nach New-Public-Management-Konzepten gedacht und gehandelt. In wieder anderen Bereichen dürften Mischformen existieren. Die komplexen und komplizierten Bestandteile des New Public Managements verdeutlichen die Radikalität des Modells. Umdenk- und Umstellungsprozesse vom bürokratischen System zu New Public Management werden noch einige Zeit benötigen.

6 Ein Blick in die Zukunft

Leitfragen
- Wohin geht die Gesellschaft und welche Zukunftsszenarien über die Arbeit erarbeitet die Forschung?
- Welche Attribute werden dem „postmodern man“ und dem „Wissensarbeiter“ zugeschrieben?
- Was wird unter „Humankapital“ verstanden?
- Wie können Lerntheorien in die Organisationstheorien integriert werden?
- Wie werden zwischenmenschliche Beziehungen zu Kunden, Lieferanten etc. in virtuellen Organisationen gepflegt?
- Worin unterscheidet sich die feminine Organisationstheorie von bürokratischen Theorien?

6.1 Veränderung von Arbeitsstrukturen

Derzeit finden technische und gesellschaftliche Veränderungen und damit auch Veränderungen der Arbeitsstrukturen statt.

Wissenschaftler und Zukunftsforscher wie Peter Drucker (1999), Eberhard Ulich (2001), Max Horx (2001) etc. sind sich einig: Im Augenblick erleben wir Zeiten des Wandels. Veränderungen sind auf drei Ebenen zu beobachten: (a) Die Möglichkeiten der Informationstechnologie und der Telekommunikation werden immer größer, (b) die soziodemografische Zusammensetzung der Gesellschaft von Industriestaaten verändert sich, und (c) Veränderungen der Arbeitsstrukturen sind festzustellen.

Internet und Telekommunikation verändern unser Berufs- und Alltagsleben. Unter anderem werden Zeit- und Ortsgebundenheit von Informationen aufgehoben. Ohne Telekommunikation waren Informationen zeitlich und örtlich gebunden. Zum Beispiel hatten Studierende in der Universitätsbibliothek der Universität Wien nur zu bestimmten Öffnungszeiten Zugang, und der örtliche Zugang wurde von Mitarbeitern bereitgestellt, die ein gewünschtes Buch aus dem Magazin anlieferten. In Zeiten des Internets können Bibliothekskataloge der ganzen Welt zu jeder Zeit durchsucht, Online-Journale zu jeder Zeit am eigenen PC gelesen werden, und E-Mails verbinden Menschen in atemberaubender Geschwindigkeit, egal, ob ihr PC im Zimmer nebenan oder weit entfernt, irgendwo in einem fremden Land steht. Es gibt nicht nur Massen von Informationen; Informationen werden auch leichter zugänglich. Die Informationstechnologie erleichtert Betriebsabläufe und erhöht den Wissensstand von arbeitenden Menschen, aber auch von Anbietern und Kunden am Markt.

Neben der Einführung von immer leistungsstärkeren technologischen Systemen ist ein gesellschaftlicher Wandel zu beobachten. Mit zunehmendem Wohlstand einer Nation geht deren Geburtenrate zurück. In Europa, Japan und den USA liegen die Geburtenraten bei weniger als zwei Kindern pro Frau (Drucker, 1999). Dieser Geburtenratenknick führt zu einem langsamen Aussterben der Bevölkerungen von Industriestaaten, der nur durch Zuwanderung verlangsamt werden kann. Das Absinken der Geburtenraten führt in weiterer Folge zu einer Verschiebung der Altersverteilung. Die ursprüngliche Alterspyramide mit viel jungen Menschen und relativ wenig älteren, wird sich in den nächsten Jahrzehnten „auf den Kopf stellen“. Für Italien wird beispielsweise prognostiziert, dass im Jahr 2080 nur relativ wenige Personen unter 15 Jahren einem Gesamtdrittel von Personen über 60 Jahren gegenüberstehen werden (Drucker, 1999).

Über die Auswirkungen der technologischen Errungenschaften und der soziodemografischen Veränderungen auf die Arbeit gibt es widersprüchliche Prognosen. Manche Autoren prognostizieren eine zukünftige Verknappung der Arbeit, andere glauben, dass ein Überangebot an Arbeit vorhanden sein wird. Martin und Schumann (1996) zeichnen in ihrem Buch der „Globalisierungsfalle“ eine Horrorvision von der Verknappung der Arbeit: In Zukunft würden nur mehr 20 Prozent der Erwerbsfähigen eine Arbeit finden, 80 Prozent blieben arbeitslos. Auch Ulich (1998) geht davon aus, dass das Angebot an Erwerbsarbeit in Zukunft weniger werden wird, und der zeitliche Anteil der Arbeit am Leben rückläufig ist. Daraus entstehende Probleme sind vielfältig: Staatliche Sozialsysteme sind überlastet, da wenig Erwerbstätige viele Nicht-Erwerbstätige erhalten

Widersprüchliche Vorhersagen prognostizieren sowohl eine zukünftige Verknappung der Arbeit als auch ein Überangebot.

sollen. Psychologische Probleme entstehen, da die Arbeit nicht nur die finanzielle Basis des Lebens darstellt, sondern auch andere wichtige Funktionen erfüllt, wie die zeitliche Strukturierung, Sozialkontakte, Aktivität und Stimulation und gesellschaftlichen Status und Identität bietet (Jahoda, 1983). Als Reaktion auf die Verknappung der Erwerbsarbeit prognostiziert Ulich (1998) eine Zunahme von alternativen Formen der Arbeit, wie Nachbarschaftshilfe und Eigenarbeit. Die zur Verfügung stehende Zeit kann auch für Selbstversorgung, passive Unterhaltung, Weiterbildung und soziale Aktivitäten genutzt werden; Konsequenzen, die für die Gesellschaft positiv wären.

Horx (2001) widerspricht den Annahmen der Verknappung der Erwerbsarbeit und prognostiziert das genaue Gegenteil. Durch Geburtenknick und Verschiebung der Alterspyramide würde weniger Angebot an „Humanressourcen" vorhanden sein. Die Unternehmen werden in Zukunft ihr Personal suchen müssen, und nicht mit arbeitslosen Personen rechnen können, die bei ihnen Schlange stehen. Die „Ressource Mensch" wird deshalb aufgewertet werden. Diesen Trend erwartet Horx (2001) zuerst für hochqualifizierte Personen und Manager, die bereits heute von Headhunters und Personalfirmen kontaktiert und zum Arbeitsplatzwechsel bewegt werden. Der Mangel an Arbeitskräften sollte in weiterer Folge nach unten hin zunehmen, und die Nachfrage auch nach weniger geschulten Personen zunehmen. Als wachsende Wirtschaftsbereiche beschreibt Horx (2001) Dienstleistungen am Menschen: Haushaltsarbeiten und Kinderbetreuung; die Bereitstellung von Mitteln der Mobilität, vom öffentlichen Verkehr bis zu den Fluglinien; der Gesundheitssektor und Entertainment werden wachsen. Auch wenn Jobs in diesen Bereichen bezüglich ihrer Qualifikation einfach erscheinen, werden sie als sozial bedeutsam bewertet und als „emotional skill jobs" beschrieben (Horx, 2001, S. 43). Sowohl hochqualifizierte Personen, als auch Personen, die soziale Dienstleistungen anbieten, sind nicht beliebig austauschbar.

„Work hard, have fun, make a difference" beschreibt Horx (2001, S. 44) den zukünftigen Anspruch an die Arbeit. Stolz, Aktivität und Eigenständigkeit sollen in der Arbeit verwirklicht werden. Flexible Arbeitsverhältnisse und -strukturen können diesem Anspruch besser gerecht werden, als typische langfristige Arbeitsverhältnisse. Teilzeitarbeit, „Ich-AGs" als extremste Form der Selbständigkeit, und Telearbeit stellen sowohl für den Arbeitnehmer als auch für den Arbeitgeber eine Möglichkeit dar, schnell auf geänderte Arbeitsangebote und Auftragslagen zu reagieren. Durch die Einführung von flexiblen Arbeitsverhältnissen wird nach Drucker (1999) auch der Ruhestand anders definiert werden. Ältere Personen werden zwar aus dem regulären Arbeitsalltag aussteigen, ihr Wissen aber beispielsweise als Berater stunden- oder tageweise zur Verfügung stellen.

Telearbeit wird attraktiver, weil die technischen Voraussetzungen billiger werden, und die Kosten für Mobilität und Mieten zunehmen. Telearbeit gilt als neue Arbeitsform und meint die zeitliche und räumliche Entkoppelung von Büroarbeit durch den Einsatz von Mitteln der Telekommunikation (Katz, Ruch, Betschart und Ulich, 1987). Ulich (1998) unterscheidet zwischen individueller und kollektiver Telearbeit. Individuelle Telearbeit findet zu Hause im eigenen Büro statt oder ist nur an die Benützung eines Laptops gebunden. Kollektive Telearbeit wird in sogenannten Satellitenbüros (mehrere Telearbeiter arbeiten für denselben Arbeitgeber) oder in Nachbarschaftsbüros (verschiedene Arbeitgeber, dieselbe Infrastruktur) ausgeübt (Dostal, 1985).

Kollektive und individuelle Telearbeit sind neue Arbeitsstrukturen.

Telearbeit beinhaltet Risiken und Chancen, sowohl für Arbeitnehmer als auch für Arbeitgeber. Für Arbeitnehmer bedeutet die Anpassung der Wohnung an die Telearbeit Kosten. Mögliche Rollenkonflikte in der Familie und mit der Arbeit können belasten, soziale Isolation ist möglich, und die Lernmöglichkeiten und Aufstiegsmöglichkeiten im Unternehmen sind bei fehlendem direkten Kontakt begrenzt. Diesen Nachteilen stehen eine Reihe von Vorteilen gegenüber: Telearbeiter sind autonom in der Wahl der Arbeitszeit und des Arbeitsplatzes, sie müssen weder Zeit noch Geld für den Arbeitsweg aufbringen und sie können die technische Ausstattung auch in ihrer Freizeit nutzen (Morf und Alexander, 1984). Zusammenfassend bedeutet Telearbeit eine Vermischung von Arbeit und Freizeit, mit der Konsequenz allerdings, dass meist das Arbeitsquantum in der Telearbeit höher ist, als bei traditioneller Arbeit (Ulich, 2001).

Für die Arbeitgeber bedeutet Telearbeit teilweise ihre Kontrolle über die Mitarbeiter zu verlieren, die Koordinationsaufgaben nehmen zu. Dafür kann flexibel auf Aufträge reagiert werden. Personen können an die Firma gebunden werden, die nicht im Einzugsgebiet des Unternehmens wohnen (Morf und Alexander, 1984).

Die sichtbaren gesellschaftlichen und technologischen Veränderungen sind nach Horx (2001) Zeichen dafür, dass wir uns im Übergang zu einer Wissenskultur mit entsprechender Ausrichtung der Wirtschaft („smart capitalism") befinden, die sich durch sieben Paradigmen beschreiben lässt:

- Die *Dienstleistungs-Demokratie*: Dienstleistungen an anderen Personen nehmen zu und damit die wechselseitige Abhängigkeit. Horx (2001) setzt auf die Dienstleistung als „kulturelle" Konstante, bei der auf andere Personen geachtet wird, und Respekt und Freundlichkeit zum alltäglichen Umgang gehören.

- Das *Kapital des Vertrauens*: In dynamischen Zeiten und in der Wissensökonomie ersetzt Vertrauen die fehlende Kontrollierbarkeit. Wissen ist eine Ressource, die vom Menschen besessen wird, und ist damit nicht so stark und leicht zu kontrollieren wie technische Systeme und Maschinen.

> Natürlich kann man auch im 21. Jahrhundert versuchen, die Mitarbeiter an die Kandare zu nehmen, Wissen aus ihnen herauszusaugen und es Meistbietern zu verhökern. Aber das ist erstens viel schwieriger als mit materiellen Produkten, zweitens bleibt es gegenüber den Strategien des Vertrauens eine ungleich unproduktivere Strategie, welche die permanente Mühsal von Drohung und Kontrolle verlangt. Das Unternehmen der Zukunft muss also Kontrakte schließen, die auf den Verfügungsrechten der Individualität aufgebaut sind, will es nicht den schnellen Untergang am Markt riskieren. Das ist der Sinn der *employability*, einer Vertragslogik, in der es nicht um lebenslange Garantien, sondern um gemeinsames Wachstum für eine überschaubare Zeitperiode geht (Horx, 2001, S. 171–172).

- Die *neue Nachhaltigkeit* ist eine Forderung nach enger Zusammenarbeit (Symbiose) zwischen Wirtschaft und Politik mit dem Ziel, die Gesellschaft weiterzuentwickeln. Soziales Engagement von Firmen, öffentlich-private Partnerschaften (beispielsweise entsteht der Ausbau der transeuropäischen Verkehrsnetze mit der Beteiligung des privaten Sektors, der an der Entwicklung der öffentlichen Infrastruktur mitwirkt) und bürgerliches Empowerment sind Schlagworte der neuen Nachhaltigkeit.
- *Soft-Individualität*: Werte wie Toleranz, Höflichkeit, Offenheit und Fairness sind Kennzeichen der Wissensökonomie. Individuelle Entscheidungsräume werden größer und die Bedeutung des Einzelnen im Arbeitsprozess nimmt zu. Diese neue Individualität soll aber nicht mit Egoismus gleichgesetzt werden, denn Egoismus ist in Netzwerken und Teams kontraproduktiv.
- *Glokalismus* beschreibt Horx (2001) als „mehr lokales Bewusstsein", welches in globalen Vielfaltsgesellschaften eine notwendige Voraussetzung fürs Überleben darstellt. Geografische Grenzen verlieren ihre Bedeutung, Zusammenarbeit und Kooperation ist über kulturelle Grenzen hinweg erforderlich. Damit wird gegenseitige Toleranz notwendig. Die Zukunft gehört den kosmopolitischen Lokalpatrioten, die sich in verschiedensten Kulturen einleben können, aber ihre Wurzeln nicht verlieren. Der Schauspieler und Politiker Arnold Schwarzenegger beispielsweise behauptet von sich, ein stolzer US-Amerikaner zu sein, sich als Österreicher zu verstehen und im Herzen ein Steirer zu sein.

- Der *wachsende Mensch*: Lebenslanges Lernen und die ganzheitliche Sichtweise der Menschen gewinnt an Bedeutung.
- Die *Überwindung der Spaltung*: Antagonismen, wie die Sichtweise der Welt in entweder-oder oder in schwarz-weiss, sind in einer sich verändernden Welt nicht länger aufrechtzuerhalten: Die Grenzen zwischen Arbeit und Freizeit verschwimmen nicht nur in der Telearbeit; Staat und Wirtschaft müssen zusammenarbeiten und die traditionelle Rollenteilung zwischen Frauen und Männern wird aufgeweicht. Institutionen werden zunehmend durch Netzwerke, bestehend aus persönlichen Beziehungen und Bindungen, ersetzt.

Insgesamt zeichnet Horx (2001) in Form der Wissensökonomie ein optimistisches Bild der Zukunft, in der die Ausbeutung des Einzelnen überwunden werden soll. Die Wissensökonomie beruht auf einer Sichtweise des arbeitenden Menschen als autonomen Wissensarbeiter; ein Menschenbild, das im folgenden Kapitel beschrieben wird.

6.2 Entsteht ein neues Menschenbild?

Im Menschenbild des „complex man" werden inter- und intraindividuelle Unterschiede der arbeitenden Menschen betont und damit viele verschiedene Motive und Bedürfnisse der Arbeitnehmer auch am Arbeitsplatz als relevant erkannt. In den aktuellen Managementbüchern entsteht der Eindruck, dass das zu Grunde liegende Menschenbild wieder enger gefasst wird: Postmoderne Werte wie Freiheit und Selbstverantwortung werden wieder generell als Arbeitsmotive angenommen, und die Bedeutung der Ressourcen Information und Wissen betont: Die Menschenbilder des „postmodern man" (Hatch, 1997) und des Wissensarbeiters (Drucker, 1999) wurden als Durchschnittsmodelle der heute arbeitenden Menschen geboren.

Die Menschenbilder des „postmodern man" und des Wissensarbeiters wurden als Durchschnittsmodelle der heute arbeitenden Menschen geboren.

Kreativität, Freiheit und Selbstverantwortung sind wichtige postmoderne Werte, welche moderne Werte wie Autorität und Reichtum ablösen. Für Inglehart (1997) hatte Arbeit in der modernen Wertvorstellung einen instrumentellen Charakter. Arbeit wurde als Mittel eingesetzt, um Reichtum, Macht und Status zu erlangen. Selbstverwirklichung, ästhetische Bedürfnisse und der Wunsch nach Autonomie und Freiheit blieben auf der Strecke.

Diese Werte gewinnen an Bedeutung, wenn die materiellen Grundbedürfnisse gestillt werden, und sind Kennzeichen der Postmoderne[7].

Arbeitende Menschen als „Quelle des Wissens" entsprechen einem Menschenbild, das sowohl Druckers (1999) als auch Horxs (2001) Sichtweise der Zukunft der Arbeitswelt zu Grunde liegt. „Humankapital" gewinnt in der Wissensökonomie an Bedeutung, während Kapital in Form von Rohstoffen und Boden weniger wichtig wird. Horx (2001) vergleicht seinen arbeitenden Durchschnittsmenschen mit dem Künstler Pablo Picasso. Picasso investierte sein Leben lang in seine Talente und Fertigkeiten, bis er zu dem außergewöhnlichen Künstler wurde, den die Welt feiert. Horx (2001) behauptet nicht, dass in jedem ein Genie steckt, sondern dass die Arbeit dazu genutzt werden soll, die eigenen Stärken weiterzuentwickeln und an den Arbeitsherausforderungen zu wachsen. Demnach soll die Arbeit drei Funktionen erfüllen: (a) Sie soll Spaß machen, indem sie die eigene Kreativität fördert und Herausforderungen beinhaltet. (b) Die Kommunikation mit anderen Personen ist in der Arbeit wichtig, da von einer Zerlegung der Arbeitstätigkeiten in sinnentleerte und stupide Einzelschritte abgekommen wird, und Aufgaben nur mehr in einem Team zu erledigen sind. (c) Die Persönlichkeit, der eigene Wille und auch die Kritikfähigkeit sind in einer dynamischen Umwelt wichtig und für Horx (2001) die Basis für Produktivitätssteigerung.

„Humankapital" gewinnt in der Wissensökonomie an Bedeutung, während Kapital in Form von Rohstoffen und Boden weniger wichtig wird.

Horx (2001) zeichnet ein dynamisches Persönlichkeitsbild von Menschen. Die Persönlichkeit besteht demnach aus den Skills, den Talenten und den Smarts. Skills (Fertigkeiten und Wissen) werden in der Aus-, Weiterbildung und in verschiedenen Qualifikationen angeeignet. Talente stellen die individuellen Stärken einer Person dar, die unabhängig von speziellen Qualifikationen vorhanden sind. Smarts beschreibt Horx (2001) als soziale Kompetenzen und als emotionale Intelligenz. Am Beispiel eines Informatikers verdeutlicht er seine drei-faktorielle Annahme der menschlichen Persönlichkeit (Abbildung 9). Für Horx (2001) sind in dynamischen Umwelten besonders die Talente

Die Persönlichkeit besteht aus Skills, Talenten und Smarts.

[7] Postmoderne Wertvorstellungen, wie sie von Inglehart beschrieben wurden, sind abzugrenzen von der „Postmoderne" als Forschungsausrichtung. Unter einer postmodernen Forschungsausrichtung wird ein interpretativer, individueller Zugang zum Forschungsobjekt gewählt. Die Sichtweise einer allgemein gültigen Realität wird zugunsten einer subjektiven Konstruktion der Wirklichkeit geopfert (z. B. Bergquist, 1993; Kellner, 1989).

Abb. 9: Die Persönlichkeit als Portfolio (Horx, 2001, S. 49)

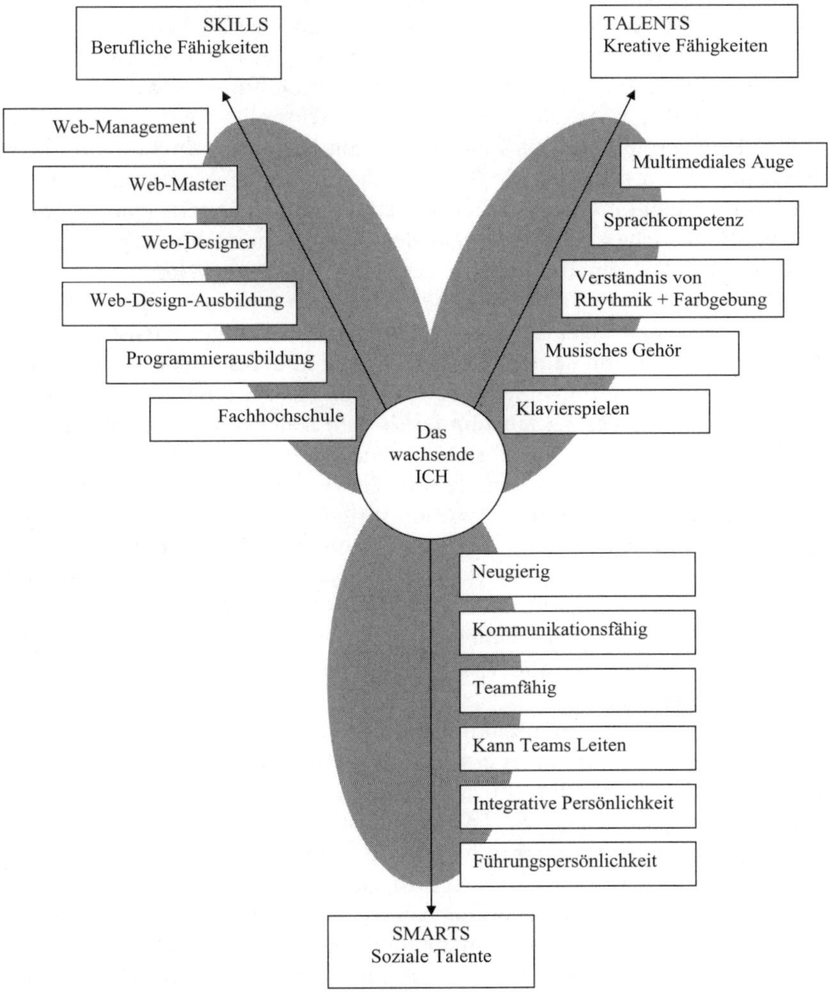

und die Smarts von Bedeutung. Angelerntes Wissen kann schon in kurzer Zeit veraltet sein. Talente wie beispielsweise die Aufgeschlossenheit gegenüber Neuem und eine schnelle Auffassungsgabe sind hingegen überdauernde Voraussetzungen für beruflichen Erfolg.

Wissensarbeiter sind keine Untergebenen im eigentlichen Sinne mehr, sondern Mitglieder einer Gemeinschaft. Da sie über ihre spezifische Arbeit mehr wissen als ihr Vorgesetzter, kann nur die Richtung der Arbeit angegeben, der Inhalt der Arbeit aber kaum mehr kontrolliert werden (Drucker, 1999). Drucker vergleicht das moderne Team mit einem Orchester, in dem der Vorgesetzte als Dirigent die Geschwindigkeit und die Richtung der Interpretation vorgibt und die Einzelleistungen damit koordiniert. Jeder einzelne Musiker und auch der Dirigent sind jedoch voneinander abhängig, damit das gemeinsame Ziel, ein harmonisch gespieltes Musikstück, erreicht werden kann. Die wechselseitige Abhängigkeit wird noch unterstützt durch die Tatsache, dass Wissen Eigentum des Arbeiters ist. Ein fähiger Bassist kann mit seiner Erfahrung und seinem Können in ein anderes Orchester wechseln und ist in der Ausübung seiner Arbeit nicht an das Unternehmen gebunden.

Führungskräfte des 21. Jahrhunderts sollen Ziele, Wege und Rollenanforderungen klarstellen (Weinert, 1998). Wenn viele Wege möglich erscheinen, ist eine Person nötig, die koordiniert und wie ein Dirigent die Richtung vorgibt. Auch Drucker (1999) betont, dass es besonders in Krisenzeiten einer Person mit Entscheidungsgewalt bedarf. Weiter sollen Führungskräfte Veränderungen einleiten und erleichtern. Als wichtigste Eigenschaft sollen Führungskräfte Visionen schaffen und der Arbeit Bedeutung und Sinn geben.

Führungskräfte sollen Visionen schaffen und der Arbeit Bedeutung und Sinn geben.

Unternehmen werden in Zukunft Erfolg haben, wenn sie fähige Wissensarbeiter für ihr Unternehmen gewinnen (Horx, 2001). Die drei R – (a) „recruitment“ (Rekrutierung), (b) „retention“ (Halten der Mitarbeiter) und die Förderung der (c) „resilience“ (Widerstandsfähigkeit der Mitarbeiter) – gelten als Hauptstrategien einer erfolgreichen Personalpolitik (Horx, 2001).

(a) *„Recruitment“*: Die Personalsuche ist geprägt vom Marketing (Drucker, 1999), in dem das Unternehmen versucht, seine Leistungen den Bedürfnissen der Mitarbeiter gerecht anzubieten. Die Suche nach Mitarbeitern über persönliche Beziehungen und eine ehrliche Kommunikation der Firmenkultur sind erfolgreiche Strategien der Personalrekrutierung (Horx, 2001).

(b) *„Retention“*: Wissensarbeiter sind mobil und damit nur schwach an das Unternehmen gebunden. Unternehmensangebote sollen die Mitarbeiter entlasten und auch direkte Vorteile für das Unternehmen haben. Firmenkindergärten können beispielsweise flexibel an die Zeitbedürfnisse der Mitarbeiter angeglichen werden und damit die arbeitenden Eltern in der Ausübung ihrer Arbeit entlasten. Auch „job-sculpting" als Individualisierung der Arbeit kann ein Unternehmen für Mitarbeiter attraktiv machen. Wenn im Vordergrund steht, dass die Arbeitsaufgaben erledigt werden, kann den individuellen Vorlieben nach dem Ort und der Zeit entgegengekommen werden.

(c) *„Resilience"* meint die Widerstandsfähigkeit der Mitarbeiter gegenüber Belastungen und Stress. Der Begriff der „resilience" entstammt der Physik und beschreibt, wie schnell ein Gegenstand nach äußerer Krafteinwirkung zu seiner ursprünglichen Gestalt zurückkehrt. Diese Widerstandsfähigkeit ist vom Unternehmen zu fördern und zu erhöhen. Sportangebote, die Förderung einer Balance zwischen Arbeit und Freizeit („work-life-balance"), angebotene Hilfestellung in Krisenzeiten und die Unterstützung der Mitarbeiter beim Erreichen einer ausgeglichenen Persönlichkeit kann Stress mit seinen negativen Konsequenzen verringern.

Allen drei Unternehmensstrategien liegt das Bewusstsein zu Grunde, dass Personen nicht beliebig austauschbar sind und damit das Individuum mit seinen Stärken und Erfahrungen in der Wissensökonomie ein wichtiger Produktivitätsfaktor ist. Nach Drucker (1999, S. 39) soll das Unternehmen die individuellen Leistungen seiner Mitarbeiter fördern: „Menschen werden nicht gemanagt oder verwaltet – Personalführung ist die entscheidende Aufgabe. Das Ziel ist, die spezifischen Stärken und das Wissen eines jeden in Produktivität zu verwandeln".

6.3 Neue Organisationskonzepte

Zur Zeit befinden wir uns in einer wirtschaftlichen Umbruchsphase. Wie Organisationen auf diesen Wandel reagieren sollen, darüber gibt es vielfältige Meinungen und Modellvorstellungen. Shafritz und Ott (2001) beschreiben zwei Trends, die Gegenwart und nahe Zukunft in der Gestaltung von Organisationen beschreiben: (a) Es entstanden unterschiedliche Organisationstheorien, die auf der Kulturtheorie aufbauen und diese weiter entwickelten. Dazu zählen Shafritz und Ott (2001) die Theorie des Total Quality Managements (TQM, u.a. Crosby, 1979, 1984), Theorien aus der japanischen Managementschule (z. B. Theorie Z von Ouchi, 1981), die Suche nach Exzellenz (Peters und Waterman, 1982), die Weiterentwicklung des soziotechnischen Systems (Weisbord, 1991), Ansätze des Re-Engineerings (Hammer und

Champy, 1993) und die lernende Organisation (Argyris und Schön, 1978, 1996; Senge, 1990). Allen diesen Ansätzen ist gemeinsam, dass horizontale Strukturen, flache Hierarchien, Flexibilität, Empowerment der Mitarbeiter, Innovation und Kundenservice gefordert wird. (b) Modelle werden entwickelt, die postmodernen Wertvorstellungen der Mitarbeiter, gekennzeichnet durch das Streben nach Kreativität, Freiheit und Verantwortung, entsprechen, und/oder die speziell nach ihren technologischen Systemen die Organisationsstruktur ausrichten. Dazu gehören die Theorien der virtuellen Organisation (Davidow und Malone, 1992), und des Re-Engeneering (Hammer und Champy, 1993). Zusätzlich zu diesen beiden Trends betonen Daft (1998) und Drucker (1999) (c) die erforderliche, stärkere Außenperspektive einzelner Organisationen auf der Suche nach Partnern. Organisationsmodelle wie die grenzenlose Organisation (Ashkenas, Ulrich, Jick und Kerr, 1995) und der Zusammenschluss von Unternehmen in einem Keiretsu (Gerlach, 1992) setzen dieses Organisationsziel um.

Bei der Vielzahl von genannten Theorien fällt es schwer, einzelne auszuwählen, um sie genauer zu beschreiben. In den folgenden Kapiteln wird die lernende Organisation beschrieben, die besonders auf Innovation und der aktiven Gestaltung von Veränderungen ausgerichtet ist. Danach wird die virtuelle Organisation vorgestellt, weil sie sich besonders stark die neueren Entwicklungen der Informationstechnologie zu Nutze macht. Zuletzt wird die feminine Theorie der konsensualen Organisation beschrieben, weil weibliche Managementtheorien in diesem Buch weitgehend fehlen, und ihr Ansatz der Gruppenstruktur in Zeiten mit verstärktem Fokus auf Teamarbeit eine interessante Alternative darstellt. Von den angeführten Organisationstheorien, welche nicht genauer beschrieben werden, sind Kurzbeschreibungen im Glossar nachzulesen.

6.3.1 Die lernende Organisation

Die lernende Organisation wird vor allem von Chris Argyris und Donald Schön (1978, 1996) und Peter Senge (1990) genauer beschrieben. Chris Argyris beruflicher Werdegang wurde in Kapitel 4.2.2 bereits beschrieben. Seit 1970 arbeitet Argyris eng mit Schön (Fotos 20) am MIT zusammen. Donald Schön wurde 1930 in Boston geboren und studierte Philosophie. Schön gilt als Pionier im Bereich des Wissensmanagements. Mit Wissensmanagement kam Schön in Berührung, als er für die Organisationsberatung Arthur Little zu arbeiten begann. Peter Senge (Fotos 20), geboren 1947, arbeitet ebenfalls nach seinem Studium in Stanford und am MIT als Direktor des Center for Organizational Learning an der Sloan School of Management, MIT.

Fotos 20: Donald Schön (*1930) und Peter Senge (*1947)

Schön schrieb gemeinsam mit Argyris (1978) das Buch über die lernende Organisation, welches sie 1996 erweiterten und verbesserten. Die lernende Organisation reagiert nicht nur auf externe Veränderungen, sondern antizipiert und steuert diese vorausschauend (proaktiv). In Argyris und Schöns (1996) Organisationsmodell wird die soziale Konstruktion der Wirklichkeit (Systemdenken) als wichtig erachtet. Weiter nehmen sie in ihren Lernmodellen Anleihen aus der Kybernetik (Regelkreismodelle).

Die lernende Organisation reagiert nicht nur auf externe Veränderungen, sondern antizipiert und steuert diese vorausschauend.

Lernen und die kontinuierliche Anpassung an dynamische Umwelten sind eine notwendige Voraussetzung für das Funktionieren von Organisationen (Zitat 26). Lernen stellt sowohl für Individuen als auch für Organisationen einen Prozess der Aneignung von Informationen dar. Dieser Prozess wird ausgelöst, wenn tatsächliche Handlungsergebnisse von den erwarteten abweichen und Untersuchungen über die Ursachen dieser Abweichung angestellt werden. Individuelle und organisationale Lernprozesse fließen ineinander, da Individuen Teil der Organisation sind und diese als Einheit vertreten. Um individuelle Lernerfahrungen organisational sichtbar zu machen, bedarf es einer Verankerung des Lernergebnisses in äußeren und sichtbaren Hinweisfunktionen des organisationalen Wissens, wie in Diagrammen, Programmen und Organisationsplänen.

Lernen stellt sowohl für Individuen als auch für Organisationen einen Prozess der Aneignung von Informationen dar.

Zitat 26: „Imperativ des Lernens" und die lernende Organisation (Argyris und Schön, 1999)

Heute, Mitte der 90er Jahre, wird inzwischen allgemein anerkannt, daß Wirtschaftsunternehmen, Regierungen, nichtstaatliche Organisationen, Schulen, medizinische Versorgungssysteme, Regionen, ja ganze Staaten und supranationale Einrichtungen sich den veränderten Bedingungen anpassen, aus vergangenen Erfolgen und Mißerfolgen Lehren ziehen, die Irrtümer der Vergangenheit aufspüren und korrigieren, bevorstehende Bedrohungen erahnen und darauf reagieren, experimentieren, ständig innovativ sein und Bilder einer erstrebenswerten Zukunft aufzeigen und realisieren müssen. Es herrscht praktisch Einvernehmen darüber, daß wir alle einem „Imperativ des Lernens" unterliegen, und in der theoretischen

> wie in der praktischen Welt ist das Lernen in Organisationen zu einer allgemeingültigen Vorstellung geworden (S. 9).
> Organisationales Lernen findet statt, wenn einzelne in einer Organisation eine problematische Situation erleben und sie im Namen der Organisation untersuchen. Sie erleben eine überraschende Nichtübereinstimmung zwischen erwarteten und tatsächlichen Aktionsergebnissen und reagieren darauf mit einem Prozeß von Gedanken und weiteren Handlungen; dieser bringt sie dazu, ihre Vorstellungen von der Organisation oder ihr Verständnis organisationaler Phänomene abzuändern und ihre Aktivitäten neu zu ordnen, damit Ergebnisse und Erfahrungen übereinstimmen, womit sie die handlungsleitende Theorie von Organisationen ändern. Um organisational zu werden, muß das Lernen, das sich aus Untersuchungen in der Organisation ergibt, in den Bildern der Organisation verankert werden, die in den Köpfen ihrer Mitglieder und/oder den erkenntnistheoretischen Artefakten existieren (den Diagrammen, Speichern, und Programmen), die im organisationalen Umfeld angesiedelt sind (S. 31–32).

Lernprozesse können auf zwei Arten ablaufen (Argyris und Schön, 1996, 1999), welche in Form von kybernetischen Regelkreismodellen erklärt werden:

- Single-loop Lernen (Einschleifen-Lernen oder adaptives Lernen) und
- double-loop Lernen (Doppelschleifen-Lernen oder generatives Lernen).

Das single-loop Lernen beschreibt ein einfaches Regelkreismodell, wie es zum Beispiel bei einem Thermostat verwirklicht wird. Die ideale Raumtemperatur wird beispielsweise mit 22 Grad festgesetzt. Wird diese Temperatur unter- oder überschritten, wird die Heizung oder Kühlung aktiviert. Das technische System ist so lange aktiv, bis die reale Temperatur mit der zuvor eingestellten Richtgröße von 22 Grad übereinstimmt. Durch dieses einfache Modell können Routineprobleme gelöst werden, allerdings wird nicht auf die Frage eingegangen, warum das Problem entsteht, und die Richtgröße wird aufgrund vergangener Erfahrungen von außerhalb des Regelkreises bestimmt. Am Beispiel des Thermostats wird dem Problem der Abweichung von der Idealtemperatur keine Beachtung geschenkt; zum Beispiel ob die Fenster nicht mehr dicht sind, oder ein Sonnenschutz fehlt. Auch die Richtgröße von 22 Grad kann für die Personen im Raum als entweder zu warm oder zu kalt erlebt werden. 22 Grad sind ein Durchschnittswert, der für die betreffenden Personen innerhalb des Systems richtig oder falsch sein kann. Im organisationalen Kontext bedeutet single-loop Lernen die Ausrichtung und Anpassung an zuvor definierte Unternehmensziele: Werte und die Grundausrichtung der Organisation bleiben aber stabil.

Single-loop Lernen in Organisationen bedeutet die Anpassung an zuvor definierte Organisationsziele.

Beim double-loop Lernen kann die Richtgröße an veränderte Gegebenheiten angepasst werden.

Das double-loop Lernen hingegen bietet die Möglichkeit, auch die Richtgröße an veränderte Gegebenheiten anzupassen. Nicht mehr nur eine Feedbackschleife zwischen Ist- und Sollzustand richtet das System aus, sondern eine zweite Schleife wird zwischen der Handlung und der Sollgröße eingerichtet. Die Organisation soll die zu Grunde liegenden Annahmen kritisch hinterfragen und kann ihre Ziele anpassen. Die Organisation wird zum selbstorganisierten System, das nicht nur auf Veränderungen reagiert, sondern diese auch vorwegnehmen und bewusst und aktiv einleiten kann. In früheren Organisationsmodellen war die Änderung von Zielen ein Privileg der Führungsspitze, die von oben nach unten die geänderten Ziele weitergab. In der lernenden Organisation soll die Anpassung der Ziele an die Umwelt im gesamten Unternehmen verwirklicht werden. Kurzfristiges Chaos und neue und verschiedene Strukturen innerhalb einer Organisation werden als Konsequenz akzeptiert (Hatch, 1997).

Organisationen sollen double-loop Lernen anstreben und single-loop Lernen überwinden. Single-loop Lernen wird aber durch individuelle Abwehrreaktionen geschützt, die sich auf organisationaler Ebene fortsetzen und verstärken. Individuen verfügen über eine Handlungstheorie, die sie nach außen hin vertreten, und eine Theorie, nach der sie wirklich handeln. Wenn die Situation bedrohlich wird und beide Theorien auseinander klaffen, werden Abwehrreaktionen ausgelöst, welche die *vertretene* Handlungstheorie stützen, nämlich (a) defensives Denken, (b) Negierung von negativen Gefühlen, (c) widersprüchliche Botschaften und die Tabuisierung dieser Widersprüche, (d) organisationale Stützung und Verstärkung dieser Widersprüche.

(a) Defensives Denken beschreibt den Widerspruch zwischen dem, was Personen sagen, und dem, was sie denken. Indem sie ihre Voraussetzungen und Rückschlüsse nicht öffentlich machen, können diese auch nicht angegriffen werden; die unausgesprochenen Annahmen werden durch eine selbstreferentielle (einander verstärkender Kreis) Logik gestützt.

(b) Negative Gefühle zu empfinden und zu zeigen, wird als Schwäche erlebt. Mit dem Wunsch, rational und kühl zu sein, schützen sich Personen und versuchen auch ihre Kommunikationspartner zu schützen. Informationen werden zurückgehalten oder so abstrakt ausgedrückt, dass sie widersprüchlich interpretiert werden können, Gefühle werden unterdrückt und falsches Mitleid gezeigt.

(c) Die Widersprüche zwischen individuellem Verhalten und Erleben übertragen sich auf die organisationale Ebene, wo sie als organisationale Abwehrreaktionen beschrieben werden. Ausdruck finden sie in widersprüchlichen Botschaften, die als solche angenommen und nicht hinterfragt werden dürfen.

> Ein Beispiel für eine Botschaft, die diesen Regeln entspricht, ist ein Firmenchef, der zu seinen unmittelbaren Mitarbeitern sagt: „Wir ermuntern jeden, innovativ und risikofreudig zu sein. Das verstehen wir unter ‚bevollmächtigen'. Natürlich erwarten wir von Ihnen auch, daß Sie Schwierigkeiten vermeiden" (Argyris und Schein, 1999, S. 111).

Gemischte und widersprüchliche Botschaften lassen sich nicht erfüllen und führen deshalb zu ausweglosen Situationen. Erst wenn die Widersprüche enttabuisiert werden, ist ein produktives Handeln möglich.

(d) Das Individuum und die Organisation sind zwei wechselseitig abhängige Einheiten. Individuelle Reaktionen wie Hilflosigkeit, Zynismus und Resignation strahlen auf die Organisationskultur ab.

Individuelle und organisationale Abwehrreaktionen können meist nur durch externe Interventionen aufgezeigt und durchbrochen werden. Externe Berater sollen in Workshops und Seminaren die handlungstheoretischen Prinzipien aufzeigen und der Gruppe helfen, ihre Abwehrreaktionen zu überwinden. Argyris und Schön (1996) widmen einen großen Teil ihres Buches der Beschreibung der erfolgreichen Intervention, um Lernen und Forschen in der Organisation anzuregen.

Auch für Peter Senge (1990) stellt die lernende Organisation die Zukunftsvision von Organisationen dar. Sein Modell ist der Organisationstheorie von Argyris und Schön (1996) ähnlich. Allerdings benutzt Senge (1990) eine eher populärwissenschaftliche Sprache, in der er sein Modell in einfachen, praktischen Tipps umsetzt und die Kernaussagen auf fünf Merkmale oder Disziplinen reduziert, die erfolgreiche Organisationen verfolgen sollen (Senge, 1990). Diese Disziplinen sind grundlegende Theorien und Methodiken, welche gelernt und in der Praxis umgesetzt werden. Für Senge (1990) vereinen erfolgreiche, lernende Organisationen die folgenden fünf Disziplinen in sich: (a) Personal Mastery oder die Disziplin der Selbstführung und Persönlichkeitsentwicklung, (b) mentale Modelle, (c) eine gemeinsame Vision, (d) Team-Lernen und als wichtigste Disziplin (e) Systemdenken (Zitat 27).

Erfolgreiche, lernende Organisationen vereinen Personal Mastery, mentale Modelle, eine gemeinsame Vision, Team-Lernen und das Systemdenken in sich.

(a) *Personal Mastery*: (Disziplin der Selbstführung und Persönlichkeitsentwicklung): Unter Personal Mastery versteht Senge (1990) das Streben nach persönlicher Meisterschaft. Personen mit einem hohen Maß an

Personal Mastery verwirklichen konsequent ihre Ziele, die ihrer Vision oder Lebensbestimmung entspringen. Sie beobachten die Realität genau, um Abweichungen zwischen den angestrebten Zielen und der jetzigen Situation zu erkennen. Wenn sie eine Abweichung erkennen, nutzen sie die daraus entstehende kreative Spannung; Energie und Kraft wird freigesetzt, um das Ziel zu erreichen. Oft behindern sich Personen selbst in der Erreichung ihrer Ziele, weil sie von der eigenen Macht- und Wertlosigkeit überzeugt sind, in einer emotionalen Spannung stecken bleiben oder resignieren. Personal Mastery bedeutet lebenslanges Lernen und ist ein dynamischer Prozess. Das Lernpotential der Organisation hängt von der individuellen Bereitschaft zum Lernen ihrer Mitglieder ab.

(b) *Mentale Modelle* sind Konstruktionen der Wirklichkeit, die sich in Annahmen, Verallgemeinerungen und Bildern über Handlungen und Handlungskonsequenzen zeigen. Mentale Modelle bestimmen, was wahrgenommen wird, wie es interpretiert wird und wie das entsprechende Verhalten dazu aussieht. Mentale Modelle sind immer Vereinfachungen, welche die komplexe Wirklichkeit auf die scheinbar wichtigen Informationen reduzieren und damit als Tatsache festsetzen. In der Organisationspraxis können mentale Modelle hilfreich sein, aber auch zu Problemen führen, wenn sie Automatismen auslösen, Lernprozesse und Weiterentwicklung einschränken. Mit trainierbaren Fertigkeiten lassen sich mentale Modelle kritisch hinterfragen und aktiv gestalten; eine Disziplin, welche einen Eckpfeiler lernender Organisationen darstellt.

(c) Eine *gemeinsame Vision* stellt Senge (1990) als dritte erforderliche Disziplin einer lernenden Organisation vor. Visionen sind die Antwort auf die Frage, was durch das Unternehmen geschaffen werden soll. Sie sind übergreifende Ziele, die ein Gefühl von Gemeinschaft erzeugen und Risikobereitschaft und Experimentierfreude fördern. Visionen können eine extrinsische oder intrinsische Ausrichtung haben. Pepsi Cola, zum Beispiel, verfolgt das extrinsische Ziel, den europäischen Marktleader Coca Cola zu schlagen; Henry Ford verfolgte mit seiner Automobilerzeugung die intrinsische Vision, dass jeder Bürger, nicht nur Millionäre, sein eigenes Auto besitzen wird. Eine gemeinsame Vision vereint und spornt zu Höchstleistungen an und ist damit erklärtes Ziel vieler Unternehmen. Schwierig ist allerdings die Entwicklung einer gemeinsamen Unternehmensvision. Ob Visionen in der Führungsspitze entwickelt und nach unten kommuniziert werden oder im Produktionsbereich entstehen: Sie bewirken nur dann die gewünschten Verhaltensweisen, wenn sie möglichst viele Mitarbeiter ansprechen und in einem Lernprozess zur individuellen Vision der Mitarbeiter werden. Als Hauptproblem sieht Senge

(1990), dass in vielen Unternehmen strategische Visionen entworfen werden, auf die emotionslos reagiert wird, anstatt sie aktiv als Motivationsquelle in den eigenen Arbeitsalltag zu integrieren. Visionen sind seit einigen Jahren in Mode und viele Führungskräfte haben diese Mode mitgetragen. Sie haben eine Unternehmensvision entwickelt und Absichtserklärungen formuliert. Sie haben sich bemüht, alle Mitarbeiter zur Teilnehmerschaft zu bewegen. Aber der erwartete Anstieg der Produktivität und Wettbewerbsfähigkeit ist häufig ausgeblieben.

> [...] Das Problem liegt nicht an der gemeinsamen Vision an sich, so lange sie sorgfältig entwickelt wird. Das Problem liegt in unserer reaktiven Haltung gegenüber der bestehenden Realität. Die Vision wird erst dann zu einer lebendigen Kraft, wenn die Menschen aufrichtig überzeugt sind, dass sie ihre Zukunft selbst gestalten können. Aber wie die Dinge stehen, machen die meisten Manager einfach nicht die Erfahrung, daß sie zur Schaffung ihrer gegenwärtigen Realität beitragen. Also erkennen sie nicht, wie sie diese Realität verändern können. (Senge, 1996, S. 282)

(d) *Team-Lernen* beschreibt die Fertigkeit, individuelle Intelligenz und Stärken in einem Team zu bündeln. Indem sich die Teammitglieder auf ein gemeinsames Ziel hin richten, werden sie zu einer Einheit, die mehr ist als die Summe ihrer Einzelbeiträge. Erfolgreiche Teams zeichnen sich durch zwischenmenschliches Vertrauen aus und durch die Bereitschaft, von anderen Teams zu lernen und Gruppenprozesse zu hinterfragen und zu steuern. Als Basis für Lernen im Team beschreibt Senge (1990) Dialog und Diskussion. Der Dialog dient der Erforschung von komplexen Fragen und hat als Ziel, die anderen zu verstehen. Aktives Zuhören ist eine Grundvoraussetzung des Dialogs. Die Diskussion hingegen ist mit einem Tischtennis-Spiel vergleichbar, bei dem unterschiedliche Meinungen präsentiert werden und „hin und her gehen"; sie werden verstärkt, abgewehrt, zurückgespielt oder sind so stark, dass sie nicht gekontert werden können. In Diskussionen zählt letztlich, wer gewinnt. Erfolgreiche Teams kennen den Unterschied zwischen Dialog und Diskussion und setzen beide Gesprächsstile in Abhängigkeit von der Fragestellung ein. Teamarbeit bedarf einer gewissen Übung. Gruppendynamische Prozesse sollten bekannt sein und bestimmte Moderationstechniken können helfen, Abwehrreaktionen und Hürden abzubauen. Teams sind eigenständige Systeme, mit eigenen Normen und Regeln. Um zu funktionieren brauchen sie zuerst eine gemeinsame Sprache, besonders, wenn ihre Mitglieder aus verschiedenen Bereichen kommen.

(e) *Systemdenken* ist für Senge (1990) die fünfte Disziplin, welche die zuvor genannten integriert. Wer in Systemen denkt, erkennt Ganzheiten und

Zusammenhänge von scheinbar unabhängigen Ereignissen. Einfache und Teillösungen werden abgelehnt, weil sie meist langfristig neue und ernste Probleme schaffen. Als Beispiel nennt Senge den zweischneidigen Erfolg der Polizei, eine große Drogenlieferung abzufangen. Als unerwartete und unangenehme Konsequenz stieg die Beschaffungskriminalität, weil aufgrund des geringen Nachschubs die Preise für Drogen stiegen. Das Systemdenken beruht auf Feedbackprozessen der Kybernetik und hebt einfache Kausalitätsbeziehungen auf. Als wichtigste Konsequenz gilt, den Blick für das Gesamte zu schärfen und Probleme nicht nur isoliert, sondern vernetzt zu sehen.

Zitat 27: Peter Senge über die fünf Disziplinen der lernenden Organisation (1996, S. 15–21)
„Personal Mastery" bedeutet, daß man seine persönliche Vision kontinuierlich klärt und vertieft, daß man seine Energien bündelt, Geduld entwickelt und die Realität objektiv betrachtet. Diese Inhalte machen die Disziplin der *Personal Mastery* zu einem wesentlichen Eckpfeiler der lernenden Organisation – zu ihrer geistigen Grundlage. Das Engagement einer Organisation zu lernen kann immer nur so groß sein wie das ihrer Mitglieder. [...]
„Mentale Modelle" sind tief verwurzelte Annahmen, Verallgemeinerungen oder auch Bilder und Symbole, die großen Einfluß darauf haben, wie wir die Welt wahrnehmen und wie wir handeln. Sehr häufig sind wir uns dieser mentalen Modelle oder ihrer Auswirkungen auf unser Verhalten nicht bewusst. [...] Die Disziplin der mentalen Modelle beginnt damit, daß man den Spiegel nach innen kehrt. Wir müssen lernen, unsere inneren Bilder von der Welt aufzudekken, sie an die Oberfläche zu holen und einer kritischen Betrachtung zu unterziehen.
„Eine gemeinsame Vision entwickeln". Wenn es je eine einzelne Führungsidee gab, die Organisationen seit ewigen Zeiten inspiriert hat, so ist es die Fähigkeit, eine gemeinsame Zukunftsvision zu schaffen und aufrechtzuerhalten. [...] Wenn eine echte Vision vorhanden ist (im Gegensatz zu den allseits bekannten „Visions-Erklärungen") wachsen die Menschen über sich selbst hinaus: Sie lernen aus eigenem Antrieb und nicht, weil man es ihnen aufträgt.
„Team-Lernen". Wie ist es zu erklären, daß ein Team von engagierten Managern, die einen individuellen Intelligenzquotienten von über 120 haben, einen kollektiven IQ von 63 aufweisen? Die Disziplin des Team-Lernens setzt sich mit diesem Paradox auseinander. Wir wissen, daß Teams lernen können. Im Sport, in den darstellenden Künsten, in der Wissenschaft und sogar – gelegentlich – im Geschäftsleben gibt es eindrucksvolle Beispiele dafür, daß die Intelligenz des Teams die Intelligenz des einzelnen bei weitem überschreitet und daß ein Team außergewöhnliche Fähigkeiten zum koordinierten Handeln entwickelt.
„Systemdenken". [...] Die Geschäftswelt und andere menschliche Unternehmen sind ebenfalls Systeme. Auch sie sind durch ein unsichtbares Gewebe von zusammenhängenden Handlungen verbunden, die oft erst nach Jahren ihre volle Wirkung aufeinander entfalten. Da wir selbst ein Teil dieses filigranen Mu-

> sters sind, fällt es uns doppelt schwer, das volle Bild der Veränderung zu erfassen. Statt dessen neigen wir dazu, uns auf „Schnappschüsse" von isolierten Systemteilen zu konzentrieren, und wundern uns, warum unsere größten Probleme scheinbar unlösbar sind. [...] Deshalb ist die fünfte Disziplin, das Systemdenken, so wichtig. Sie ist die integrative Disziplin, die alle miteinander verknüpft und sie zu einer ganzheitlichen Theorie und Praxis zusammenfügt. Sie verhindert, daß die einzelnen Disziplinen zu isolierten technischen Spielereien verkommen oder einfach als neuester Mode-Tick der Organisation abgetan werden. Ohne eine Systemorientierung fehlt uns die Motivation, genauer zu untersuchen, wie die Disziplinen sich wechselseitig beeinflussen. Weil das Systemdenken alle anderen Disziplinen fördert, werden wir ständig daran erinnert, daß das Ganze mehr sein kann als die Summe seiner Teile.

Wie wirken sich die fünf angestrebten Disziplinen auf die Organisationsstruktur aus? Argyris und Schön (1996) ebenso wie Senge (1990) sprechen sich gegen eine starke Spezialisierung und Arbeitsteilung aus und befürworten eine flache Hierarchie, dezentrale Entscheidungen und über Teamstrukturen die Integration von beratenden und entscheidenden Positionen.

- Autorität und Macht soll nicht in der Führungsspitze konzentriert sein, sondern möglichst weit ausgedehnt werden. Senge (1990) spricht in diesem Zusammenhang von der lokalen Autonomie. Entscheidungen sollen demnach in der Unternehmenshierarchie nach unten verlagert werden. Wenn aber jede einzelne Einheit autonom Entscheidungen trifft, wie können diese Entscheidungen abgestimmt und koordiniert werden? Nach Senge (1990) kann die Verfolgung der fünf Disziplinen eine mögliche Lösung dieses Problems anbieten. Gemeinsame Visionen und gemeinsame mentale Modelle können ein Unternehmen auch ohne ausgeübte strikte Kontrolle zusammenhalten und gemeinsam ausrichten. Gleichsam wie in einem lebendigen Organismus (Lorange, Morton und Ghoshal, 1986) werden an unzähligen lokalen Stellen Entscheidungen getroffen, die ein gemeinsames Ziel verfolgen: die Aufrechterhaltung des inneren Gleichgewichts.
- In der lernenden Organisation soll der Unterschied zwischen Denken und Handeln überwunden werden und wieder in einer Person oder Team integriert werden. Die Arbeitspezialisierung und -teilung soll möglichst gering sein, da sie Grenzen und Barrieren innerhalb der Organisation schafft, die Kommunikation und Austausch behindern. Abhängigkeit zwischen den einzelnen Abteilungen soll die Kooperation fördern und einen möglichen, internen Wettbewerb zwischen Abteilungen verhindern, da er das Unternehmen in seinem Lernpotential schwächt.

Das Konzept der lernenden Organisation wurde vom Fachpublikum begrüßt, provozierte aber gleichzeitig viele kritische Stimmen, die sich in drei

Gruppen teilen lassen: (a) Es gibt Forscher, die den Lernbegriff bei Organisationen als paradox, widersprüchlich und sinnlos erachten. Für sie können nur Individuen lernen, nicht aber Organisationen. (b) Die zweite Gruppe zweifelt daran, ob Organisationen in der Lage sind zu lernen. Sie gehen von der Beobachtung aus, dass Organisation innerhalb relativ kurzer Zeit zu fixen und unflexiblen Strukturen erstarren, die jede Veränderung unmöglich machen. (c) Es herrscht außerdem die kritische Meinung, dass Lernen und Anpassung in Organisationen nicht immer nützlich ist. Mitarbeiter würden in Hochleistungsorganisationen (Kunda, 1992) ausgenützt, da sie über Selbstverpflichtung und Engagement (zu)viel an Energie einbringen. Andere Kritiker sehen in der Wahrung der Stabilität der Organisation das höchste Ziel; Lernprozesse und Anpassung würden die Organisation destabilisieren (Fiol und Lyle, 1985).

Das Konzept der lernenden Organisation baut auf verschiedenen anderen Modellen und Theorien auf. Weicks Zugang zur Bedeutungssuche in Organisation wird übernommen (Kapitel 5.1.2), die Prinzipien der transformationalen Führung werden mit dem Fokus auf der Entwicklung einer gemeinsamen Vision in das Konzept integriert (siehe Rodler und Kirchler, 2001), und die Anpassung der Organisationskultur an die Werte Risikofreudigkeit, Offenheit und Wachstum werden gefordert (Kapitel 5.1.3). Insgesamt bedeutet die lernende Organisation einen Bruch mit den bekannten Annahmen und bedarf eines Umdenkens nicht nur des Managements, sondern auch der arbeitenden Menschen.

6.3.2 Die virtuelle Organisation

Das Konzept der virtuellen Organisation stammt von William Davidow und Michael Malone. William Davidow (Foto 21) ist Manager, schloss sein technisches Studium in Stanford und am Dartmouth College ab und arbeitete in einer Vielzahl bekannter Firmen, bis er in das Unternehmen Mohr, Davidow Ventures einstieg, in dem er derzeit tätig ist. Michael Malone ist Journalist und besitzt einen Universitätsabschluss der Santa Clara University. Neben regelmäßigen Auftritten im Fernsehen hat er eine beachtliche Anzahl von Artikeln und Büchern verfasst.

Virtuelle Unternehmen, wie sie Davidow und Malone (1992) definieren, sind anpassungsfähige Organisationen, die mit Hilfe der Informationstechnologie in einen interaktiven Austausch mit ihren Lieferanten und Kunden treten und als Ziel haben, in möglichst kurzer Zeit ein auf den Kundenwunsch abgestimmtes Produkt („virtuelles Produkt“) herzustellen. Der Name „virtuell“ wird vom Produkt übernommen, welches nicht real dem Kunden angeboten wird, sondern im Moment der Äußerung des Kundenwunsches im Bereich des Möglichen liegt und erst im konkreten Auftrag realisiert wird.

Foto 21: William Davidow (*1941)

„Virtuell" hieß ursprünglich etwas, das die Eigenschaften anderer Dinge besitzt, oder eine Sache, die zwar nicht real, aber doch in der Möglichkeit existiert; es bezeichnet eine „Als-ob-Realität". Ende der 1950er Jahre entwickelten Wissenschaftler sogenannte „virtuelle Computer" – Maschinen, die schnell genug waren, dass mehrere Leute daran arbeiten konnten, ohne daß sie das Gefühl hatten, den Computer mit anderen „teilen" zu müssen. Seither verstand man „virtuell" auch als „anpassungsfähig" und „interaktiv". Für den Anwender schien der virtuelle Computer überall und jederzeit verfügbar zu sein – es entstand der Begriff der „virtuellen Realität". (Davidow und Malone, 1992, S. 13)

Virtuelle Unternehmen tauschen sich interaktiv mit Lieferanten und Kunden aus und stellen in kurzer Zeit ein auf die Kundenwünsche abgestimmtes Produkt her.

Beispielsweise wirbt die Computerfirma Dell mit ihrer Strategie, Computer erst nach spezifischem Auftrag zu fertigen. Sie preist also ein virtuelles Produkt an. Die inneren Abläufe entsprechen einer schlanken Organisation („lean production") mit flacher Hierarchie, weiten Kontrollspannen und dezentralen Entscheidungen, die durch das technische Informationssystem gestützt werden.

Drei Merkmale sind für die virtuelle Organisation typisch: (a) Die Nutzung der Informationstechnologie, (b) das Beziehungsgeflecht zu Lieferanten und Kunden und (c) die schlanke Organisationsstruktur.

(a) Die *Informationstechnologie* wird mit dem Ziel eingesetzt, die richtige Information zur richtigen Zeit verfügbar zu machen. Verbindungen zur Außenwelt und Ablaufprozesse innerhalb der Organisation werden optimiert. Im Außenkontakt versucht das Unternehmen, möglichst nahe am Kunden zu sein. Mit dem Zwei-Wege-System werden Rückkoppelungsschleifen zwischen Nachfrage und Angebot eingerichtet. Über Scanner, Strichcodes und Computernetzwerke werden aktuelle Informationen über den Absatz an Lieferanten, Produktion und Vertrieb weitergeleitet. Innerhalb der Organisation helfen Datenbanken, die Informationen zu bündeln und zu verarbeiten. Davidow und Malone spekulieren 1992, dass in Zukunft Computersysteme nicht nur Informationen bereitstellen, sondern auch als sogenannte Expertensysteme Entscheidungen treffen werden. Diese Vorhersage widerspricht heute bereits der Realität. Drucker (1999) beispielsweise merkt an, dass bis jetzt Computersysteme als Unterstützung eingesetzt wurden, menschliche Entscheidungen aber nicht ersetzen konnten. Auch Hammer und Champy (1993) als Gründer des Re-Engineering beschreiben Vorteile und Stärken der Informationstechnologie, aber auch deren begrenzte Einsetzbarkeit. Zum Beispiel stellen Expertensysteme (z. B. Rechtsbank) spezifische Informationen bereit und helfen damit Generalisten, Entscheidungen mit der Güte von Spezialisten zu treffen. Expertensysteme können aber weder Spezialisten ersetzen, welche die Datenbanken „füttern" und warten müssen, noch eigenständige Entscheidungen treffen.

(b) *Beziehungsgeflecht zu Lieferanten und Kunden*: Die virtuelle Organisation ist ein schwer fassbares Gebilde, da die Abgrenzung zu Lieferfirmen, Vertrieb und Kunden unscharf ist. Vertrauen ist eine Grundvoraussetzung der engen Verflechtung der virtuellen Organisation mit anderen Organisationen. Davidow und Malone (1992) sprechen im Idealfall von Langzeitbeziehungen, die durch das gemeinsame Schicksal („codestiny") besiegelt sind. Kundenbindung soll über die Qualität der Produkte und einem besseren Service an Kunden aufgebaut werden.

(c) Die interne Organisation ist schlank (*„lean production"*) und zeichnet sich durch autonome Arbeitsgruppen und flache Hierarchien aus. Auch die Begriffe „Just-in-time-Produktion", Kanban und Kaizen aus dem japanischen Management sind typische Merkmale der schlanken Organisation. „Just-in-time-Produktion" meint die auftragsbestimmte Herstellung der Produkte; Reserven in Form von Lagerständen sollen minimiert werden (vgl. den Begriff der „slacks" von den Modellen von Galbraith und Cyert, Simon und March). Die lagerlose Produktion wurde in Japan im Kanban-System (= schriftliche Aufzeichnung) erstmalig umgesetzt (Ohno, 1993). Am Ort des Gebrauchs wurde über Karten der Bedarf festgestellt und möglichst schnell zu der Stelle der Produktion gebracht.

> Jede Partie Teile war mit einer *kanban*-Karte gekennzeichnet. Die Karte blieb bei den Teilen, während sie die Montage durchliefen. Brauchte man von einem Teiletyp Nachschub, wurde die Karte nach vorne durchgereicht und einer der Männer richtete die Maschine ein und produzierte die nächste Partie. Dasselbe System benutze man auch bei den Lieferanten. Die meisten Zulieferfirmen lagen ganz in der Nähe des Toyota-Werkes, so daß man die *kanban*-Karten bequem hin- und herschicken konnte. (Davidow und Malone, 1993, S. 138)

Auch Kaizen als Auftrag der fortlaufenden Verbesserung ist ein Merkmal der schlanken Organisation. Ohno (1993) beschreibt eine mögliche Umsetzung des Kaizen mit den „Fünf-Warum-Fragen", womit eine tiefere Ursachenklärung von Problemen erreicht wird als bei einer einfachen Analyse des Problems (Ohno, 1993; nach Davidow und Malone, 1993, S. 148).

Nehmen wir an, eine Maschine sei ausgefallen:

- *Warum* ist die Maschine stehen geblieben?
  Der Stromkreis war überlastet und eine Sicherung ist durchgebrannt.
- *Warum* war der Stromkreis überlastet?
  Ein Lager war nicht ausreichend geölt.
- *Warum* war es nicht ausreichend geölt?
  Die Ölpumpe pumpte nicht mit voller Leistung.
- *Warum* pumpte die Ölpumpe nicht mit voller Leistung?
  Der Kolben war verschlissen und leckte.
- *Warum* war der Kolben verschlissen und leckte?
  Es fehlte ein Sieb, so dass Metallabrieb eindringen konnte.

Die Grundidee der virtuellen Organisation (Davidow und Malone, 1992) wurde in der Organisationspraxis weiterentwickelt und neue Formen entstanden, bei denen bereits die Organisation und nicht mehr nur das Produkt als virtuell zu bezeichnen ist. Zwei Formen werden unterschieden: Erstens eine auf das Mindestmaß geschrumpfte Organisation, die alle Leistungen, welche von anderen Organisationen besser und billiger angeboten werden können, zukauft. Und zweitens Netzwerke von kleinen Firmen, die sich zu einer projektbezogenen Kooperation zusammenschließen (Robbins, 2001; Weinert, 1998). In der ersten Form besteht die virtuelle Organisation nur mehr aus einer zentral geführten Führungsspitze, die als Hauptaufgabe die zugekauften Leistungen koordiniert. Im zweiten Fall des virtuellen Netzwerkes werden die Kernkompetenzen der kleinen Firmen in einem gemeinsamen Auftrag gebündelt, Spitzenqualität des Produktes und eine auf Opportunismus ausgerichtete Zusammenarbeit sind Merkmale dieser auf einem Netzwerk basierenden Form. In beiden Fällen ist die gegenseitige Abhängigkeit von Bedeutung. Vertrauen muss die fehlende Kontrollierbarkeit ersetzen. Um das Organisationskonzept der virtuellen Organisation zu verdeutlichen, wurde die Bäckerei als virtuelle Organisation strukturiert (Beispiel 7).

Beispiel 7: Die virtuelle Organisation einer Bäckerei
Aufgabenstellung: Stellen Sie sich vor, Sie haben die Bäckermeisterprüfung gemacht und planen die Eröffnung einer Bäckerei in der Innenstadt Wiens. Vom Angebot her soll das Geschäft eher ein breites Sortiment anbieten (von Brot und Gebäck über Konditorwaren bis hin zu Milchprodukten). Über ein mittelgroßes Lokal verfügen Sie bereits, es besteht aus 80 Quadratmetern Verkaufsfläche mit zusätzlicher Fläche für die Backstube. Entwickeln Sie für das Geschäft eine organisatorische Struktur, welche Davidow und Malones Organisationstheorie folgt.

Eine erste Potentialanalyse lässt Sie erschauern. In der Wiener Innenstadt befinden sich bereits so viele Bäckereien, dass für eine neue wenig Kundenpotential übrig bleibt. Potential gäbe es eher in Betriebskantinen, für Privatkunden und Catering-Unternehmen. Mit einer befreundeten Betriebswirtin und einem Informatiker beschließen Sie, eine virtuelle Bäckerei aufzumachen. Sie verkaufen zuerst das Geschäft an den nächsten Interessenten (er möchte Sushi anbieten) und mieten ein Büro mit Internetanschluss. Die Betriebswirtin entwickelt ein Marketingkonzept, der Informatiker bereitet die Informationstechnologien vor und Sie suchen eine Bäckerei in schlechter Lage, deren Leistungsfähigkeit hoch ist und deren Angestellten motiviert und fähig sind, der aber die Kunden ausbleiben. Um Betriebskantinen zu beliefern, brauchen Sie eine Technologie, die Ihnen, beziehungsweise der Produktionsstätte (Bäckerei) und dem Vertrieb, schnell den Bedarf rückmeldet und ein schnelles und verlässliches Liefersystem. Für die regulären Lieferungen kontaktieren Sie die Angestellten des Vertriebssystems von der Firma Anker und überreden sie, zusätzlich zu ihren vielen Lokalen in Wien auch verschiedene Betriebskantinen anzufahren. Für spezielle Lieferungen kommen Sie in Kontakt mit dem Hausfreund, einer Firma, die sich auf das Einkaufen für Privatkunden spezialisiert hat. Für die Privatkunden entwickelt Ihr Freund, der Informatiker ein System, welches direkt in der Küche installiert wird und in das die Kunden ihre Wünsche und Zeitpunkt der Lieferung eingeben können. Die Belieferung der Privatkunden übernimmt der Hausfreund. Nachdem die Logistik überlegt wurde, läuft Ihr Marketingkonzept (Printmedien, Internet und Flyers) an und Sie kontaktieren und beraten persönlich mögliche Kunden.

Nach drei Monaten erlauben Sie sich ein erstes Resümee. Viele Vorteile liegen auf der Hand: (a) Da Sie die Haupttätigkeiten (Produktion und Vertrieb) ausgelagert haben, müssen Sie zwar die Einzelleistungen koordinieren und auch die Qualität kontrollieren, die mühsamen Kleinigkeiten, die organisiert werden müssen, bleiben Ihnen aber erspart (z. B. wie wird die Bäckerei sauber gehalten, genügt die jetzige Vertriebsflotte oder werden mehr, kleinere oder größere Autos benötigt). (b) Ihr Kapitaleinsatz ist begrenzt. Sie müssen weder Produktionsmittel aufstellen, noch Lagerhallen und Parkplätze mieten. Damit ist Ihr Risiko abschätzbar. Wenn die Bäckereiprodukte nicht mehr nachgefragt werden, können Sie mit einem leicht adaptierten Konzept auch andere Produkte des täglichen Bedarfs anbieten. (c) Im Moment profitieren Sie und Ihre Partner. Der Hausfreund freut sich über mehr Kunden und das Anker-Vertriebssystem ist endlich ausgelastet. Außerdem verschaffen Sie Anker auch zusätzliche Aufträge, wenn die

Nachfrage die Kapazität Ihres Bäckereipartners kurzfristig übersteigt. (d) Sie haben Zeit, den Kundenkontakt zu pflegen. Regelmäßig besuchen Sie die Betriebskantinen, hören sich Verbesserungsvorschläge für Produkte und Vertrieb an und beraten Ihre Kunden über neue Produkte.
Wo liegen die Nachteile und Schwächen Ihrer Organisation? (a) Die Vorbereitungszeit vor der ersten Lieferung war extrem lange, da Sie gemeinsam mit Ihren Freunden die Logistik planen und vorbereiten mussten. In dieser Phase lebten Sie von Ihrem Ersparten und von Krediten. Dafür ist jetzt die Wertschöpfung relativ hoch. (b) Ihre Stärke besteht lediglich in der bereitgestellten Technologie und der spezifischen Werbung, die eigentlich auch von Anker kopiert werden könnte. Im Grunde sind Sie ein Vermittler und Koordinator, also ein zusätzlicher Akteur zwischen Produktion und Endverbraucher. Wenn Sie Ihr Informatiker im Stich lässt, könnten Sie ernsthafte Probleme bekommen. Aber die Tatsache, dass der Informatiker Ihr Freund ist, dem Sie vertrauen, wirkt beruhigend. (c) Sie haben gegenüber Ihren Partnern (Bäckerei, Hausfreund und Anker) wenig Kontrollmöglichkeiten. Sie können weder bestimmen, welche Personen angestellt werden, wie die Arbeitsmittel aussehen oder wie produziert wird. Als einzige Sanktionsmöglichkeit bleibt Ihnen die Kündigung der Partnerschaft. Aber den Aufbau einer neuen Partnerschaft möchten Sie nicht wieder auf sich nehmen müssen.

Virtuelle Organisationen können äußerst flexibel auf aktuelle Kundenbedürfnisse und Auftragslagen eingehen und haben damit in einer dynamischen Umwelt einen Wettbewerbsvorteil gegenüber traditionellen Organisationen. Sie entsprechen auch am besten dem Menschenbild des Wissensarbeiters, der in Abhängigkeit des spezifischen Problems und des Auftrages zugekauft wird. Die Zukunftsperspektive, in der sich Personen mit ihren Talenten über die Börse versteigern und für verschiedenste Unternehmen (Horx, 2001), aber eigentlich immer zu ihrem eigenen Nutzen arbeiten, ist interessant, da sie dem arbeitenden Menschen maximale Autonomie zubilligt. Die Frage ist allerdings, ob Individuen diese Autonomie immer nützen können und wollen, und ob nicht anderen Bedürfnissen als der individuellen Weiterentwicklung, wie zum Beispiel Sicherheitsbedürfnissen und sozialen Motiven, zu wenig Aufmerksamkeit geschenkt wird (Zitat 28).

Zitat 28: Auswirkungen des informationstechnologischen Fortschritts auf das Arbeitserlebnis (Shafritz und Ott, 2001, S. 470)
Technology and postmoderism also raise questions about the experience of people who work in and around organizations. Will Warren Bennis' (1966) prediction finally become true – will bureaucratic organizations as we know them disappear be-

cause they are unable to adapt to rapidly changing environments? Will working at home (or in a mountain cabin) and telecommuting become the norm? Will Charles Handy (1990) be right in predicting that many organizations will resemble "donuts" and "shamrocks"? If so, how will people satisfy their social needs? Can trusting relations be established through relationships that exist only on the information highway in cyberspace? Can "virtual organizations" and holograms created by information technology satisfy needs for affiliation and association? Who is an organizational member and who is not? Will it make any difference? The questions posed above about the meaning of organizational boundaries – and of organizations – are not hypothetical.

6.4 Die feminine Theorie der konsensualen Organisation

Das Konzept der konsensualen Organisation wurde von Joyce Rothschild (Foto 22) entwickelt (Rothschild und Whitt, 1986; Rothschild, 1991). Joyce Rothschild ist Organisationssoziologin und arbeitet nach ihrem Studium an der University of Illinois und an der University of California in Santa Barbara.

Foto 22: Joyce Rothschild (*1948)

In der femininen Organisation wird versucht, die Arbeit menschlicher zu gestalten. Die Entfremdung der Arbeit vom Individuum soll aufgehoben werden, und die Mitglieder einer Organisation sollen sich mit deren Werten identifizieren und daran binden können. Es wird gegen eine hierarchische Gliederung als Ausdruck von Macht und Einfluss Position bezogen; Macht als Arbeitsmotiv und Organisationen als Arenen für Machtspiele werden abgelehnt.

In der femininen Organisation wird versucht, die Arbeit menschlicher zu gestalten.

Organisationen werden geprägt von der Gesellschaft, in der sie eingebettet sind. In den westlichen Gesellschaften sind immer noch zu einem großen Teil Männer und patriarchalische Strukturen vorherrschend; das Streben nach Macht und Einfluss als typisch männliches Motiv ist auch in Organisationen zu beobachten. Zu Anfang der 1980er Jahre wurde der Zusammenhang zwischen weiblichen Werten und der Präferenz für bestimmte Organisationsstrukturen analysiert. Abhängig von ihrer Sozialisation sind Frauen gewohnt und sehen auch ihre Funktion darin, sich um andere Personen zu kümmern. Auch in Organisationen bevorzugen Frauen Strukturen, in denen die soziale Verbundenheit mit anderen Personen als wichtig erachtet und unterstützt wird (Hyde, 1989; Fletcher, 1994).

Als Gegenpunkt zu den etablierten, männlich orientierten Organisationsformen wurde die kollektive (oder kooperative) und konsensuale Organisation entwickelt. In beiden Organisationsformen geht Kontrolle und Entscheidungsmacht gleichberechtigt von allen Personen aus, die mit der Organisation verbunden sind (Besitzer, Mitglieder, Angestellte). Unterschiede sind in der Art der Entscheidungsfindung zu beobachten. In der *kooperativen* Organisation führen demokratische Abstimmungen zu einer Entscheidung, in *konsensualen* Organisationen wird als oberstes Ziel ein Konsens angestrebt; Kompromisse werden eher abgelehnt (Iannello, 1992). Die Gleichberechtigung aller Mitglieder der Organisation steht im Widerspruch zu einer hierarchischen Gliederung der Organisation. Hierarchien werden deshalb verringert und im extremsten Fall wird überhaupt versucht, ohne Hierarchie auszukommen.

Kontrolle und Entscheidungsmacht geht gleichberechtigt von allen Personen in der Organisation aus.

Rothschild (1991; nach Robbins, 2001) definiert sechs Merkmale der femininen Organisation, die sie als Gegensatz zur bürokratischen Struktur beschreibt:

- Organisationsmitglieder sollen als Individuen geschätzt werden. Sie lassen sich mit ihren individuellen Stärken und Schwächen nicht auf Rollenträger oder auf Funktionen reduzieren.
- Soziale Beziehungen haben einen eigenen Wert und sind nicht nur Mittel, um Organisationsziele zu erreichen.
- Karriere ist definiert als Dienstleistung an dem anderen. Anders als in hierarchischen Organisationen, kann Aufstieg, Macht, größere Verantwortung oder ein Sprung in der Gehaltsstufe keinen Anreiz bieten, da diese Merkmale von Karriere in der femininen Organisation nicht angeboten werden. Die feminine Organisation strebt die Gleichberechtigung aller ihrer Mitglieder an; Statussymbole, Privilegien oder materielle Belohnungen werden daher abgelehnt.
- Die feminine Organisation fühlt sich für das persönliche Wachstum ihrer Mitglieder verantwortlich. Arbeitsspezialisierung wird unterbunden, Jobrotation angeboten, damit die Mitglieder neue Erfahrungen machen können. Berufserfahrung wird als arbeitsbezogener Vorteil demystifiziert. Auch die Unterscheidung in intellektuelle und manuelle Aufgaben wird nicht in der Zuweisung von verschiedenen Arbeitsplätzen fortgeführt. Personen sollen voneinander lernen und sich ein breites Spektrum von Fertigkeiten aneignen.

- Die Organisation soll eine Gemeinschaft sein, in der sich ihre Mitglieder vertrauen und für einander sorgen. Ähnlich einem kleinen Dorf soll Bekanntheit, Vertrautheit und gegenseitige Hilfe gefördert werden.
- Macht und Einfluss wird auf alle aufgeteilt. Informationen sind für alle zugänglich und alle, die an Entscheidungen teilnehmen wollen, können dies auch tun. Das Kollektiv kann zeitlich befristet die Autorität an einzelne Personen übergeben, diese allerdings auch wieder zurückfordern. Kontrolle zur Einhaltung von Regeln wird von den Gleichgestellten („peers") ausgeübt.

Die feminine Organisation lässt sich anhand der klassischen Organisationsmerkmale folgendermaßen beschreiben: Autorität ist auf alle aufgeteilt, die Frage nach der Weite der Kontrollspanne stellt sich deshalb nicht (Kontrolle geht vom Kollektiv aus). Die Arbeitsspezialisierung soll minimiert werden, es gibt keine Unterscheidung in beratende und entscheidende Positionen und die Hierarchie sollte möglichst flach sein.

Für Iannello (1992) stellen israelische Kibbuze das beste Beispiel für konsensuale Organisationen dar. Im israelischen Kibbuz ist die Trennung zwischen Beruf, Privatheit und Familie verschwimmend; Personen leben und arbeiten in der Gemeinschaft und bringen ihre Familien in die Gemeinschaft mit ein. Die Mitgliedschaft im Kibbuz ist bereits Belohnung. Wirtschaftliche Interessen sind nicht das oberste Ziel eines Kibbuz; der Ertrag des Kibbuz wird auf alle gleich aufgeteilt. Ken Follett beschreibt in seinem Buch „Die Kinder von Eden" (2001) den Aufbau einer fiktiven Hippiekommune (S. 140-148), die in Kalifornien Wein produziert, und ähnlich einem Kibbuz organisiert wird.

> Sie befanden sich in der Hütte, die aus einem einzigen Raum bestand und seit fünfundzwanzig Jahren sein Zuhause war. Zum Mobiliar zählten außer dem Bett ein altes Sofa vor dem offenen Kamin und in der Ecke ein Tisch, auf dem eine dicke Kerze in einem Halter stand. Elektrisches Licht gab es keines. In der Frühzeit der Kommune hatten die meisten Mitglieder in solchen Blockhütten gelebt, während die Kinder in einer eigenen Hütte schliefen [...] Obwohl das Zusammengehörigkeitsgefühl der Kommune noch immer stark war, hatten verschiedene Mitglieder ihren Häusern eine individuelle Note gegeben. So hatte eine Frau das Gelände um ihre Blockhütte mit Blumen und niedrigen Sträuchern bepflanzt. [...] Die Wege waren matschig, die Gebäude eher Bruchbuden, die ganze Anlage ein zusammengewürfeltes Zufallsprodukt. Eine Trennung zwischen Werkstätten und Wohnräumen gab es nicht. Die Schlafhütte der Kinder lag gleich neben der zum Weingut gehörigen Scheune, die Zimmermannswerkstatt mit ihrem Hof zwischen den anderen Hütten. Die Toilettenhäuschen wurden jedes Jahr versetzt, obwohl der Erfolg gleich null war. [...] Er stieg die Uferböschung hoch, schlüpfte in seine üblichen Klamotten – Blue Jeans und Arbeitshemd – und ging zum Küchenhaus. Die Tür war nicht verschlossen; es gab keine Türschlösser in der Siedlung. [...] Er kam an

> der Werkstatt vorbei, wo sie die Spaten, Hacken und Rebscheren aufbewahrten; an dem betonierten Kreis, auf dem sie im Oktober die Trauben stampften; an dem Schuppen, wo in riesigen Holzfässern der Wein der Vorjahresernte lagerte, sich langsam setzte und klärte. [...] Einmal im Jahr verbrachte die Kommune einen ganzen Tag damit, Weinfässer den Hang hinauf und durch die Bäume zur Lichtung zu rollen. Dort wurden sie auf Paul Beales Laster gewuchtet, der sie zur Abfüllanlage in Napa brachte. Das war ein wichtiger Tag im Kalender der Kommune. Am Abend feierten sie jedes Mal ein Fest, und der nächste Tag war frei zur Feier des erfolgreichen Jahres. [...] Im Austausch gegen den Wein brachte Paul Beale Lebensmittel für die Kommuneküche und sorgte für Nachschub im Laden: Kleidung, Süßigkeiten, Zigaretten, Kaffee, Schreibwaren, Bücher, Tampons, Zahnpasta und was sonst noch benötigt wurde. Das System funktionierte ohne Geld.

Rothschild und Whitt (1986) erkannten fünf Faktoren, welche die Umsetzung einer femininen Organisation behindern:

- Entscheidungen, die als Ziel einen Konsens anstreben, dauern länger als Entscheidungen, die von der Linie als Einzelperson getroffen werden. Mehr Personen und damit auch mehr Meinungen sind in konsensualen Entscheidungen zu bedenken und umzusetzen. Das Zeitproblem lässt sich verringern, wenn in ihren Werten und Zielen homogene Personen in die Organisation aufgenommen werden.
- Die emotionale Intensität ist in femininen Organisationen höher als in bürokratischen Systemen. Konsensuale Entscheidungen werden in face-to-face Kommunikationen getroffen, wo eigene Bedürfnisse und Zielvorstellungen eingebracht werden. Organisationsmitglieder können sich nicht hinter ihrer Funktion verstecken und übernehmen Verantwortung für ihr Handeln.
- Personen werden in einer Gesellschaft sozialisiert, in der demokratische Strukturen selten gelebt werden. Wir sind Hierarchien in unseren Familien und im Ausbildungssystem gewöhnt; mit demokratischen Entscheidungsprozessen haben wir nur wenig Erfahrung.
- Der Gegenwind, welcher von außen auf die feminine Organisation trifft, ist größer als bei traditionellen Organisationen, da sich diese Organisationsform meist in Nischen befindet und sich gegen den Mainstream der Gesellschaft ausrichtet. Vorurteile und Bedenken beziehen sich nicht nur auf die Organisationsform, sondern auch auf die angebotenen Produkte und Dienstleistungen (z. B. alternative Medizin, biologische Nahrungsmittel).
- Individuen werden mit ihren unterschiedlichen Bedürfnissen und Werten in der konsensualen Organisation geschätzt. Diese Wertschätzung steht im Widerspruch zu der Erfahrung, dass Personen mit heterogenen Zielen und Werten das Konfliktpotential stark in die Höhe treiben. Uni-

formität der Organisationsmitglieder ist zwar keine Voraussetzung der femininen Organisation, erleichtert aber die Ablaufprozesse.

Iannello (1992) analysierte drei feminine Organisationen darauf hin, welche von Rothschild (1991) als ideale Merkmale dieser Organisationsform beschriebenen Eigenschaften in der Realität umgesetzt wurden und welche nicht. Die drei Organisationen waren in verschiedenen Bereichen angesiedelt, die erste war eine Friedensbewegung, die zweite eine Gesundheitsorganisation, die medizinische Versorgung für Frauen anbot und die dritte eine wirtschaftliche Organisation, die als Ziel hatte, Frauen im Wirtschaftsleben zu fördern. Iannello (1992) kommt zu drei Aussagen: (a) Es ist unökonomisch, alle Entscheidungen konsensual zu treffen. Entscheidungen sollen in Routine- und kritische Entscheidungen unterschieden werden, wobei Routineentscheidungen an einzelne Mitglieder delegiert werden können. Damit nicht eine Person ständig Autorität über einzelne Bereiche hat, können Routineentscheidungen wechselweise an mehrere Personen übertragen werden. Diese Rotation der Verantwortung kostet aber Geld, weil Wissen neu aufgebaut werden muss. Ständige Jobrotation lässt sich deshalb nur in Organisationen verwirklichen, die keine wirtschaftlichen Interessen verfolgen (z. B. in der auf Freiwilligkeit basierenden Friedensbewegung). In der Gesundheitsorganisation musste eher darauf vertraut werden, dass Inhaber der spezifischen Entscheidungsgewalt diese Autorität nicht zur Ausübung von Macht benutzten. (b) Der Weiterbildungsauftrag wird in den untersuchten femininen Organisationen gut umgesetzt, und (c) klare Ziele lassen sich in konsensualen Organisationen leichter umsetzen als dynamische Ziele.

Zusammenfassend stellt die feminine Organisation einen idealisierten Gegensatz zur Bürokratie dar. Zu hinterfragen ist, ob die Grundannahme, dass Frauen nicht nach Macht streben, aufrechtzuerhalten ist. Selbst die traditionelle Tätigkeit der Frau in der Familie könnte mit Macht in Zusammenhang gebracht werden. Kritisch stellt sich auch die Frage, ob sich das individuelle Streben nach Macht in Organisationen formal aussperren lässt, und ob nicht informelle Machtstrukturen bald das Vakuum an formaler Macht in femininen Organisationen ausfüllen werden. Abgesehen von den aufgeworfenen Fragen stellt aber die konsensuale Organisation eine Organisationstheorie dar, welche sich stark von den klassischen Organisationstheorien, aber auch von neueren Theorien zur Organisation (z. B. Cyert und March, 1963; Mintzberg, 1979; March und Simon, 1958) abhebt und deshalb eine interessante Alternative bietet, die sich vielleicht in Zukunft durchsetzen wird.

Glossar

Adhokratie	Eine Organisationsform mit sehr flexibler oder ohne formale Struktur. Alle Organisationsmitglieder sind gleichberechtigt an kreativen Entscheidungen beteiligt.
Administrative Theorie	Ein auf den französischen Unternehmer Fayol zurückgehendes Konzept, das auf der Annahme basiert, dass mit der Optimierung der Organisation die Effizienz und Wirtschaftlichkeit gesteigert werden kann. Die Administrative Theorie wurde von Follet und Gulick weiterentwickelt.
Arbeit	Stellt eine Tätigkeit mit der negativ besetzten Konnotation der Mühe und Last dar. Sie ist gesellschaftlich organisiert und trägt zur Weiterentwicklung des Menschen bei.
Arbeitspsychologie (A-Psychologie)	Untersucht die psychologischen Auswirkungen der Arbeit auf das Individuum, um das individuelle Wohlbefinden und die Effizienz der Arbeitsstruktur zu erhöhen. (siehe auch Organisationspsychologie, Betriebspsychologie)
Autokratie	Eine Organisationsform, bei der die Macht von einer Person ausgeht, die Hierarchie flach ist und die Strukturen flexibel sind.
Autonomie	Ist die Unabhängigkeit und Selbstbestimmung von Individuen und Gruppen.
Betriebspsychologie	Beschäftigt sich mit dem menschlichen Verhalten in ausschließlich wirtschaftlichen Organisationen. (siehe auch Arbeitspsychologie, Organisationspschologie)

Bounded rationality	Entscheidungskonzept auf der Basis limitierter menschlicher Rationalität von Herbert Simon, das davon ausgeht, dass nicht die „beste" aller Alternativen gewählt wird, sondern die erste zufriedenstellende Alternative („satisfycing principle").
Bürokratiemodell	Ein auf den deutschen Soziologen Weber zurückgehendes Modell, das als wichtigste Ziele einer Organisation Ordnung, System, Rationalität, Uniformiertheit und Konsistenz sieht. Zwischenmenschliche Beziehungen in der Organisation sind unpersönlich und nicht emotional. (Beispiel: öffentliche Verwaltung)
Complex man (Menschenbild)	Der Mensch unterscheidet sich sowohl inter- als auch intraindividuell in seinen Bedürfnissen. Diese Tatsache soll bei der Arbeit berücksichtigt werden.
Deskriptive Theorie	Versucht Abläufe in Organisationen und organisationales Verhalten möglichst realitätsnahe zu beschreiben. Implikationen und die Vorschreibung einer idealen, weil effizienten und effektiven Struktur erfolgt nicht.
Dissatisfier	(siehe Hygienefaktoren)
Double-loop Lernen	Regelkreismodell, bei dem auch die Richtgröße an veränderte Gegebenheiten angepasst werden kann. (siehe auch im Unterschied dazu: Single-loop Lernen)
Effektivität	Erfolgswirksamkeit (etwas bringt einen Effekt) von Maßnahmen und Planungen.
Effizienz	Beschreibt ein Input-Output-Verhältnis und ist somit eine Bewertung des Mitteleinsatzes in Relation zum Erfolg. Effizienz ist also ein Kriterium der Beurteilung des (wirtschaftlichen) Ressourceneinsatzes eines Systems.
Extrinsische Motivation	Eine Handlung wird aufgenommen bzw. ausgeführt, weil eine Belohnung erwartet wird. Steht im Gegensatz zu intrinsischer Motivation.
Funktionale Gruppen	Sind nach den zu erfüllenden Aufgaben strukturiert (z.B. jeweils nur eine Abteilung für Vertrieb, Marketing, etc.). Stehen im Gegensatz zu multidimensionalen Gruppen.
Grenzenlose Organisation	Grenzen innerhalb und außerhalb der Organisation sollen erkannt und teilweise durchlässig gestaltet werden. Vertikale Grenzen sollen über den Abbau von Befehlsketten, horizontale Grenzen über verstärkte Kooperation, externe Grenzen über Zusammenarbeit mit Zulieferfirmen, Kunden und Mitbewerber und geografische Grenzen über internationale Globalisierung überwunden werden.

Hawthorne-Studien (Hawthorne-Effekt)	Wurden von Mayo, Roethlisberger und Dickson in den Hawthorne-Werken durchgeführt und zeigten, dass sozialer Austausch am Arbeitsplatz die Leistung fördert. Sie stellen den Übergang vom „homo oeconomicus“ zum „social man“ dar. In den 1970ern fand man heraus, dass der Hawthorne-Effekt nicht nur aufgrund der sozialen Beziehung zustande kam, sondern auch andere Faktoren maßgeblich beteiligt waren.
Homo oeconomicus (Menschenbild)	Der durchschnittliche Mensch ist ein vernünftig entscheidender Mensch, der mit seinen Entscheidungen Nutzenmaximierung anstrebt.
Human Relations (Human-Relations-Bewegung, zwischenmenschliche Beziehungen)	In der Human-Relations-Bewegung stehen die zwischenmenschlichen Beziehungen im Mittelpunkt der psychologischen Forschung. Die Gruppe als soziales System und Gefühle, wie Zufriedenheit, sind von Interesse.
Hygienefaktoren (Dissatisfiers, Kontextfaktoren)	Faktoren, bei deren Fehlen Unzufriedenheit auftritt. Sie beziehen sich auf die Arbeitsumgebung, wie den Führungsstil, die äußeren Arbeitsbedingungen oder das Betriebsklima usw.
Industrielle Demokratie	(siehe Klassische Soziotechnik)
Intrinsische Motivation	„Intrinsisches Verhalten erfolgt um seiner selbst willen oder eng damit zusammenhängender Zielzustände, es ist nicht bloßes Mittel zu einem andersartigen Zweck“ (Heckhausen, 1989, S. 456). Steht im Gegensatz zu extrinsischer Motivation.
Job enlargement	Aufgabenerweiterung; Arbeitstätige rotieren nicht zwischen verschiedenen stark spezialisierten Arbeitsplätzen, sondern üben innerhalb ihrer Arbeitsplätze mehrere Tätigkeiten aus, die bislang von verschiedenen Arbeitskräften verrichtet wurden.
Job enrichment	Aufgabenanreicherung; unter „job enrichment" ist eine vertikale Ausdehnung der Arbeit gemeint, die nicht nur die Ablauforganisation, sondern auch die Aufbauorganisation betrifft. Aufgabenanreicherung bezieht sich vor allem auf die Neugestaltung von Motivationsfaktoren im Sinne von F. Herzberg.
Job rotation	Relativ anspruchslose Form neuer Arbeitsplatzgestaltung, nach der Personen, die spezialisierte Tätigkeiten ausüben, aufgrund eigener Initiative oder nach einem vorbestimmten Rhythmus ihren Arbeitsplatz tauschen.

Job-sculpting	Individualisierung der Arbeit, um das Unternehmen für den Mitarbeiter interessant zu machen.
Kaizen	Die ständige Verbesserung in der Organisation, zu der Mitarbeiter und Führungskräfte beitragen.
Kanban	Bedeutet auf japanisch „Karte, Zettel". Ein Kanban-System ist eine Fertigung auf Abruf, bei der die Lagerbestände niedrig gehalten werden sollen (auch bekannt als lagerlose Produktion)
Keiretsu	Ist ein Zusammenschluss von Unternehmen, welche aufgrund der Analyse der Kostenerfassung der ökonomischen Kette zusammenarbeiten. In Japan sind die Unternehmen eines Keiretsu voneinander abhängig, pflegen die Beziehungen und begeben sich dennoch in Wettbewerb zueinander. Ein Beispiel ist Mitsubishi.
Klassische Soziotechnik (industrielle Demokratie)	In der klassischen Soziotechnik wird untersucht, wie sich Veränderungen auf die Arbeitsleistung auswirken. Zusätzlich werden Interventionen aufgezeigt, wie Störungen umgangen werden können.
Kollegialsystem	Ein Organisationssystem, bei dem alle Mitglieder gleichberechtigt Entscheidungen zusammen treffen.
Konsensuale Organisation	Eine Organisationsform, in der Entscheidungen nach gemeinsamer Übereinstimmung getroffen werden. Wurde entwickelt auf der Basis von femininen Werten.
Kontingenztheorien	Besagen, dass die Ausprägung verschiedener Merkmale (Organisation, Umwelt, Situation) für die Gestaltung einer effizienten Organisation verantwortlich sind und, dass es nicht einen bestimmten „best way" in der Organisationsstruktur gibt.
Kooperative Systeme	Sind nach Barnard alle Organisationen, weil Organisationen primär aus der Zusammenarbeit von Individuen entund bestehen. Die Veränderung eines Mitarbeiters/Elements führt dazu, dass sich alle anderen Mitarbeiter anpassen müssen.
Lernende Organisation	Eine Organisationsform, bei der die Organisation auf externe Veränderungen reagiert, diese antizipiert und sie aus eigener Initiative steuert.
Macht	Ist ein soziales Verhältnis, legitimiert und stellt die Chance dar, den eigenen Willen auch gegen Widerstand durch zu setzen.

Menschenbild	Modell von Menschen, das ihre Motive, Bedürfnisse, Ziele, Fähigkeiten und Verhaltensweisen abbildet. Jede wissenschaftliche Forschung begründet ihre Arbeit auf einem speziellen Menschenbild. (siehe „homo oeconomicus", „social man", „selfactualizing man", „complex man")
Meritokratie	Herrschaft der Verdienten; eine Organisationsform, bei der die Macht von Organisationsmitgliedern ausgeht, welche außerordentliche Leistung erbringen.
Mission	Eine Organisationsform, bei der die Macht nicht von einer Person ausgeht, sondern von einer Ideologie getragen wird. Sie wird in einfachen Umwelten umgesetzt und besitzt eine flache Hierarchie.
Moderne Soziotechnik (partizipative Designs)	Für die moderne Soziotechnik ist die Kommunikation vom Design-Team, das Veränderung in der Organisation herbeiführt, und der restlichen Organisation ausschlaggebend.
Motivatoren (Satisfiers, Kontentfaktoren)	Darunter sind jene Faktoren zusammengefasst, die Zufriedenheit bewirken, wie etwa Leistung, Anerkennung, die Tätigkeit selbst, Verantwortung, Weiterentwicklungs- und Aufstiegsmöglichkeiten.
Multidimensionale Gruppen	Sind nach der Absicht und dem Ziel der Gruppe strukturiert (z.B. eine Abteilung für eine Produktlinie). Steht im Gegensatz zu funktionalen Gruppen.
New Economy	Eine Wirtschaftsform, die durch die Globalisierung geprägt ist und deren Prioritäten im weltweiten Wettbewerb um innovative Ideen und der Verarbeitung von Informationen liegen.
New Public Management (NPM)	Eine Organisationsform, um die Effektivität und die Effizienz der öffentlichen Verwaltung zu verbessern.
Normative Theorie	Gibt genau an, welche Handlungen zu setzen sind, um eine effiziente Organisation zu gestalten. Nur ein „best way" existiert. (vgl. deskriptive und präskriptive Theorie)
Normen	Verhaltensregeln, bestimmen, was als normal oder abnormal im sozialen Kontext zu gelten hat.
Objektpsychotechnik	Beschreibt die Anpassung der Arbeitsbedingungen an den Menschen. Steht im Gegensatz zur Subjektpsychotechnik.
Offene Organisationssysteme	Sind natürliche Systeme, die mit der Umwelt und anderen Systemen wechselseitig interagieren. Verändert sich die Umwelt reagieren die einzelnen Elemente der Organisation und richten sich gemeinsam aus.

Organisation	Ein System von Menschen, das dazu dient, Ziele zu erreichen, die für eine Einzelperson allein nicht zu erreichen wären.
Organisationskultur	Ein Muster von Grundannahmen, welche von einer Organisation in der Auseinandersetzung mit ihren Problemen als erfolgreich erkannt und gelernt wurden, und den Mitgliedern der Organisation im Sozialisationsprozess weitergegeben werden.
Organisationspsychologie (O-Psychologie)	Beschäftigt sich mit den menschlichen Problemen in Organisationen. Es wird zwischen der Mikroebene (individuelles Verhalten), der Mesoebene (Gruppenverhalten) und der Makroebene (organisationale Struktur) unterschieden. (siehe auch Arbeitspsychologie, Betriebspsychologie)
Organisationsstruktur (5 Dimensionen)	Die formale Konfiguration von Individuen und Gruppen. Sie beschreibt die Zuordnung von Aufgaben, Verantwortlichkeit und Autorität. Die fünf Hauptdimensionen sind Ausmaß an Hierarchie, Spezialisierung der Arbeitsteilung, Kontrollspanne, Art der Positionen und Ausmaß der Zentralisierung.
Organisationsziele	In Abhängigkeit von der Art der Organisation unterscheiden sich die Organisationsziele. Beispiele: wirtschaftlicher Erfolg (Unternehmen), Abwicklung der Steuergebarung (öffentliche Verwaltung), Schutz der Gesellschaft (Gefängnis)
Partizipative Designs	(siehe Moderne Soziotechnik)
Partizipative Theorie	Organisationstheorie von Likert; hat als Ziel, die Kommunikation im Unternehmen zu verbessern. Das Modell zeichnet sich durch Gruppenstrukturen und überlappende Arbeitsgruppen aus.
Politische Arena	Eine Organisationsform, bei der alle Organisationsmitglieder am Kampf um die Macht beteiligt sind. Dies führt zu ständig wechselnden Zielen.
Polythematische Motivationstheorie	Sind Motivationstheorien, bei denen mehr als ein Bedürfnis für das Handeln des Menschen verantwortlich sind (Beispiel: Maslows Bedürfnispyramide). Steht im Gegensatz zu monothematischen Motivationstheorien.
Postmodern man (Menschenbild)	Der Mensch besitzt postmoderne Wertvorstellungen – Bedürfnisse nach Freiheit, Kreativität und Selbstverantwortung –, die in der Arbeit befriedigt werden sollen.

Präskriptive Theorie	Gibt an, welche Handlungen gesetzt werden können, um eine Organisation zu gestalten. (vgl. deskriptive und normative Theorie)
Professionelle Bürokratie	Eine standardisierte Organisationsform mit starker Arbeitsteilung und vielen strikten Regeln, in der großes Wissen vorherrscht und hohe Leistungen angestrebt werden.
Psychotechnik	Anwendung der Psychologie in Industriebetrieben, zurückgehend auf Münsterberg. Sie umfasst die Entwicklung von Testverfahren zur Eignungsdiagnostik und der Aus- und Weiterbildung am Arbeitsplatz.
Recruitment (Rekrutierung)	Personalsuche, in der das Unternehmen versucht, seine Leistungen den Bedürfnissen der Mitarbeiter gerecht anzubieten.
Re-Engineering	Eine Organisationsform, bei der immer wieder die neueste Technologie ausgenutzt wird, um neue Ziele zu verfolgen (z.B. Mini-Computer, die als Palmtops verwendet werden).
Resilience (Widerstandsfähigkeit der Mitarbeiter)	Die Widerstandsfähigkeit der Mitarbeiter gegenüber Belastungen und Stress ist vom Unternehmen zu fördern und zu erhöhen (z.B. Sportangebote).
Retention (Halten der Mitarbeiter)	Unternehmen bieten den Mitarbeitern Entlastung (z.B. Kindergarten) und binden damit die Mitarbeiter an das Unternehmen.
Rolle	Ist die Summe spezifischer Verhaltensmuster, die einer Person zugesprochen werden, die eine bestimmte Position im Unternehmen einnimmt. Rollen sind abhängig von der Aufgabe und im Organisationsablauf ausschließlich funktionell bestimmt.
Satisfier	(siehe Motivatoren)
Scientific management (Taylorismus, wissenschaftliche Betriebsführung)	Ein auf den amerikanischen Ingenieur Taylor zurückgehendes betriebswirtschaftliches Rationalisierungskonzept, basierend auf einer wissenschaftlichen Analyse des Arbeitsvollzugs, das alle Tätigkeiten in kleine Schritte zerlegt und die strikte Trennung von Hand- und Kopfarbeit postuliert.
Selbstverwirklichung	Ist die Entfaltung aller Potentiale eines Individuums durch das Individuum selbst.
Self-actualizing man (Menschenbild)	Der Mensch strebt nach Selbstverwirklichung und Autonomie, die in der Arbeit befriedigt werden sollen. Der wissenschaftliche Fokus liegt auf dem Individuum.

Side payments	Sind Zugeständnisse und Entgegenkommen, die nach einer Entscheidung im Austausch für die Unterstützung geleistet werden.
Single-loop Lernen	Regelkreismodell, in dem die Anpassung an zuvor definierte Zielgrößen erfolgt (vgl. auch im Unterschied dazu: Double-loop Lernen)
Skills	Fertigkeiten und Wissen, die in der Aus-, Weiterbildung und in verschiedenen Qualifikationen angeeignet werden.
Smarts	Soziale Kompetenzen und emotionale Intelligenz.
Social man (Menschenbild)	Der Mensch ist Mitglied eines sozialen Gefüges und hat soziale Bedürfnisse, die auch am Arbeitsplatz nach Befriedigung streben. Das vorrangige Untersuchungsobjekt ist die Gruppe.
Soziotechnisches System	Organisation als Einheit von sozialen und technischen Gegebenheiten.
Subjektpsychotechnik	Beschreibt die Anpassung des Menschen an die Arbeitsbedingungen. Steht im Gegensatz zur Objektpsychotechnik.
Suche nach Exzellenz	Eine Organisationsform, bei der exzellente Qualität im Vordergrund steht. Um diese zu erreichen, ist die Aufmerksamkeit der Organisation sowohl nach innen (gemeinsame Werte, starke Kontrolle) als auch nach außen (intensiver Kundenkontakt) gerichtet.
Taylorismus	(siehe Scientific management)
Teilautonome Arbeitsgruppen	Übertragung der Verantwortung und Kontrolle der Arbeit und Leistung auf eine Gruppe von Personen.
Telearbeit	Eine neue Arbeitsstruktur, bei der es zu einer zeitlichen und räumlichen Entkoppelung von Büroarbeit durch den Einsatz von Mitteln der Telekommunikation kommt.
Theorie X	Nach Theorie X ist der Durchschnittsmensch von Natur aus träge, arbeitsscheu, ohne Ehrgeiz, und er muss durch Belohnungsanreize sowie negative Sanktionen zur Arbeit angehalten werden. Führungskräfte mit einer solchen Auffassung von Menschen praktizieren einen Führungsstil, der auf Lenkung durch Kontrolle und Autorität beruht. Steht im Gegensatz zur Theorie Y.

Theorie Y	Nach Theorie Y sind Motivation, Entwicklungspotential und Verantwortungsbereitschaft zur Verwirklichung organisationaler Ziele beim Durchschnittsmensch gegeben. Menschen lassen sich durch sich selbst gesetzte Ziele lenken und motivieren. Management auf der Basis der Theorie Y fördert Integration und Selbstkontrolle der Untergebenen. Steht im Gegensatz zur Theorie X.
Theorie Z	Eine Organisationsform, bei der Mitarbeiter im Unternehmen ausgebildet werden und aufgrund dieser spezifischen Ausbildung an die Organisation gebunden werden.
Think tanks	Eine Gruppe von herausragenden Personen in einem Unternehmen, die neue, kreative Lösungen und Zukunftsstrategien zu einem bestimmten Problem sucht.
Total Quality Management (TQM)	Eine Organisationsform, welche die ständige Verbesserung der Qualität von Produkten und Dienstleistungen als übergeordnetes Unternehmensziel versteht.
Überlappende Arbeitsgruppen („linking pins")	Sind Gruppen, die über Hierarchien hinweg miteinander verbunden sind. So ist zum Beispiel der Gruppenleiter nicht nur Mitglied und Vorgesetzter seiner Arbeitsgruppe, sondern auch gleichzeitig Mitglied einer über- oder nebengeordneten Einheit der Organisation.
Virtuelle Organisation	Eine Organisationsform, bei der sich die Organisation interaktiv mit Lieferanten und Kunden austauscht und in kurzer Zeit ein auf den Kundenwunsch abgestimmtes Produkt herstellt.
Vollständige Aufgaben	Sind Aufgaben, bei denen Planung, Durchführung und Abschluss einer Tätigkeit an eine Person bzw. eine Arbeitsgruppe übertragen wird.
Werte	Soziale Prinzipien, Ziele und Standards, welche in einer Organisation angestrebt werden.
Wissensarbeiter (Menschenbild)	Der Durchschnittsmensch verfügt über spezielles Wissen, welches vom Unternehmen eingekauft wird. Arbeitnehmer sind nicht willkürlich austauschbar.
Wissenschaftliche Betriebsführung	(siehe Scientific management)

Zeit- und Bewegungs-studien	Eine Untersuchungsmethode des Scientific managements, bei der die rationellste und kräftesparendste Erledigung der einzelnen Arbeitsschritte gesucht wird, indem sowohl die verbrauchte Zeit als auch die ausgeführte Bewegung der Arbeitsschritte genau protokolliert werden.
Zwischenmenschliche Beziehung	(siehe Human Relations)

Literatur

Alderfer, C. P. (1972). Existence, Relatedness, and Growth: Human Needs in Organizational Settings. New York: Free Press.

Argyris, C. (1957). Personality and Organization. New York: Harper & Row.

Argyris, C. (1964). Integrating the Individual and the Organization. New York: Wiley.

Argyris, C. & Schön, D. (1978). Organizational Learning. Reading (MA): Addison-Wesley.

Argyris, C. & Schön, D. (1996). Organizational Learning II. Theory, Method, and Practice. Reading (MA): Addison-Wesley. [in deutscher Übersetzung: Argyris, C. & Schön, D. (1999). Die lernende Organisation. Grundlagen, Methode, Praxis. Stuttgart: Klett-Cotta.]

Ashkenas, R., Ulrich, D., Jick, T. & Kerr, S. (1995). The Boundaryless Organization; Braking the Chains of Organization Structure. San Francisco: Jossey-Bass.

Babbage, C. (1835). On the Economy of Machinery and Manufactures. London: Knight.

Barnard, C. I. (1938). The Functions of the Executive. Cambridge (MA): Harvard University Press.

Bennis, W. G. (1966). Changing Organizations. New York: McGraw-Hill.

Bergquist, W. (1993). The Postmodern Organization: Mastering the Art of Irreversible Chaos. San Francisco (CA): Jossey-Bass.

Brief, A. P. & Weiss, H. M. (2002). Organizational Behavior: Affect in the workplace. Annual Review of Psychology, 53, 279–307.

Burns, T. & Stalker, G. M. (1961). The Management of Innovation. London: Tavistock.

Chatman, J. A. (1991). Matching people and organizations: Selection and socialisation in public accounting firms. Administrative Science Quarterly, 36, 459–484.

Cherns, A. (1989). Die Tavistock-Untersuchungen und ihre Auswirkungen. In S. Greif, H. Holling & N. Nicholson (Hrsg.), Arbeits- und Organisationspsychologie. Internationales Handbuch in Schlüsselbegriffen (S. 483–488). München: Psychologie Verlags Union.

Crosby, P. B. (1979). Quality is Free. New York: McGraw-Hill.

Crosby, P. B. (1984). Quality without Tears. New York: McGraw-Hill.

Cyert, R. M. & March, J. G. (1963). A Behavioral Theory of the Firm. Englewood Cliffs (NY): Prentice-Hall.

Daft, R. L. (1998). Organization Theory and Design (6th edition). Cincinnati (OH): South-Western College Publishing.

Dalton, M. (1950). Conflicts between staff and line managerial officers. American Sociological Review, 15, 342–351.

Davidow, W. H. & Malone, M. S. (1992). The Virtual Corporation. New York: Harper. [in deutscher Übersetzung: Davidow, W. H. & Malone, M. S. (1993). Das virtuelle Unternehmen: Der Kunde als Co-Produzent. Frankfurt: Campus.]

Donaldson, L. (2001). The Contingency Theory of Organizations. Thousand Oaks: Sage.

Dostal, W. (1985). Telearbeit. Anmerkungen zur Arbeitsmarktrelevanz dezentraler Informationstätigkeit. Mitteilungen aus der Arbeitsmarkt- und Berufsforschung, 4, 467–480.

Drucker, P. (1952). Management and the professional employee. Harvard-Business-Review, 30, 84–90.

Drucker, P. (1954). The Practice of Management. New York: Harper.

Drucker, P. (1999). Management Challenges for the 21st Century. New York: Butterworth-Heinemann. [in deutscher Übersetzung: Drucker, P. (1999). Management im 21. Jahrhundert. München: Econ.]

Efimoff, W. W. & Zibakowa, E. (1926). Ermüdungsmessungen und Pausenregelung im Dienste der Arbeitsrationalisierung. I. Steigerung der Arbeitsleistung durch Einführung von Kurzpausen bei Metallbearbeitung. Industrielle Psychotechnik, 3, 46–50.

Eliasberg, W. (1926). Richtungen und Entwicklungstendenzen in der Arbeitswissenschaft. Archiv für Sozialwissenschaft und Sozialpolitik, 55, 66–101 und 687–732.

Emery, F. E. (1959). Characteristics of Sociotechnical Systems. London: Tavistock, Document No. 527.

Emery, F. E. & Emery, M. (1974). Participative Design. Canberra: Centre for Continuing Education, Australian National University.

Emery, F. E. & Thorsrud, E. (1969). Form And Content in Industrial Democracy. London: Tavistock.

Emery, F. E. & Trist, E. L. (1960). Socio-technical systems. In C. W. Churchman & M. Verhulst (Eds.), Management Science, Models and Techniques (Vol. 2, pp. 83–97). Pergamon. [reprinted in F. E. Emery (Ed.) (1971), Systems Thinking (pp. 281–296). Harmondsworth: Penguin.]

Emery, F. E. & Trist, E. L. (1970). The causal texture of organizational environments. In F. E. Emery (Ed.), Systems thinking. London: Penguin Books.

Erikson, E. H. (1950). Childhood and Society. New York: Norton.

Etzioni, A. (1961). A Comparative Analysis of Complex Organisations. New York: Free Press.

Etzioni, A. (1964). Modern Organizations. Englewood Cliffs, N.J.: Prentice-Hall.

Fay, B. (1990). Critical realism? Journal for the Theory of Social Behaviour, 20, 33–41.

Fayol, H. (1949). General and Industrial Management. London: Sir Isaac Pitman.

Fiol, C. M. & Lyle, M. A. (1985). Organizational learning. Academy of Management Review, 10, 803–813.

Flanagan, J. C. (1954). The critical incident technique. Psychological Bulletin, 51, 327–358.

Fletcher, J. K. (1994). Castrating the female advantage. Journal of Management Inquiry, 3, 74–82.

Follet, M. P. (1924). Creative Experience. New York: Longmans, Green and Co.

Follett, K. (2001). Die Kinder von Eden. Bergisch Gladbach: Bastei Lübbe.

Ford, H. (1922). My Life and Work. New York: Page.

French, J. R. P. & Raven, B. (1959). The bases of social power. In D. Cartwright (Ed.), Studies in Social Power (pp. 150–167). Ann Arbor: University of Michigan.

Frey, J. P. (1920). Die wissenschaftliche Betriebsführung und die Arbeiterschaft. Eine öffentliche Untersuchung der Betriebe mit Taylor-System in den Vereinigten Staaten von Amerika. Leipzig: Lindner.

Friedmann, G. (1946). Problèmes Humains du Machinisme Industriel. Paris: Gallimard.

Friedmann, G. (1952). Der Mensch in der mechanisierten Produktion. Köln: Bund-Verlag.

Galbraith, J. R. (1973). Designing Complex Organizations. Reading (MA.): Addison-Wesley. [Kapitel 2 reprinted in J. M. Shafritz & J. S. Ott (1992), Classics of Organization Theory (3rd edition, pp. 308–315). Belmont (CA.): Wadsworth.]

Galbraith, J. R. (1977). Organization Design. Reading (MA): Addison-Wesley.

Gerlach, M. L. (1992). The Japanese corporate network: A blockmodel analysis. Administrative Science Quarterly, 37, 105–139.

Giese, F. (1927). Methoden der Wirtschaftspsychologie. In E. Abderhalden (Hrsg.), Handbuch der biologischen Arbeitsmethoden (Abt Vic, Band 2). Berlin: Urban & Schwarzenberg.

Gilbreth, F. B. (1911). Motion Study. New York: Van Nostrand.

Gordon, J. R. (1996). Organizational Behavior. A Diagnostic Approach (5th edition). New Jersey: Prentice Hall.

Graf, O. (1922). Über lohnendste Arbeitspausen bei geistiger Arbeit. Psychologische Arbeiten, 7, 548–611.

Greenberg, J. & Baron, R. A. (1997). Behavior in Organizations. Understanding and Managing the Human Side of Work (6th edition). Upper Saddle River (New Jersey): Prentice.

Greenberg, J. & Baron, R. A. (2000). Behavior in Organizations. Understanding and Managing the Human Side of Work (7th edition). Upper Saddle River (New Jersey): Prentice.

Greif, S. (1993). Geschichte der Organisationspsychologie. In H. Schuler (Hrsg.), Lehrbuch der Organisationspsychologie (S. 15–48). Bern: Huber.

Gulick, L. (1937). Notes on the theory of organization. In L. Gulick & L. Urwick (Eds.), Papers on the Science of Administration (pp. 3–34). New York: Institute of Public Administration, Columbia University. [pages 3–13 reprinted in J. M. Shafritz & J. S. Ott (2001), Classics of Organization Theory (5th edition, pp. 79–87). Belmont (CA.): Wadsworth.]

Gulick, L. & Urwick, L. F. (Eds.) (1937). Papers on the Science of Administration. New York: Institute of Public Administration, Columbia University.

Hacker, W. (1978). Allgemeine Arbeits- und Ingenieurspsychologie. Schriften zur Arbeitspsychologie, Band 20. Bern: Huber.

Hacker, W. (1986). Arbeitspsychologie. Schriften zur Arbeitspsychologie (hrsg. v. E. Ulich), Band 41. Bern: Huber.

Hackman, J. R. & Oldham, G. R. (1975). Development of the Job Diagnostic Survey. Journal of Applied Psychology, 60, 159–170.

Hackman, J. R. & Oldham, G. R. (1976). Motivation through the design of work: Test of a theory. Organizational Behaviour and Human Performance, 16, 250–279.

Hammer, M. & Champy, J. (1993). Reengineering the Corporation. New York: Harper Business.

Handy, C. (1990). The Age of Unreason. Boston: Harvard Business School Press.

Hatch, M. J. (1997). Organization Theory. Modern Symbolic and Postmodern Perspectives. Oxford: University Press.

Heckhausen, H. (1989). Motivation und Handeln. Berlin: Springer.

Hellpach, W. (1922). Sozialpsychologische Analyse des betriebstechnischen Tatbestandes „Gruppenfabrikation". In R. Lang & W. Hellpach (Hrsg.), Gruppenfabrikation (S. 5–186). Berlin: Springer.

Herbst, P. G. (1959). Task structure and work relations. London: Tavistock Document 528. Also in Herbst, P. G. (1974), Sociotechnical design: Strategies in multidisciplinary research. London: Tavistock Publications.

Herbst, P. (1962). Autonomous Group Functioning. London: Tavistock.

Herrick, N. & Maccoby, M. (1975). Humanizing work: A priority goal of the 1970s. In L. E. Davis & A. Cherns (Eds.), The Quality of Working Life. Vol. 1: Problems, Prospects and the State of the Art (pp. 63–77). New York: The Free Press.

Herzberg, F. (1968). One more time: How do you motivate employees? Harvard Business Review, 46, 53–62. [reprinted in L. E. Davis & J. Taylor (Eds.) (1972), Job Design (pp. 113–125). Harmondsworth: Penguin.]

Herzberg, F., Mausner, B. & Snyderman, B. B. (1959). The Motivation to Work (2nd edition). New York: Wiley & Sons.

Holling, H. & Müller, G. (1993). Theorien der Organisationspsychologie. In H. Schuler, H. Brandstätter, S. Greif, E. Ulich & B. Wilpert (Hrsg.), Lehrbuch Organisationspsychologie (S. 49–69). Bern: Huber.

Horx, M. (2001). Smart Capitalism. Das Ende der Ausbeutung. Frankfurt: Eichborn.

Hyde, C. (1989). A feminist model for macro-practice: Promises and problems. Administration in Social Work, 13, 145–181.

Iannello, K. P. (1992). Decisions Without Hierarchy. New York: Routledge.

Inglehart, R. (1997). Modernisierung und Postmodernisierung. Frankfurt: Campus.

Jackson, P. & Ashton, D. (1995). ISO 9000. Der Weg zur Zertifizierung (3.Auflage). Landsberg: Verlag Moderne Industrie.

Jahoda, M. (1983). Wieviel Arbeit braucht der Mensch? Weinheim: Beltz.

Kahn, R. L. (1993). Emergent themes in organizational research. In J. K. Murnighan (Ed.), Social Psychology in Organizations. Advances in Theory and Research (pp. 385–409). Englewood Cliffs: Prentice Hall.

Katz, D. & Kahn, R. L. (1966). The Social Psychology of Organizations (1st edition). New York: Wiley.

Katz, C., Ruch, L., Betschart, H. & Ulich, E. (1987). Arbeit im Büro von morgen. Technologie, Organisation, Arbeitsinhalte und Qualifikationsanforderungen. Zürich: Verlag des Schweizerischen Kaufmännischen Verlages.

Kellner, D. (1989). Introduction: Jameson, Marxism and Postmodernism. In D. Kellner (Ed.), Postmodernism/Jameson/Marxism. Washington: Maisonneuvre Press.

Kirchler, E. & Hölzl, E. (2002). Arbeitsgestaltung in Organisationen. Arbeits- und Organisationspsychologie. Wien: WUV.

Kirchler, E. & Rodler, C. (2002). Motivation in Organisationen. Arbeits- und Organisationspsychologie. Wien: WUV.

Kirchler, E. & Schrott, A. (2003). Entscheidungen in Organisationen. Arbeits- und Organisationspsychologie. Wien: WUV.

Kohn, A. (1994). Warum Incentive Systeme oft versagen. Harvard Business Manager, 2, 15–23.

König, K. (1997). Modernisierung von Staat und Verwaltung. Baden-Baden: Nomos.

Krause, E. (1933). Leistungssteigerung durch Arbeitswechsel. Industrielle Psychotechnik, 10, 97–106.

Kunda, G. (1992). Engineering culture: Control and commitment in a high-tech corporation. Philadelphia, PA: Temple University Press.

Langlois, R. N. (2003). Cognitive comparative advantages and the organization of work: Lessons from Herbert Simon's vision of the future. Journal of Economic Psychology, 24, 167–187.

Lewin, K. (1920). Die Sozialisierung des Taylor Systems. Schriftenreihe praktischer Sozialismus, 4, 3–36.

Likert, R. (1961). New Patterns of Management. New York: McGraw-Hill. [in deutscher Übersetzung: Likert, R. (1972). Neue Ansätze der Unternehmensführung. Bern: Haupt]

Lipmann, O. (1932). Lehrbuch der Arbeitswissenschaft. Jena: Fischer.

Lorange, P., Morton, M. F. S. & Ghoshal, S. (1986). Strategic Control Systems. St. Paul: West.

Mankin, D. (1978). Towards a Post-Industrial Psychology. New York: Wiley.

March, J. G. & Simon, H. A. (1958). Organizations. New York: Wiley.

Marcuse, H. (1964). One-dimensional Man: Studies in the Ideology of Advances Industrial Society. Boston: Beacon Press.

Martin, H.-P. & Schuhmann, H. (1996). Die Globalisierungsfalle. Der Angriff auf Demokratie und Wohlstand. Reinbek: Rohwolt.

Maslow, A. (1954). Motivation and Personality. New York: Harper & Row.

Maslow, A. (1970). Motivation and Personality (2nd edition). New York: Harper & Row.

Mauch, U. (2002). Rauchen im Akkord – verboten. Kurier, 21.11.2002.

Mayo, E. (1933). Human Problems of an Industrial Civilization: New York: Macmillan.

McGregor, D. (1960). The Human Side of Enterprise. New York: McGraw-Hill.

Mintzberg, H. (1979). The Structure of Organizations. Englewood Cliffs: Prentice-Hall. [pages 18–34 reprinted in J. M. Shafritz & J. S. Ott (1992), Classics of Organization Theory (3rd edition, pp. 243–254). Belmont (CA.): Wadsworth.]

Mintzberg, H. (1983). Power In and Around Organizations. Englewood Cliffs (NY.): Prentice-Hall.

Mintzberg, H. (1991). The effectiveness of organization: Forces and forms. Sloan Management Review, 54–67.

Moede, W. (1930). Lehrbuch der Psychotechnik. Berlin: Springer.

Monmonier, M. (1991). How to Lie With Maps. Chicago: University of Chicago. [nach Weick, 1993]

Morf, M. & Alexander, P. (1984). The electronic cottage. State-of-the-art-paper. Office for research in High Technology Education, University of Tennessee, December 1984. [nach Ulich, 1998]

Münsterberg, H. (1912). Psychologie und Wirtschaftsleben. Leipzig: J. A. Barth.

Münsterberg, H. (1913). Psychologie und Wirtschaftsleben (2. Auflage). Leipzig: J. A. Barth.

Münsterberg, H. (1914). Grundzüge der Psychotechnik. Leipzig: J. A. Barth.

Naschold, F. (1996). New Frontiers in Public Sector Management – Trends and Issues in State and Local Government in Europe. Berlin: De Gryter.

Nelson, R. R. & Winter, S. G. (1982). An Evolutionary Theory of Economic Change. Cambridge: Harvard University Press.

Neuberger, O. (1985). Arbeit. Stuttgart: Enke.

Ohno, T. (1993). Das Toyota Produktionssystem. Frankfurt: Campus.

Ouchi, W. G. (1981). Theory Z: How American Business Can Meet the Japanese Challenge. Reading (MA): Addison-Wesley.

Pennings, J. M. (1998). Structural contingency theory. In P. J. D. Drenth, H. Thierry & C. J. de Wolff (Eds.), Handbook of Work and Organizational Psychology (2nd edition). Vol. 4: Organizational Psychology (pp. 39–60). Hove: Psychology Press.

Peters, T. J. & Waterman, R. H. jun. (1982). In Search of Excellence: Lessons from America's Best-Run Companies. New York: Harper & Row.

Pugh, D. S. (1966). Modern organization theory: A psychological and sociological study. Psychological Bulletin, 66, 235–251.

Rice, A. K. (1958). Productivity and Social Organization: The Ahmedabad Experiment. London: Tavistock.

Robbins, S. P. (1996). Organizational Behavior (7th edition). Englewood Cliffs: Prentice Hall.

Robbins, S. P. (2001). Organizational Behavior (9th edition). Englewood Cliffs: Prentice Hall.

Rodler, C. & Kirchler, E. (2002). Führung in Organisationen. Arbeits- und Organisationspsychologie. Wien: WUV.

Roethlisberger, F. & Dickson, W. (1939). Management and the Worker. Cambridge, Mass.: Harvard University Press.

Rothschild, J. (1991). Towards a feminine model of organization. Working Paper, Unit of Sociology, Virginia Polytechnic Institute und State University. [nach Robbins, 1996]

Rothschild, J. & Whitt, J. A. (1986). The Cooperative Workplace. Cambridge: University Press.

Rupp, H. (1928). Die Aufgaben der psychotechnischen Arbeits-Rationalisierung. Psychotechnische Zeitschrift, 3, 165–182.

Rupp, H. (1929). Die Aufgaben der psychotechnischen Arbeits-Rationalisierung. Psychotechnische Zeitschrift, 4, 17–19.

Schackwitz, A. (1920). Über psychologische Berufseignungsprüfungen für Verkehrsberufe. Berlin: Springer.

Schedler, K. (1995). Ansätze einer wirkungsorientierten Verwaltungsführung. Vor der Idee des New Public Management zum konkreten Gestaltungsmodell. Fallbeispiel Schweiz. Bern/Stuttgart/Wien: Paul Haupt.

Schein, E. (1980). Organizational Psychology (3rd edition). Englewood Cliffs: Prentice Hall.

Schein, E. (1985). Organizational Culture and Leadership. San Francisco (CA.): Jossey-Bass. [pages 1–22 reprinted in J. M. Shafritz & J. S. Ott (1992), Classics of Organization Theory (3rd edition, pp. 490–502). Belmont (CA.): Wadsworth.]

Schein, E. (1992). Organizational Culture and Leadership (2nd edition). San Francisco (CA.): Jossey-Bass.

Schmale, H. (1983). Psychologie der Arbeit. Stuttgart: Klett-Cotta.

Senge, P. (1990). The Fifth Discipline: The Art and Practice of the Learning Organization. New York: Doubleday. [in deutscher Übersetzung: Senge, P. (1996). Die fünfte Disziplin: Kunst und Praxis der lernenden Organisation (2. Auflage). Stuttgart: Klett-Cotta.]

Shafritz, J. M. & Ott, J. Steven (2001). Classics of Organization Theory (5th edition). Belmont (CA): Wadsworth Thomson Learning.

Simmel, G. (1986). Philosophische Kultur. Über das Abenteuer, die Geschlechter und die Krise der Moderne. Berlin: Wagenbach.

Simon, H. (1957). Models of Man. New York: Wiley.

Simon, H. A. (1960). The corporation: Will it be managed by machines? In M. L. Anshen & G. L. Bach (Eds.), Management and the Corporations (pp. 17–55). New York: McGraw-Hill. [nach Langlois, 2003]

Sprenger, R. K. (2002). Mythos Motivation. Wege aus einer Sackgasse. Frankfurt: Campus.

Stengel, M. (1997). Psychologie der Arbeit. Weinheim: Beltz, Psychologie Verlags Union (PVU).

Stern, E. (1903). Angewandte Psychologie. Leipzig: Teubner.

Stern, W. (1921). Richtlinien für die Methodik der psychologischen Praxis. Beiheft Nr. 29 zur Zeitschrift für Angewandte Psychologie, 1–16.

Taylor, F. W. (1911). The Principles of Scientific Management. New York: Harper & Row.

Taylor, F. W. (1993). The principles of scientific management and Shop management. London: Routledge/Thoemmes Pr.

Thompson, J. D. (1967). Organizations in action. New York: McGraw-Hill.

Tomaszewski, T. (1981). Struktur, Funktion und Steuerungsmechanismen menschlicher Tätigkeit. In T. Tomaszewski (Hrsg.), Zur Psychologie der Tätigkeit (S. 11–33). Berlin: Deutscher Verlag der Wissenschaften.

Trist, E. L. & Bamforth, K. (1951). Some social and psychological consequences of the longwall method of coalgetting. Human Relations, 4, 3–38.

Ulich, E. (1998). Arbeitspsychologie (4. Auflage). Stuttgart: Schäffer-Poeschel.

Ulich, E. (2001). Arbeitspsychologie (5. Auflage). Stuttgart: Schäffer-Poeschel.

Ulich, E., Baitsch, C. & Alioth, A. (1987). Führung und Organisation. Die Orientierung, Nr. 81 (2. Auflage). Bern: Schweizerische Volksbank. [nach Ulich, 2001]

Van Beinum, H. J. J. (1990). Observations on the development of a new organizational paradigm. Stockholm: The Swedish Centre for Working Life.

Van Eijnatten, F. M. (1998). Developments in socio-technical systems design (STSD). In P. J. D. Drenth, H. Thierry & C. J. de Wolff (Eds.), Handbook of Work and Organizational Psychology (2nd edition). Vol. 4: Organizational Psychology (pp. 61–88). Hove: Psychology Press.

Veen, P. & Korver, T. (1998). Theories of Organization. In P. J. D. Drenth, H. Thierry & C. J. de Wolff (Eds.), Handbook of Work and Organizational Psychology (2nd ed.). Vol. 4: Organizational Psychology (pp. 5–37). Hove: Psychology Press.

Volpert, W. (1983). Der Zusammenhang von Arbeit und Persönlichkeit. In J. Albertz (Hrsg.), Technik und menschliche Existenz (S. 81–92). Wiesbaden: Freie Akademie.

Von Rosenstiel, L. (1992). Grundlagen der Organisationspsychologie (3. Auflage). Stuttgart: Schäffer-Poeschl.

Von Rosenstiel, L. (1993). Kommunikation und Führung in Arbeitsgruppen. In H. Schuler (Hrsg.), Lehrbuch der Organisationspsychologie (S. 321–351). Bern: Huber.

Weber M. (1922). Wirtschaft und Gesellschaft. Tübingen: Mohr.

Weber, M. (1946). Essays in Sociology. Oxford: University Press.

Weick, K. E. (1969). The Social Psychology of Organizing. Reading (Mass.): Addison-Wesley.

Weick, K. E. (1979). The Social Psychology of Organizing (2nd edition). Reading (Mass.): Addison-Wesley.

Weick, K. E. (1987). Substitutes for coporate strategy. In D. Teece (Ed.), The Competetive Challenge (pp. 22–33). Cambridge (Mass.): Ballinger. [nach Hatch, 1997]

Weick, K. E. (1993). Sensemaking in organizations: Small structures with large consequences. In J. K. Murnighan (Ed.), Social Psychology in Organzations. Advances in Theory and Research (pp. 10–37). Englewood Cliffs (NJ.): Prentice Hall.

Weick, K. E. (1995). Sensemaking in Organizations. Thousand Oaks: Sage.

Weinert, A. B. (1998). Organisationspsychologie (4. Auflage). Weinheim: Beltz, Psychologie Verlags Union (PVU).

Weisbort, M. R. (1991). Productive Workplaces: Organizing and Managing for Dignity, Meaning, and Community. San Francisco: Jossey-Bass.

Wilpert, B. (1989). Menschenbild, Einstellungen, Normen und Werte. In E. Roth (Hrsg.), Organisationspsychologie (S. 155–185). Enzyklopädie der Psychologie, Themenbereich D, Serie III, Band 3. Göttingen: Hogrefe.

Work in America (1973). Report of a Special Task Force to the Secretary of Health, Education and Welfare. Cambridge (Mass.). [nach Ulich, 2001]

Zaleznik, A. (1977). Managers and leaders: Are they different? Harvard Business Review, 55, 67–78.

Arbeits- und Organisationspsychologie

je 119 Seiten, broschiert, jeweils EUR 11,–

Ziel dieser kompakten Reihe ist es, Praktikern wie Betriebswirten und Wirtschaftspsychologen mithilfe des theoretischen Wissensstandes Handlungsorientierung zu liefern.

Band 1
Erich Kirchler, Christa Rodler

Motivation in Organisationen

Die Arbeitsmotivation im Betrieb ist eines der prominentesten Gebiete der Arbeits- und Organisationspsychologie. Theoretische Abhandlungen und empirisch geprüfte Modelle werden in arbeits- und organisationspsychologischen Diskussionen für den betrieblichen Kontext und die öffentliche Verwaltung übernommen und angepasst.
WUV 2001. ISBN 3-85114-625-5

Band 2
Erich Kirchler, Christa Rodler

Führung in Organisationen

Welche Fähigkeiten und Persönlichkeitseigenschaften sind für erfolgreiche Führung von Mitarbeiter/inne/n notwendig und welche Verhaltensstile zielführend? Generelle und situationsspezifische Führungstheorien, Charisma und Attribution von Führungskompetenz werden diskutiert.
WUV 2001. ISBN 3-85114-626-3

Band 3
Erich Kirchler, Erik Hölzl

Arbeitsgestaltung in Organisationen

Die Gestaltung der Arbeit und des Arbeitsplatzes ist von vorrangiger Bedeutung, wenn Zufriedenheit und Produktivität gewährleistet sein sollen. Erfolgreiche Gestaltung basiert auf adäquater Analyse der Arbeit und des Arbeitsplatzes sowie auf der Bewertung von Belastungsfaktoren und des Wohlbefindens.
WUV 2002. ISBN 3-85114-627-1

Band 4
Erich Kirchler, Andrea Schrott

Entscheidungen in Organisationen

Im vierten Band beginnen die Autoren mit einem kurzen Überblick über die Probleme und Entscheidungen in Organisationen, mit denen Führungskräfte normalerweise konfrontiert werden. Die zentralen Kapitel befassen sich mit Gruppen in Organisationen, Strategien zur Problemlösung und Möglichkeiten der Entscheidungsfindung.
WUV 2003. ISBN 3-85114-629-8

WUV

C. Roland-Lévy, E. Kirchler, E. Penz, C. Gray (Hg.)

Everyday Representations of the Economy

WUV 2001
235 Seiten, broschiert
ISBN 3-85114-574-7
EUR 21,80 / sFr 38,30

For what would be the use of bringing together social psychology and economics once more if there was no hope of discovering new phenomena, of providing new answer to old questions? The theory of social representations can play a leading role in this respect, since it is sufficiently complex to be linked to economic theories and hinges on the basic aspects of economic life itself. The research articles contained in this book highlight certain problems while raising others. This may seem obvious, but it is a useful reminder in a field as vast and complex as the economic field.

WUV

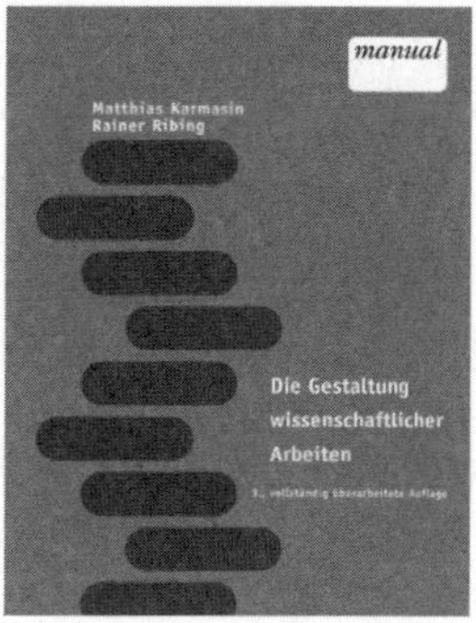

Matthias Karmasin
Rainer Ribing

Die Gestaltung wissenschaftlicher Arbeiten

WUV 2002. 3., vollst. überarb. Auflage
102 Seiten, broschiert
ISBN 3-85114-698-0
EUR 10,– / sFr 18,30

Alle notwendigen Techniken und Hilfsmittel für die inhaltliche und formale Gestaltung einer wissenschaftlichen Arbeit: Von der Themen- und Betreuerfindung, dem Aufbau einer wissenschaftlichen Arbeit bis zur Anleitung der Gestaltung mit Microsoft Word. Mit Tipps und Tricks für das Präsentieren und Vortragen.

„Kompakter, praxisorientierter und vor allem übersichtlicher Leitfaden zur inhaltlichen und formalen Gestaltung wissenschaftlicher Arbeiten."

Thorn, ekz

WUV